湛庐 CHEERS

与最聪明的人共同进化

HERE COMES EVERYBODY

肖南

资深人力资本管理专家

中金公司人力资源部原总经理

资深人力资本管理专家，长期就职于国内外顶级投资银行，有近 30 年的人力资本管理经验，在中金、高盛、摩根士丹利、摩根大通等国内外顶级投资银行担任人力资源高管，参与设计了中金公司第一部基于国际投行理念的员工薪酬激励方案，参与并见证了将一家本土企业打造成国内外一流企业的全部过程。

顶级投行的激励体系奠基者

The Art of Motivation

1996 年，肖南加入了中国国际金融股份有限公司（CICC，简称中金公司），担任人力资源部总经理。在这里，他与公司管理委员会成员、国际著名咨询公司合作，共同设计完成了中金公司前台、后台部门的 MD 职级序列和第一部基于国际投行理念的员工薪酬激励方案。这一方案的实施，不仅为中金公司的薪酬激励体系奠定了基石，更标志着中国金融行业人力资源管理理念与国际接轨。

2004 年，随着高盛集团在中国设立投资银行合资公司，肖南成为高盛中国人力资源部的第一任执行总经理。他与高盛香港团队一起，在“龙计划”框架下，完成了北京高华证券有限责任公司和高盛高华投资银行部的设立。通过校园招聘和社招活动，肖南为投行部、证券交易部和研究部聘请了符合监管要求的全部人员，为公司的稳健发展提供了坚实的人才支撑。

肖南先生的职业生涯并未止步于此。2008 年，他加入摩根大通银行，成为摩根大通中国人力资源部负责人。在摩根大通任职期间，肖南先生与管理层、第一创业投资管理有限公司董事会一起组建了第一创业摩根大通证券有限责任公司（简称“一创摩根”），成为当时国内第四家中外合资证券公司。他的工作不仅推动了公司的组织架构和人才战略的优化，更在人力资源管理领域树立了新的标杆。

The Art of Motivation

世界领先人力资源管理理念的布道者

企业的核心竞争力在于人才，而激励体系的建立是激发人才潜力、提升组织效能的关键。

在肖南的理念中，企业的存在不仅仅是为了维持员工的就业状态，更重要的是不断提升员工的可持续就业能力。这不仅是一个单纯的雇佣关系，而更是一种授人以渔、相互促进、共同发展的关系。因此，培训不应该被视为成本，而是企业对员工的责任和投资。他倡导企业建立大人才观，将培训视为一种长期投资，通过持续的培训和提供具有挑战性的工作机会，使员工的价值增长始终高于价格（薪资）增长。这种理念，不仅提升了员工的可持续就业能力，也为企业的长远发展注入了源源不断的动力。

肖南先生的人力资源管理理念，强调实践与理论的结合。他认为，人力资源管理是一种注重实践的活动，理论知识的掌握需要通过实践来深化和完善。在与顾问的合作中，人力资源从业人员可以学习到理论背后的“为什么”，从而提升自身的战略思维和解决问题的能力。

在社会活动方面，肖南先生曾担任北京外企人力资源服务有限公司（FESCO）旗下的北京中外企人力资源协会（HRA）理事，现在为顾问成员之一。他的经验和智慧，不仅在企业内部得到了应用和传承，还在更广阔的舞台上为人力资源管理的发展和创新贡献了力量。

The Art of Motivation

CHEERS
湛庐

激励的心法

肖南 著

浙江科学技术出版社·杭州

测一测

企业如何通过人才激励实现超线性增长？

扫码加入书架
领取阅读激励

扫码获取全部
测试题及答案，
一起了解世界领先的
人才激励方案

- 企业搭建可持续激励体系的终极目标是什么？（单选题）

  A. 短期提高员工满意度

  B. 可持续提高人才密度

  C. 增加企业利润

  D. 提升员工的个人业绩

- 哪种激励体系可以促进企业实现超线性增长？（单选题）

  A. 结果主张的激励体系

  B. 过程主张的激励体系

  C. 个人业绩挂钩的激励体系

  D. 团队业绩挂钩的激励体系

- “慢就是快”的管理哲学，其核心含义是什么？（单选题）

  A. 快速决策以抢占市场

  B. 慢节奏工作以保持工作与生活平衡

  C. 深入思考理念，快速执行方法和工具

  D. 缓慢推进以确保每一步都正确

扫描左侧二维码查看本书更多测试题

走出企业中等规模的薪酬陷阱

李祖滨
德锐咨询董事长

我向来敬佩写书之人，著书着实艰难且煎熬。在为肖南老师此书作序时，我深入了解了其生平与书中内容，对他的敬佩转为对其肩负的中国人力资源管理使命的感动。

肖南老师是人力资源领域资深专家，曾在中金、高盛和摩根士丹利等企业负责相关工作。他的著作《激励的心法》即将问世，他以自身 30 多年人力资源工作经验，助力中国企业走出人才激励误区，实现逆势增长与持续发展。

我与肖南老师观点高度一致，这源于我们相似的经历。我早年在沃尔玛做薪酬管理，熟悉世界 500 强企业的薪酬和绩效模式，后进入咨询行业，在民营企业工作，所以对书中的两个关键观点尤为认同。

先说“企业中等规模的薪酬陷阱”。当下，中国企业多采用“低固薪、高浮动”薪酬结构，浮动部分常与个人考核指标（而不是公司财务和经营指标）紧密挂钩。过去三四十年，它打破平均主义、激发个人积极性，贡献显著。但如今，平均主义已渐消失，此模式优势不再。低固薪难以吸引人才，导致企业人才匮乏。并且，随着企业规模扩大，“低固薪、高浮动”薪酬结构引发的问题愈发凸显，如员工重短期、轻长远，重个人业绩、轻团队协作，重局部利益、忽视整体利益，内部竞争过度，组织协同受损，甚至，基于个人提成的考核方法的过度使用，员工为了使个人获利却让公司利润流失，肖南老师将其称为“肥了个人的田，荒了公司的地”，久而久之，企业掉入了“中等规模陷阱”。

再看“一体两翼”激励心法。过去 30 年中国经济快速发展，企业习惯找“一招就灵”的激励方法。肖南老师的“一体两翼”，即“理念之体”“财务之翼”“非财务之翼”，告诉企业需构建完整的激励体系。理念正确是关键，若理念有偏差，再多的努力都有可能白费甚至导致结果南辕北辙，比如，很多企业的绩效考核过于繁杂，考核的负面作用已经超过了考核带来的激励作用。同时，财务之翼与非财务之翼要平衡，可不少企业只重视财务激励，靠钱管理，忽视非财务激励方式，这并不科学，也不经济。

如今，中国很多企业已经不再处于小作坊、小企业阶段，规模已达亿、十亿、百亿甚至千亿，所以这些企业的管理就不能再是零打碎敲、随心所欲，而应采用系统思维进行系统管理。“一体两翼“的激励体系，正是基于对顶级企业激励管理模式的深入总结而形成的一套完整的激励体系。

2020 年我提出“2040 年让中国人才管理领先世界”的使命，我深知，像肖南老师这样以此为使命的人还有很多，大家都在这条路上并肩前行。

为肖南老师写序，我深感荣幸，这让我想到一句诗：“琴剑前时为我来，志同道合味悠哉。”

目 录

第三部分
激励体系的“财务之翼”：五大外驱要素

引　言

顶尖企业吸引、激励和留住人才的秘密

在撰写本书的过程中，我运用PMT思维模型，尝试打造一套创新的、推动企业可持续激励的管理体系，并将其命名为“一体两翼”可持续激励体系。这套体系旨在为追求卓越的企业提供一套完整的激励管理和绩效考核的理念（philosophy）、方法（methodology）和执行工具（tools）。有人不禁会问，我是如何打造出这套体系的？请允许我简单介绍一下这一尝试的背景。

在为中金公司和华尔街的投资银行工作的岁月里，我亲身体验了他们的管理过程并吸取了大量珍贵的第一手管理经验。我不仅深刻理解了那些比较老到的守成企业[①]构建可持续激励体系的方式，还洞察到一些管理激励的普适原则（本书将在第6章对这些原则展开讲述），以及那些守成企业在构建可持续激励体系时普遍面临的难题。在我加入中金公司后的最初五年中，它还是一家新成立的公司，缺乏成熟的激励管理和绩效考核体系，因此对激励管理和绩效考核的讨论尤其频繁且深入。

但是，在华尔街的投资银行工作后，我发现，那些已经深谙激励管理的

① 指在市场中已经取得较大成功或占据领先地位，发展重点在于巩固现有市场份额、维护既有业务优势的企业。

企业的日常管理讨论，几乎不曾提及关于激励员工、设定KPI或考核价值观等当前国内企业普遍关心的问题。这是为什么？

告别职场生涯后，我接触了众多中小企业，并参加了无数研讨会。在这一过程中，我发现即便是运营多年的企业，也仍会为如何高效地激励和评估员工而困惑。他们尝试了各种各样的激励管理和绩效考核工具，种类和数量不下于我先前所服务的所有机构。我经常听到一些与激励管理和绩效考核相关的问题，比如：

> "我们公司的年度KPI已经达成，为什么奖金还是不够发放？"
> "如何对非业务部门的员工进行考核和评估？"
> "奖金如果不与个人KPI挂钩，那应该与什么挂钩？"
> "如果个人奖金与个人KPI不挂钩，岂不是变相的'大锅饭'？"
> "公司之前设定的提成制挺好的，为什么要改成不容易客观衡量的奖金制？"

要立即解答这些问题对我而言并非易事，因为过去我鲜有机会去深入探究它们。然而，这些问题不断浮现激发了我的深层思考：为什么那些优秀的企业能够让员工在工作中长期保持热情和积极性，而不用年复一年地焦虑于激励问题？为什么有些年年尝试新的激励管理和绩效考核工具的企业，似乎始终无法点燃员工的内在动力？这一矛盾的根源在哪里？

我从这些问题中发现，相关的许多议题都围绕着"做什么"和"如何做"这种实操层面进行讨论，"为什么要这样做"的问题却鲜有涉及。"做什么"触及的是方法和流程，"如何做"关注的是工具和手段，而"为什么要这样做"连接着最深处的理念根基。

正确且缜密的理念乃一切实践的基石，方法和工具皆应源自这样的理念。只有对理念有充分的理解，才能对方法和工具进行合理的规划和调整。

经过细致的思考、数年丰富的论坛讨论以及企业咨询实践，我逐步构建起“一体两翼”的企业可持续激励体系：“一体”是激励管理和绩效考核理念（后文简称“激励理念”）；“两翼”分别代表财务维度和非财务维度的方法和工具，它们是对“一体”的辅助和支撑。

在本书四个部分的共 12 个章节里，我将深入探讨：“一体两翼”可持续激励体系的核心组成部分；它为什么是一个优良的激励管理体系；它将如何在各种企业中得以实施与实现。

第一部分将以 PMT 思维模型为出发点，定义“一体两翼”可持续激励体系的理论构架，并解析 PMT 思维模型对构建该体系的核心作用和深远意义。

第二部分将分析并阐述不同层次的指导理念，比如结果导向的主张（也称“结果主张”）和过程导向的主张（也称“过程主张”）的内在区别及各自的影响力，探讨基于个人业绩、结果主张的激励体系为何会让企业落入“中等规模陷阱”和长期徘徊不前的境地，以及如何通过过程主张的激励理念、方法和工具来辅助企业成长与规模化。

第三部分将专注于财务维度下的可持续激励体系，说明奖励来源的构成，展示高维 KPI（也称组织 KPI）和个人 KBI ① 如何成为企业可持续激励的催化剂，探讨如何用“三费率” ② 实施切实有效的财务成果分配。值得一提的是，“三费率”并不是一个现成概念，它是我在过往工作中对实际企业场景的观察和总结，属于一个发现而不是发明。总的来说，“三费率”是一个非常好用的财务成果分配工具（详见第 8 章）。在第 9 章中，我对固薪

① key behavior indicator，即关键行为指标。是用来跟踪、评估和改进个人绩效的行为指标。这些行为指标基于员工的核心胜任力，如沟通能力、团队合作、领导力等。更多内容请见本书第 7 章。

② 即薪酬效能比率、企业效能比率、管理效率比率。

设计提出了创新的见解，区分了“基薪”（basic salary）与“底薪”（base salary）的关键差异，并解析了它们在可持续激励体系中的不同作用。我认为，采用基薪策略的企业主要目的是招募员工，而采用底薪策略的企业更侧重于吸引具有创造力的人才。从激励的视角来看，基薪适合那些期望与企业共享利益的员工，底薪则吸引那些能够为企业创造额外效益的人才。因此，奖金不仅是招贤的工具，更是被底薪策略吸引来的人才所创造的成果。

第四部分是关于如何发挥非财务维度要素对企业可持续激励的作用的，这一领域有非常多的文献可参考，但是我在本书中讨论的非财务维度要素有新的视角，重点关注价值观、“公司一体化”组织架构和晋升管理这三个非财务维度要素，明确它们在激励体系中的重要性，并探讨如何通过这些非财务维度要素支持企业的可持续激励。“公司一体化”这个概念也非原创，是我根据对追求卓越的企业的研究提出的一个创新观点，在打造可持续激励体系方面具有关键作用。借助一体化的组织架构，团队可以迅速地从无头的“苍蝇”变成有目标的“蜜蜂”，从无序状态变得目标明确、合作密切。

“一体两翼”可持续激励体系是一套经过实践验证的有效的激励模式，这一体系源于我对优秀企业激励场景的亲身经历和客观总结，其中某些方法已在个别中小企业中得到应用和验证，并取得了显著成效。它不是只适合大企业，确切地说，它同样适合在中小企业进行大运作。什么是大运作？大运作是指，即使是中小企业也可以采用成熟企业的经营理念来运作。企业都应在初创期就确立正确的激励理念，并找到适合自己的方法和工具。这套体系的优势在于不仅促进了企业在初创期的快速成长，而且能随着企业的发展持续提供支持，降低企业未来需要进行重大调整的可能性。

“先结果后过程”或“先个人后团队”是初创企业及中小企业的普遍做法，也是企业“狼性”文化产生的土壤。这类业绩优先、个人结果导向、团队协作和过程其次的做法，只能暂时帮助企业在市场快速定位并实现初期的成长，但中小企业的企业家和管理者不应先入为主、自我设限，默认那是中小企业唯一的必由之路，也不应刻板地将结果与过程对立。国内外都不乏中小企业进行大运作的案例。比如，国外的谷歌、Facebook、奈飞等企业从初创期就采用“大运作的激励管理和绩效考核体系”，至今没有激励理念、方法和工具方面的重大改变。可能这些企业在初创期就获得了资本的青睐，融资性现金流丰富。但为什么它们从一开始就能被资本青睐？这才是问题的关键。国内的华为、阿里巴巴、海尔等企业则经历了“先结果后过程”的激励理念、方法和工具的多次调整。

华为最初经营交换机代理业务。这类企业的典型激励方式，就是将个人奖励与个人 KPI 挂钩。阿里巴巴最早采用的是 B2B 电子商务这种业务模式，它为中国中小企业提供在线交易平台，采用电话销售的方式，让销售团队向客户推销服务并进行线下拜访。销售团队在公司员工中占比很大，以至阿里巴巴早期被形容为“本质上是个电话直销公司”。

个人 KPI 也是直销公司典型的激励方式。海尔早期采用的激励方式更注重个人表现和竞争，员工之间往往是相互竞争而非合作与协作的关系。如今，海尔的激励方式更注重团队合作与协作，鼓励员工参与团队项目和跨部门合作，通过团队的力量实现共同的目标。

字节跳动一直实行大运作的激励模式，所以从初创至今都未曾伤筋动骨地调整其激励理念、方法和工具。它对标的公司谷歌，同样会采用 OKR，即目标与关键成果法做目标和过程管理，外加一个大“补丁”——360 度绩效考核。市面上关于谷歌或字节跳动激励理念的文章，都会聚焦于 OKR，似乎这是唯一的考核工具，但其实 360 度绩效考核的结果才是决定每个人薪酬和晋升的主要参考，与之配套的一对一反馈面谈会给个体带来持续的激励和压力。

在这本书里，我将结合自己在企业中的管理实践，以及为中小企业和初创企业所做的咨询，分享我的思考和总结。我会尽量避免使用复杂难懂的理论，与你一起探讨如何从理念、方法和工具 3 个层面，把初创企业或希望实现规模化的企业，打造成一个依靠可持续激励体系而非临时方案的组织。如前文所说，书中的许多见解和思考，都源于我的实践经验，这些内容经过深度总结和提炼，是对传统管理教材的补充。

最后，我要向所有帮助这本书面世的朋友表示诚挚的感谢，尤其是湛庐的编辑，他们态度严谨、行业洞察深刻，为本书的完善做出了巨大贡献。

希望这本书能激发你在管理中的种种灵感，成为你的企业可持续激励实践中的指南，帮助你的企业实现持续成功，这就是我最大的心愿。愿你在阅读过程中心情愉悦，并收获智慧与启迪。

The Art of Motivation

第一部分

激发企业活力，需要一整套激励体系

企业激励的最高境界，是人们感受不到它的存在，但每个人都持续受到激励。

导读

某个闷热的夜晚，一家企业的部门经理正倚靠在办公室窗边，凝视着外面喧嚣的城市和夜幕下闪烁的霓虹灯。他努力不去看桌面上散落的报告和季度业绩数据资料，然而办公室的时钟嘀嗒作响，每一声都像是在提醒他——变革迫在眉睫。他的团队，曾是业界的佼佼者，如今却暮气沉沉。传统的激励手段似乎已经走到了尽头，刚刚失败的重要项目又让团队本就低落的士气雪上加霜。这位部门经理深知，要想扭转局面、重燃团队的激情，需要一次彻底的变革，从根本上解决激励问题。但是，他该怎么做？

上面的故事是虚构的，但这个场景你一定不陌生。千千万万的企业管理者都在为团队的激励问题而烦恼，他们也尝试过各种流派的激励方法，但效果要么不明显，要么不持久。

在长期思考和实践之后，我逐步构建起了一套“一体两翼”的可持续激励体系。“一体”代表企业的激励理念，而“两翼”指激励管理和绩效考核的财务维度和非财务维度，两个维度都包含符合这一理念的方法和工具。

在这套体系中，财务维度主要针对员工的激励问题的解决，用以鼓励员工积极投入工作，提高工作热情和效率。财务维度包含奖励来源、考核维度、考核方法、成果分配和固薪设计五个关键要素。这五个要素是企业在设计激励方案时必须考量的传统财务要素，主要解决钱的问题，但要形成可持续激励体系，还必须依靠关键的非财务要素。

非财务维度是“一体两翼”的另一个重要组成部分，主要解决员工工作动机的问题，目的在于持续维持员工在工作中的积极性和创造性。非财务维度包含价值观、“公司一体化”组织架构和晋升管理三个关键要素。

财务维度和非财务维度都是企业重要的职场激励手段，但它们的侧重点不同。财务维度侧重外部奖励，主要解决“冰山露出水面的部分”的问题，即外部动机不足导致的行为问题。例如，一名销售员如果觉得自己的努力与得到的提成不成正比，可能就不会积极地开拓新客户或完成更高的销售目标。而非财务维度侧重内部驱动力，主要解决“冰山隐藏在水下的部分”的问题，即内部动机不足导致的行为问题。例如，当员工感觉自己的工作与个人的长期目标和价值观不符时，可能会选择另谋高就。

在实际应用中，企业应该将两个维度有效融合，这就是“一体两翼”可持续激励体系的关键所在。它的设计思路是将财务和非财务要素有机地结合起来，以实现企业的可持续发展和员工的可持续激励。简而言之，可持续激励就是指，企业无须年复一年地考虑如何激励和考核员工，员工也会保持积极主动的工作状态。

请先通过图 P-1 了解“一体两翼”可持续激励体系，形成一个整体印象，接下来我会逐个重点阐释。

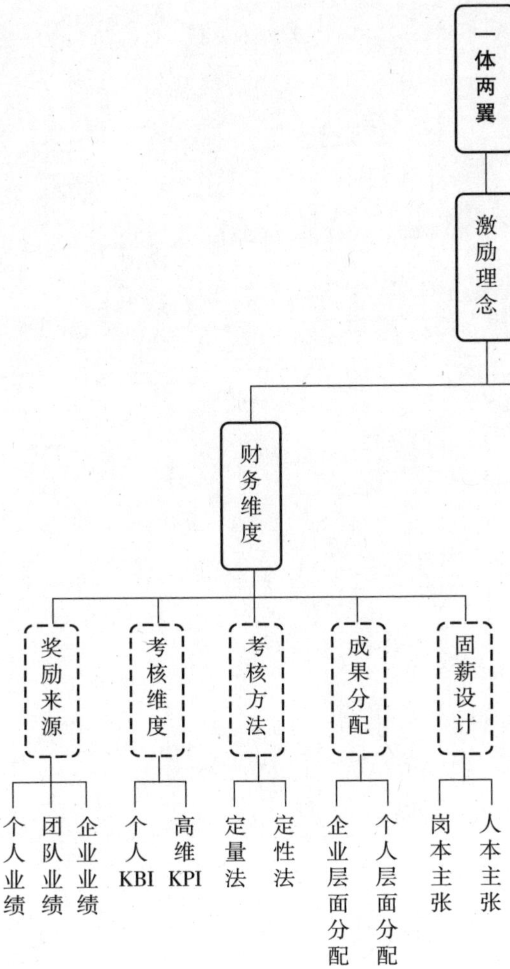

图 P-1　“一体两翼”可持续激励体系

第 1 章

激励的终极目标：可持续提高人才密度

人力资源从业者可能都会同意这样的说法——在人力资源管理方面，企业的刚需有两个：一是招聘，二是激励管理和绩效考核。本书将通过分析卓越企业的激励理念、方法和工具，专注地讨论它们是如何应对和满足这两个刚需的。

企业的可持续激励体系有没有一个“万能钥匙”？答案在理念层面是肯定的，在方法和工具层面则需要因势利导。我有这方面的深刻体会，会通过一些案例与你分享它们。

在思考企业的激励管理和绩效考核时，管理层应该认真思考这个问题：激励和考核的终极目标是什么？这个问题的答案很关键，因为根据得出的答案可以把企业分为三个等级：普通的企业；优秀的企业；卓越的企业。

正如管理界“三个石匠”的经典案例：有人问三个石匠分别在干什么。第一个石匠说：“我在讨生活。”第二个石匠一边挥动大锤一边回答：“我在做全城最棒的石材切割。”第三个石匠抬起头，眼睛里闪烁着充满渴望的光芒，说：“我在修建大教堂。”

第一个石匠被短期需求驱动。他的主要关注点在于满足当下的生活需求，为了谋生而工作。所以他是一名普通员工。

第二个石匠被自我认知驱动。他对自己的技术和技能感到自豪，并追求在石材切割方面的卓越表现。他的驱动力来自对自我成就感的追求。他是一名优秀员工，也许可以成为一名管理者。

第三个石匠被愿景驱动。他对自己的工作有更高的追求和目标。他将自己的工作与“修建大教堂”这样一个宏大的项目联系起来，其驱动力来自对参与创造令人敬畏的建筑和为社会做出贡献的渴望。他具备领导者的潜力和风范。

激励和考核的终极目标大概也有三种：

1. 制定一个奖金发放方案；
2. 打造一套可以持续激励每个人的体系；
3. 在可持续激励体系的基础上最大限度地增加企业的人才密度和优秀率，为客户创造价值。

很显然，选择第一个答案就相当于选择了普通企业的定位，这样的企业是在制定一个激励方案，而不是打造一套可持续激励体系。选择第一个答案的企业很可能每年都要重新思考如何激励和考核员工。

选择第二个答案的企业是优秀的企业，因为这个答案强调了可持续激励的概念，是在打造一套可持续激励体系。这套体系有财务指标，比如金钱和物质奖励；也有非财务指标，比如对成就动机的激发。

第三个答案也许并不是企业一开始的选择，而是企业经过大量的管理实践及企业使命、企业文化、价值观的调整后逐步确定的一个选择。如果没有增加企业的人才密度和优秀率，企业将无法达成使命。

管理的本质是什么

在一次培训会上，有一个学员突然问道："管理的本质是什么？"我一下子被问住了。我虽然可以马上给出好几个答案，但也知道这些答案不一定会被所有人认同。更重要的是，与其简单回答这个学员的问题，不如从心里感谢他，他的问题完美地佐证了"管理不是科学"这个命题。因为，如果管理是科学，这个问题就只能有一个正确的答案。

传统观点认为管理是科学，所以我们经常听到类似"加强对企业的科学管理"的说法。如果"管理的本质是什么"是个答案不唯一的问题，那就说明管理落入了艺术和实践的范畴。

"现代管理学之父"彼得·德鲁克在90多岁高龄时接受的采访中，对管理有这样的描述："管理不是科学，也不是艺术，而是实践。"他进一步把管理类比为医生的临床工作，强调没有临床实践就没有高明的医术。同理，没有企业管理者在企业中具体的管理实践，就没有先进的管理理念、方法和工具的诞生。换句话说，管理理论的演进，是企业管理者深入管理实践的结果。如果德鲁克没有企业咨询的经历，不曾在通用汽车、克莱斯勒、IBM等大企业担任管理顾问，也许就没有后来影响深远的《管理的实践》一书。

如果没有企业家张瑞敏①30多年的创业和"人单合一"的管理实践，就没有入选哈佛商学院教材的"海尔制"管理范式，也就没有胡国栋②教授在总结了海尔集团30多年的创业经历后提炼出的《海尔制》一书。

---

① 海尔集团创始人，第一位获得Thinker 50终身成就奖的中国企业家。著有《永恒的活火》，该书首度公开张瑞敏40年思路历程，全景展现了他对中国企业管理之道与实践的探索，已由湛庐策划，中国财政经济出版社于2023年出版。——编者注

② 东北财经大学工商管理学院副院长，所著《海尔制》一书首次对海尔制的逻辑体系进行了较为系统的梳理，阐释了海尔的生态战略及其哲学体系、赋能体系等。该书已由湛庐策划，北京联合出版公司出版。——编者注

所以说，一些管理方法和工具是可以科学化的。管理者可以通过一些科学的方法和工具来检验管理的有效性。比如，可以通过投资回报率（ROI）的公式计算项目管理的经济回报，可以通过权益净利率（ROE）检验企业净资产的使用效率，也可通过“生产效率 = 产出 ÷ 时间投入”这个公式来计算生产力是否高效，等等。

激励的法则 The Art of Motivation

管理的本质是什么？从人力资源管理的角度，我想用 4 个字来高度概括它：分工，分利。

分工，带来生产效率的提升

什么是分工？分工是生产力之母！我们先谈谈分工的威力。

分工管理这一概念，最早出现在 1776 年出版的亚当·斯密的《国富论》中。此书记载了 18 世纪苏格兰一家 10 人规模的扣针生产作坊的管理过程。

起初该作坊的扣针生产没有分工，每一枚扣针都是由同一个工人从头到尾生产出来的，10 个工人每人每天大概能生产出 1 枚扣针。

后来作坊优化生产流程，引入分工管理，通过将原先的无分工制程，改成 18 道扣针生产工序，即 1 个人抽铁线、1 个人拉直、1 个人切截、1 个人削尖铁线的一端、1 个人打磨铁线的另一端以便装上圆头、1 个人做圆头……产量一下子提升到 10 个工人每天能生产 4 800 枚扣针。

我们不妨用“生产效率 = 产出 ÷ 时间投入”这个公式，来计算并感受下分工后的生产力有多么了不起。

假设这个作坊里每人每天工作 8 小时，按照理想情况来算，每人每天生产 1 枚扣针，那么没有分工的时候，每小时的生产效率是 0.125（10 ÷ 80），也就是说，作坊每投入 1 小时，可以产出 0.125 枚扣针。所有工人每天共投入 80 小时，共生产出 10 枚扣针。

而分工后每小时的生产效率是 60（4 800 ÷ 80），也就是说，作坊每投入 1 小时，就可以产出 60 枚扣针。因此，在没有额外增加时间成本和人力成本的情况下，分工后生产效率跃升了 480 倍（60 ÷ 0.125），可见劳动分工对生产效率的影响有多么显著。

如果上面的扣针案例还不够清楚，我们可以用熟悉的包饺子来类比。假如一家四口用 4 斤面粉包饺子，每人分配 1 斤面粉，每人要包 50 个饺子。是每人各自用 1 斤面粉包 50 个饺子的效率高，还是 4 个人通过分工组成 1 个人剁馅、1 个人揉面和擀皮、1 个人包馅和 1 个人水煮饺子的流水线，共同完成 200 个饺子的目标效率高？答案显然是后者。

亚当·斯密通过观察苏格兰那家扣针生产作坊的生产流程优化过程，提出了经典的劳动分工理论，该理论一直影响着后来工业革命的发展。我们可以说，没有分工就没有现代企业的蓬勃发展，没有分工就没有生产效率的进一步提升。

企业该如何思考分工呢？我们可以从以下 3 个层面思考：

- 在宏观层面，企业可以通过组织架构的设计完成第一次分工，这个环节的最终产品是组织架构。
- 在中观层面，企业可以通过业务架构的设计完成第二次分工，这个环节的最终产品是业务架构。
- 在微观层面，企业可以通过部门生产流程的设计完成第三次分工，这个环节的最终产品在劳动密集型企业中是生产流程，在知识密集型企业中是岗位的专业化分工。

在不少管理学文章中，组织架构和业务架构都被当成同义词来讨论，但其实它们是有本质区别的，我们来看它们的区别是什么。

组织架构存在于企业层面，它可以回答以下 3 个问题：

1. 企业的董事会是谁？
2. 企业的管理层是谁？
3. 企业的组织是如何分工的（职能部门和业务部门分别是哪些）？

业务架构存在于业务单元（BU）或业务群组（BG）层面，它可以回答以下 4 个问题：

1. 企业的业务是什么？
2. 企业的产品是什么？
3. 企业的客户是谁？
4. 企业的业务在哪里开展？

企业管理者在分工问题上，要思考清楚企业的组织架构和业务架构，它们分别聚焦于内部资源的分配和外部客户的服务。

现在的趋势是，企业在自己的官网上只呈现业务导向的组织架构，而没有呈现强调管理层是谁的组织架构。这一改变说明企业越来越倾向于客户导向，而不再倾向于管理层导向了。

下面我以华为公司的组织架构来进一步说明这一点（见图 1-1）。

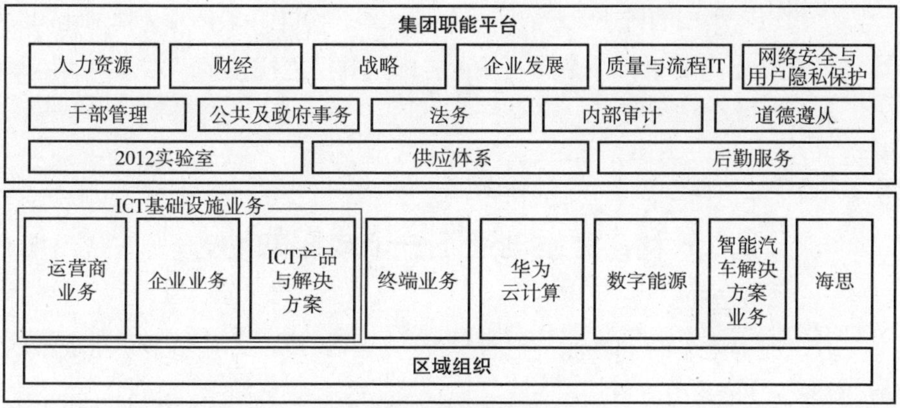

图 1-1　华为公司组织架构

资料来源：https://www.huawei.com/cn/corporate-governance。

这是一张典型的体现业务导向的组织架构图，分为两个显性部分和一个隐性部分。显性部分即集团职能平台和集团业务板块，隐性部分是区域组织。从这幅业务导向的组织架构图中，我们可以看出，华为管理层对公司的分工为 14 个职能部门、6 个业务板块和 1 个区域组织。

官网没有显示 6 个业务板块背后的具体细分行业、客户群、产品系列和区域，所以我们虽然清楚了华为的组织架构，但是还不能完整地了解其业务架构是如何设计的。但是我们相信，每一个业务板块一定都有各自的具体业务架构图，否则华为在业内也不会有如此领先的地位。

值得一提的是，企业一般都有组织架构，但不一定有业务架构。这是因为，不是所有的管理者都能清楚掌握组织架构和业务架构的本质区别和设计原理。优秀的企业或处于守成地位的老牌企业一定都有自己的组织架构和设计合理的业务架构。

在劳动力密集型的制造业，分工一般体现为生产流水线。比如，20 世纪初福特汽车公司第一个采用流水线方式生产汽车，这让它的 Model-T 车型产能大幅增加，很快成为当时马路上行驶的主流车型。

在知识密集型的行业，没有了生产流水线，分工一般体现为精细化的岗位专业化分工，要求每一个岗位从业者都是其所在岗位的“专才”而不是“通才”。

分利，激发创造下一个成果的动力

什么是分利？分利是激励之母！没有分利，就没有创造下一个成果的动力。

企业通过高效分工获得了可观的成果（收益）后，就要考虑如何合理地分配成果。成果分配的好坏也是对企业激励理念、方法和工具的检验。正确的理念、方法和工具会让企业的激励可持续。

参与企业分利的一般有4个利益相关方：股东、企业（本身）、员工、政府。股东通过提供资本获得投资收益（红利），企业通过提供资源获得可持续发展的收益（现金流），员工通过提供专业技能获得收益（薪酬），政府通过提供公共产品和服务从企业那里获得收益（税收）。本书只讨论企业以及与企业最相关的员工和股东的分利场景。

第一，如何在企业、员工和股东之间进行合理分利？总的来说，这里面存在两种理念：一种是平等主张；另一种是均衡主张。

平等主张倾向于追求各自利益最大化，如果相持不下，就会以平均分配为解决方案。比如，企业在无法拿出最佳分配方案的时候，每获得1元的收入，就会按33%、33%和33%的比例在企业、员工和股东之间进行分配。平均分配忽视了个体间实际的贡献与能力差异，导致员工效率低下和动力不足，从长远来看，还会削弱企业的竞争力和创新能力。任何分配方案一旦采用平等主张，就相当于走上了扼杀激励的不归路。

均衡主张则考虑各方利益最优化，如果相持不下，会通过非零和博弈的逻辑寻找最优解。比如，企业每获得 1 元的收入，就会在企业、员工和股东三者之间寻求一个最有利于企业而不是股东或员工的可持续发展的最优分配方案。为什么优先考虑企业的利益？因为皮之不存，毛将焉附。均衡主张实施起来较为复杂，需要详尽的数据分析和公正的评估机制，且有时候难以使所有人达成共识，是一个需要智慧的分利行为。关于如何做到均衡分利，成功的企业一般都有非常成功的经验和智慧的方法可供借鉴。这一问题在第 8 章会有详尽的讨论。

总而言之，人类发展要追求平等，企业发展要追求均衡，追求平等靠争取，追求均衡靠智慧。

第二，如何在企业与员工之间进行合理分利？这里也存在两种理念：一种是结果主张；另一种是过程主张。结果主张强调分利来自个人的产出（production），将个人薪酬与个人业绩直接挂钩；过程主张强调分利与个人的产能（productivity）相关，将个人薪酬与产生结果的能力等级挂钩。将个人薪酬与个人业绩直接挂钩，属于短期分利行为，容易产生激励陷阱；而将个人薪酬与产生结果的能力等级挂钩，属于长期激励行为，可以比较有效地规避激励陷阱。

“激励的不如被激励的精”

什么是激励陷阱？有很多种具体场景，简单一句话概括就是：“激励的不如被激励的精。”为什么会这样？因为管理者已经放弃了过程管理。他们从被激励对象（员工）处获得的所有商业信息都是二手信息，这已经形成了信息差。商业场景中“买的不如卖的精”也是这个道理。

有不少管理者的口头禅是：“我不管你怎么做，我只看结果。”这句话的前半句不妥，而后半句是否妥当还要看这位管理者如何定义“结果”。

前半句不妥，是因为持这一观点的管理者已经放弃了解达成结果的过程，不看过程的管理就是“授权责任，放弃问责”的管理。后半句是否妥当要看这位管理者如何定义“结果”，也就是看他是把结果当成指标还是目标。如果当成指标，非常好！但如果是当成个人目标的考核依据而不是企业目标的考核依据，那它就是激励陷阱的源头。

在很多情形下，管理者以为可以通过个人 KPI 来激励和考核员工，但实际上这会使自己陷入困境。比如，早期的海底捞管理者就有失策的经历：翻台率是餐饮界衡量服务效率的一个典型 KPI，为了提高翻台率，管理者将其与员工的奖金挂钩，这样做的结果就是，有的客户只是晚到了几分钟，预定的桌台就被分配给了其他的客人，严重影响了客户满意度。

《海底捞你学不会》的作者黄铁鹰老师曾经问海底捞创始人张勇：“你们连每家门店的利润也不考核吗？”张勇说：“对。我们不仅不考核每家门店的利润，还不考核营业额和餐饮业经常用的一些 KPI，比如单客消费额等，因为这些指标都是结果性指标。如果一个管理者非要等这些结果出来才知道生意好坏，那黄花菜早就凉了。这就等于在治理江河污染时不治污染源，总在下游搞什么检测、过滤、除污泥，有什么用？”在对纯粹结果主张的指导理念进行深入思考后，张勇说出了那句著名的话：“每一个 KPI 的背后都有一个复仇女神！”

激励的法则 The Art of Motivation

如何规避激励陷阱？简单来说：企业升维个人 KPI，引入个人 KBI。

所谓升维 KPI，意在将关键 KPI 从个人层面提升至组织整体层面，转化为高维 KPI。高维 KPI 不易受到个体操作的影响，典型例子包括权益净利率、营业收入增长率、经营利润率，以及对互联网公司尤为关键的商品交易总额（GMV）、日活跃用户数和月活跃用户数等指标。这些高维 KPI 都不容易被人为操控。而对应的低维 KPI，就是让 KPI 停留在个人层面，如个人销售额、拜访客户数、客户拜访次数等。这样的 KPI 是很容易被个人操控的。

为什么升维个人 KPI，引入个人 KBI，企业的激励管理就会上台阶？后面会有详细讨论，这里先列出两个重点。

第一，如果每个人的绩效都要通过 KPI 来管理，那么当企业规模扩大（比如人员从 100 人增加到 1 000 人），并且任务复杂度加大时，纯粹依靠个人 KPI 来管理绩效可能就会面临重重困难。即使成功设立了一套个人 KPI 体系，我们可能仍然会发现，虽然每个人都达成了 KPI，却无法满足管理者对结果的期望。

第二，在 KBI 的绩效管理逻辑里，企业和企业中的所有人员都遵循一套普适的 KBI 体系，都只要每个人的行为符合企业设立的 KBI，个人 KPI 也就没有存在的必要了。比如，在 KPI 体系中，有些企业的人力资源会有类似“如果关键候选人 3 天内没有回复录用通知邮件，必须马上通知 CEO”“关键岗位人员辞职时必须 30 分钟内通知 CEO”等这样的典型个人 KPI。

类似这样的 KPI 如果出现在面试过程中，就可能会让一些优秀的求职者产生疑虑，怀疑是否应该选择加入这样的企业。因为在他们所熟悉的考核体系中，这些 KPI 似乎都应该是基本的工作要求和常识，为什么还需要专门设立 KPI 来考核呢？而在重视过程的考核体系中，上述两个 KPI 通常会被一个更为全面的 KBI 取代，那就是“高效沟通”——无论是管理层还是普通团队成员，都能及时、准确地分享关键信息，并善于进行闭环沟通以推动问题的解决。只要员工都明确理解了公司倡导的高效沟通这一行为标准，那么就无须花费精力去设立许多与沟通相关的个人 KPI 了。

优秀的激励体系，能于无形中发挥作用

你有没有思考过这样一个问题：同样是在路上行驶，为什么比汽车速度还要快的高铁却没有配备安全带？

这是因为高铁和汽车的安全目标有所不同：高铁的首要安全目标是实现零事故，而汽车是尽量减少事故。高铁的安全需要通过一套完备的体系来保障，包括列车、轨道、信号系统等方面的严格安全设计，旨在确保高铁运行途中的绝对安全。而汽车为确保安全，主要采取的措施是对车身、底盘、安全气囊等进行精细设计。相较之下，汽车的安全目标缺乏成体系的保障。

关于激励体系与激励方案的差异，我们可以借鉴上述例子。激励体系就像高铁的安全设计理念，而激励方案就像汽车的安全设计理念。虽然体系和方案都是为了达成某个目标而进行设定的，但二者的区别还是很明显的：

- **目标不同**：体系的目标旨在建立一个能够可持续激励员工的机制，方案的目标则是尝试解决具体的激励问题，比如奖金发放等。
- **覆盖范围不同**：体系涵盖了激励和考核的方方面面，方案则只针对某个特定的环节，比如如何考核个人 KPI 等。
- **适应性不同**：体系更具有弹性，可以更好地适应环境的变化，相比之下，方案就显得不够灵活。通常情况下，一个方案只能解决一个问题。一旦问题数量达到一定量级，方案可能就无法应对了。
- **复杂性不同**：体系相对于方案更能解决复杂问题。体系是由众多相互关联的组成部分构成的整体，并且有明确的目标和结构设定。

激励一旦体系化，就会创造出可持续的激励环境。激励体系的简单表述是：从财务维度保持“刺激”的有效性，从非财务维度持续“激发”每个个体不断进步的动机，再附上“零容忍”的负激励政策。

负激励一般指通过惩罚性的手段来纠正员工的错误行为和表现，如通过扣工资来纠正迟到或旷工的行为，通过罚款和扣分来纠正交通违章行为等。什么是“零容忍”的负激励？就是通过立刻开除来处置触犯公司“红线”的行为，如违反公司价值观、欺骗、数据造假等。

为了更好地理解激励体系，我们尝试将企业的绩效管理划分为 3 个阶段，即绩效 1.0 阶段、绩效 2.0 阶段和绩效 3.0 阶段。

绩效 1.0 阶段的指导理念是结果主张，方法是量化个人业绩，工具是提成奖励。严格来讲，绩效 1.0 阶段的绩效管理没有 KBI 考核环节，因为一切“以结果论英雄”的理念都让 KBI 考核过程变得多余。

绩效 1.0 阶段的企业认为，“饥饿”的员工最卖力，因此一般不设立基本工资，或是会设立很低的基本工资，也不强调团队合作。这无形中鼓励了员工“单飞”，员工收入很大程度上取决于自身创收。公司会安排或自由选择业绩目标，这是唯一和绩效管理有关联的一个方面，因为绩效管理的重要一环就是设立目标。

绩效 1.0 阶段有很多短板，其中切身之痛的短板就是企业规模无法实现非线性的增长，只能以持续投入劳动力的方式保持线性增长。不断增加的劳动力成本让企业的边际成本超过边际收益，使企业业绩长期徘徊在中等规模附近，甚至下滑。

绩效 1.0 阶段用提成来衡量人的价值。绩效 1.0 阶段的奖励公式如下：

个人提成 = 个人销售业绩 × 提成比率

绩效 2.0 阶段认为员工在基本生活得到保障之后会更专注于业绩目标，因此企业提供可以满足员工日常生活需求的基本工资，并用绩效奖金代替个人提成，以此鼓励团队合作，杜绝员工“单飞”。

绩效 2.0 阶段，企业的绩效管理得到很大改善，这归功于目标管理手段的引入，即将提成制转变成奖金制，除了考核个人 KPI，还考核个人 KBI。这样的安排使绩效管理更加全面。

绩效 2.0 阶段的指导理念仍然是结果主张，但是开始引入关注绩效考核过程的 KBI，绩效管理开始关注达成结果的过程。由于 KBI 包含团队合作、高效沟通、客户导向、领导力、创新等内容，所以员工会开始从以自我成功为目标转向以团队成功为目标，企业由此具备了新的生产力要素。

绩效 2.0 阶段用奖金来衡量人的价值。绩效 2.0 阶段的奖励公式如下：

个人奖金 = 基薪 × 个人绩效系数

个人绩效系数 = 个人 KPI 达成率 + 个人 KBI 分值

绩效 3.0 阶段的指导理念是过程主张，不考核个人 KPI，只考核个人 KBI，根据个人的能力决定薪酬。但是会将个人 KPI 升维为企业 KPI，不刻意层层下放。企业 KPI 一般不超过 3 个。

绩效 3.0 阶段的企业认为，企业的业绩结果和员工的业绩结果不是企业管理的终极目标，而是检验企业管理水平的方式之一。这一阶段的企业重视底薪，确保员工的底薪有市场竞争力，在他们看来，底薪是用来吸引优秀人才的，奖金是用来奖励优秀人才所做的贡献的。绩效 3.0 阶段用总薪酬来衡量人的价值。绩效 3.0 阶段的奖励公式如下：

奖金 = 总薪酬 − 底薪

我们可以把绩效管理的 3 个阶段通过图 1-2 来归纳总结。

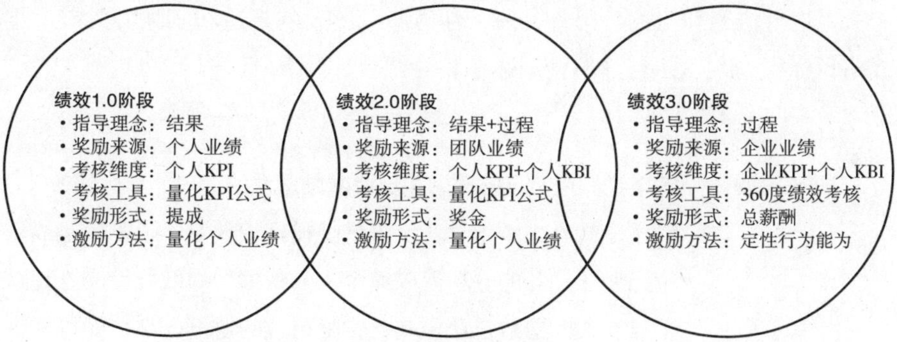

图 1-2　绩效管理 3 阶段

我们还可以从表 1-1 中看到绩效管理 3 阶段与企业发展阶段的对应关系。中小企业一般是从绩效 1.0 阶段开始，逐步向绩效 3.0 阶段过渡，当然多数企业会长期徘徊在绩效 2.0 阶段，这也符合二八定律。企业管理者可以根据企业的使命、愿景和行业规模来把握本企业想要达到的规模和对应的绩效管理阶段。一般来说，没有达到绩效 3.0 阶段的企业，不太可能步入行业领先企业之列。

表 1-1　绩效管理 3 阶段与企业发展阶段的对应关系

阶段	绩效 1.0 阶段	绩效 2.0 阶段	绩效 3.0 阶段
指导理念	结果	结果 + 过程	过程
考核维度	个人 KPI	个人 KPI+ 个人 KBI	企业 KPI+ 个人 KBI
薪酬结构	低固薪 + 高提成	中等固薪 + 绩效奖金	高固薪 + 奖金 / 股权
奖励形式	提成	奖金	总薪酬
奖励公式	个人提成 = 个人销售业绩 × 提成比率	1. 个人奖金 = 基薪 × 个人绩效系数 2. 个人绩效系数 = 个人 KPI 达成率 + 个人 KBI 分值	奖金 = 总薪酬 − 底薪
团队合作	弱	中	强
适用企业	初创期、快速成长期企业	成长期、成熟期企业	成熟期、行业领先企业

值得注意的是，以上对应关系并非绝对，企业应根据自身发展阶段、行业特点、企业文化等因素选择合适的激励体系，逐步从绩效 1.0 阶段向绩效 3.0 阶段过渡。激励体系需要不断完善和调整，以适应企业发展的不同阶段和外部环境的变化。在打造激励体系时，要充分考虑员工的需求和期望，并与员工进行沟通和协商。另外，还需注意激励体系的打造和实施需要与企业战略目标相一致，并与其他管理体系相协调。

激励的法则
The Art of
Motivation

如果我们用打仗的概念来类比激励理念的演进，那么绩效 1.0 阶段是战斗，绩效 2.0 阶段是战役，绩效 3.0 阶段就是战争了。夺取战斗的胜利可以靠个人的勇敢；夺取战役的胜利除了靠个人的勇敢，还要有各作战单位的协同配合；而打赢一场战争除了要有武器、人员，还要有调动全部资源的能力。重全局的激励体系才能更加有效地调动全体人员的积极性和创造性。

一个好的作品会让人过目不忘，一个伟大的作品会让人陷入思考。同理，一个好的激励体系会让人感觉到它的存在并被激励；一个优秀的激励体系会让人感觉不到它的存在但仍会被持续激励。

企业激励的最高境界就是人人被激励，但是企业无须年复一年地谈如何激励。企业是如何做到这样的？企业激励的最低境界是年复一年地讨论如何激励员工，但管理者仍觉得员工没有主动性。这又是为什么？

在接下来的几章中，我们将通过 PMT 思维模型提供的洞见，详尽分析卓越企业是如何打造“一体两翼”可持续激励体系的，并以此展示这些企业在激励员工和推动企业发展方面的先进做法。

The Art of Motivation

激励的思考

1．区分激励方案与激励体系的关键要素有哪些？

2．根据绩效管理 3 个阶段的描述，你认为你所在的企业目前在哪个阶段？

3．为什么“激励的不如被激励的精”的现象如此普遍？

第 2 章

激励体系的根基：把握复杂管理问题的核心

不少企业在激励方面陷入了激励陷阱：激励的不如被激励的精，也就是说，管理者不如员工“精明”。

先来看个例子。美国的一个州立医院制订了一项计划，即统计各医生做心脏搭桥手术中患者死亡率数据作为衡量医生业绩的 KPI，并把这一数据公开，供患者在选择医生时参考。这听起来似乎很合理，可以激励医生提高医术水平和服务质量，但是，实际执行这项计划却导致了更高的死亡率。因为对于这些医生来说，降低自己履历中的心脏搭桥手术死亡率最简单的方法，就是拒绝为那些病情严重的患者动手术。所以很多医生再也不愿意做心脏搭桥这种高风险的手术了。

再来看一个例子。网上一篇关于美国数学教育的文章《是谁夺走了美国人的数学能力？——美国百年数学战争演义》说，洛杉矶联合学区曾实施了一项政策，将教师的绩效与学生的标准化考试成绩挂钩。结果就是，教师开始重点教授考试内容，而不是更全面的素质课程。学生的考试成绩是提高了，批判性思维和解决问题的能力却下降了。我想这个例子对我们来说并不陌生，人工智能技术的爆发也给学校的教育方式带来了新的挑战。

回到本章开头关于激励陷阱的讨论。这种情况表面看是信息不对称导致“激励的不如被激励的精”，但是关键原因其实是企业没有采用正确的激励理念。在员工比管理者精明的激励场景里，信息不对称不是因为员工没有充分分享信息的能力，而是因为其没有分享的意愿，更深层的原因是，这种分享与他们有利益冲突。信息的充分分享，意味着某些机会可能会被“窃取”，这对他们通过达成个人 KPI 获得奖励是弊大于利的。由于企业采用的是基于个人 KPI 结果的激励理念和方法，信息的过度分享只会导致个人收益被不断稀释。

那么，要怎么破解这种困局呢？接下来我将会详细讨论第 1 章提出的“一体两翼”可持续激励体系。其中“一体”的发现和运用离不开 PMT 思维模型，所以我会基于 PMT 思维模型的逻辑展开讨论。

PMT 思维模型是我在中金公司和华尔街的投资银行工作期间最重要的收获之一。在这些行业的头部企业里，不少优秀管理者都会有意无意地用 PMT 思维模型来思考和解决业务和管理方面的问题。它是一种非常有价值的管理思维模型，我们可以轻松把握复杂管理问题的核心，找到最优解决方案。

接下来的内容主要围绕 6 个问题展开：什么是 PMT 思维模型？为什么要用 PMT 思维模型思考管理问题？如何用 PMT 思维模型思考管理问题？如何用 PMT 思维模型发现激励陷阱？如何脱离激励陷阱？什么是“一体两翼”可持续激励体系？

理念，关于管理问题的核心

我们先来介绍一下什么是 PMT 思维模型。所谓“P”就是 philosophy，直接翻译就是“哲学”的意思，本书更倾向于将其译成“理念”；“M”是 methodology，即“方法论”的意思，在本书中指“方法”；“T”代表 tools，是“工具”的意思。PMT 就是通过理念层面的探讨，确立一个符合达成目标的正确理念；然后在理念的驱动下，找出最能够全面反映理念的方法；最后通过一个可执行的实实在在的工具，来践行既定的理念。

PMT 思维模型各要素之间的逻辑关系是：理念驱动方法—方法决定工具—工具践行理念，是一个从虚到实的推进过程。

比如，如果把全球化作为我们追求的理念，那么国际贸易就是反映理念的方法，集装箱就是践行这一理念的工具。“没有集装箱，不可能有全球化”是《经济学人》给马克·莱文森（Marc Levinson）《集装箱改变世界》（*The Box*）一书的经典评语。这句话强调了集装箱这个工具在全球化进程中的重要作用。它极大地降低了货物运输的成本，使全球各地可以更容易地进行贸易交流，对全球化的推动起到了关键作用。

同理，在激励管理方面，如果我们向卓越的企业学习，把激励员工的指导理念从结果主张转化为过程主张，那么“企业 KPI+ 个人 KBI”的考核维度就是反映这一指导理念的方法，360 度绩效考核就是践行这一指导理念的考核工具了。在后面的章节里，我会深度探讨这方面的内容。

再多说几句，PMT 思维模型里的 P 是一个务虚的成分，M 是从虚到实的过渡媒介，T 就是可触及和操作的实体。在从事人力资源管理工作的早期阶段，我对务虚比较反感，认为它离解决实际管理问题如天地般遥不可及。后来在猎头的介绍下，我加入了中金公司。当时，中金公司刚成立不久，人员不多，但是我已经感觉到这一公司的管理理念与众不同，其在进行每个日常的管理决策之前都要问一个与理念或目的相关的问题，比如，制定员工福利制度之前就要思考这个福利制度的理念是什么等。中金公司的对标企业是华尔街的顶级投资银行摩根士丹利。当时摩根士丹利是中金公司的股东之一，这使得中金公司在借鉴先进管理理念打造符合自身的管理理念方面有近水楼台先得月的优势。

这里以管理者如何通过借鉴其他企业的福利理念，指导自己企业福利制度的制定为例来简单说明一下。通过全面讨论和借鉴摩根士丹利的福利理念，中金公司打造了符合自身的福利原则（即理念），包含两个层次：第一，只要是国家法律规定的福利，必须坚定地合法合规地提供，在这个基础上尽量做到让员工和他们的直系亲属没有生老病死的后顾之忧；第二，当地政府提供的涉及个人和企业所得税减免的福利，须马上提供，或以现金形式发放。这一指导理念让当时中金公司的管理者在福利政策的决策上更清晰。

举例来说，国家鼓励有条件的企业考虑给员工提供企业年金，企业是否要提供这个福利？传统观点认为，企业的福利越多，员工就会越开心，既然国家鼓励这项福利，企业马上提供即可。但是中金经过与政府有关部门确认，了解到年金制是从企业净利润里拿出 4% 作为养老金储蓄起来，员工等退休后方可以领取，且养老金不享受企业所得税减免政策。根据福利原则（理念）的第二点，中金公司不考虑不涉及个人和企业所得税减免的福利，并未提供这项福利，而是将节省的成本用于补充企业现金流。这样做符合中金所处行业“现金为王”的激励理念，我们也由此可以看出中金确立的福利原则让当时的决策变得很简单和透明，获得了员工的理解和支持。

因此，理念并不是虚的，而是有非常现实指导意义的东西。

慢就是快，管理决策不能用救火思维

前文认为，PMT 是一个从理念到方法再到工具的过程。那么具体的方式和节奏是怎样的？

根据“大石头”理论，把大小不同的石头装入箱子的顺序应是先装大石头再装小石头，如果顺序相反，部分大石头就会装不进箱子。正确的做事顺序也是，先重要后次要，思考的顺序是先抽象后具体。

理念属于抽象范畴，在思维层面，要先想清楚，这一步快不得，须慢慢来；方法属于具体范畴，在操作层面，要滞后于理念而出现；工具，在技术层面，有了方法就要思考方法落地的工具。

理念务虚，驱动方法，方法务实，决定工具，工具践行理念。把这3个要素连接起来，就会形成一个思维模型——PMT思维模型。从理念出发（慢），找出反映理念的方法（慢），再通过相应的工具（快），完成理念的落地和贯彻。这就是PMT思维模型和做事模式。

为什么PMT思维模型适合企业管理决策？企业管理决策与救火决策不同，前者是常态事件决策，重要但不紧急；后者是突发事件决策，既重要又紧急。对于既重要又紧急的突发事件，不适合使用PMT思维模型来处理。试想一下，企业所在的大楼着火了，第一决策应是拨打火警电话，这属于常识范畴。而对于企业的重要管理决策，按照PMT思维模型一般则起到由慢及快的效果。“慢”是务虚，是理念层次，它为下一步的“快”确定正确的方法和工具。

据说，比尔·盖茨在担任微软CEO期间，每年都会带上几本精选书籍、公司数据等资料独自隐居深山一周，认真思考公司的发展问题。拼多多创始人黄峥也曾提到，在美国读书期间他经常和前辈段永平讨论经商问题，其中最大的收获是段永平先生经常提到的“慢就是快”管理哲学。正如任正非的自我评价：“我20多年主要是务虚，务虚占七成，务实占三成。”

从根本上预防问题，管理才能游刃有余

在了解了PMT思维模型的优势后，你一定会思考：应如何有效地利用它来思考管理问题？

大型企业的管理者每年会召开一个务虚会。会议一般在远离办公室的地点召开，且各参会人员尽量不使用手机，以让自身处在“重启状态”，通过慢节奏认真思考企业的长远发展问题。

我在中金公司工作的时候，中金公司中副总裁（VP）以上职级的管理者每年都有各自部门的务虚会——远离办公场所，停止手头的工作，拒绝接收邮件和电话（当时还没有微信），让思想放飞，共同从哲学（也就是理念）的层面，思考和讨论一些日常的管理方面的问题。这走的是一条先明道，再立法，后成器的“道、法、器”管理逻辑的路径。

在中金公司讨论人力资源部定位的问题时，我们就采用了彼得·德鲁克针对企业的经典三问的方式，对人力资源部提出了经典三问，以此来捕捉理念层面的东西。这三个经典提问是：

- 人力资源部的业务是什么？
- 人力资源部的客户是谁？
- 人力资源部的产品是什么？

这三个问题看似很简单，但是对人力资源部而言，要回答它们并不是那么容易。因为这是使用业务逻辑来“拷问”一个非业务部门，强势地从理念层面扭转非业务部门的非业务思维，让每一个部门都能树立起自己应具备业务思维、客户思维、产品思维的意识。

那么，人力资源部的业务是什么呢？经过启发式的热烈讨论，大家一致认为，人力资源部在本质上也是业务部门，它的业务就是吸引、激励、培养和保留企业所需要的能力载体，也就是人才。

既然是业务部门，那它一定有客户。经过认真讨论，大家认为人力资源部的客户就是内部员工。为了服务好这些客户，人力资源部有必要设立一个客户经理岗位，这个岗位被命名为 HRBP，即人力资源业务合作伙伴，方便内部员工在需要人力资源部解决方案时，能非常容易地找到人力资源部的对接人，而不用凡事都找人力资源部负责人来协调，从而大大提升了人力资源部与内部员工的协调效率。这就是人力资源业务合作伙伴这个岗位产生的背后逻辑。

定义了业务和客户后就要思考：人力资源部的产品是什么？这是一个相对不太容易回答的问题，但又是一个必须回答好的问题。经过认真讨论，大家有了答案：从广义上来说，人力资源部的产品就是要跟管理者和员工共同打造一个能吸引优秀人才的企业文化，制定一个有竞争力的薪酬激励政策和薪酬架构，设计一个能够高效获取人才的招聘流程，建立一个能发现和培养高潜人才的机制，等等。

除了人力资源部，其他职能部门（如财务部和法务部）也进行了类似的经典三问的讨论，使用 PMT 思维模型定位各自部门的业务、客户和产品。比如，对法务部的能力考核之一就有一条：在因为法律风险而否定一个项目的同时，要提出一个能够有效规避风险的合规建议，而不是简单地否定了之。这就让法务部能够从内部员工的角度理解和支持业务部门的工作。给出否定的同时也要提供一个建议。所以在追求卓越的企业中有一个金句：当你提出一个问题的同时，没有提出相应的解决方案，那么你就是问题的一部分。

后来我发现，并不是其他管理者不会使用 PMT 思维模型，而是这些管理者不重视 PMT 思维的培养，让企业一直处在忙于应付各种管理问题的状态，用一个工具解决一个管理问题，而不是游刃有余地从根本上预防管理问题的发生。这样的状态往往又使企业产生无数个新的管理问题。比如，管理者为了解决员工激励问题，将员工的个人薪酬与个人业绩直接挂钩，表面看暂时产生了强激励效果，但是员工很快便找到了应对的方法，在设立个人业绩目标时与公司讨价还价，甚至提供虚假业绩数据等。所以解决管理问题就是从工具到工具，而预防管理问题的发生就是明道、立法、成器的过程，是PMT思维模型。务虚不是贬义词，明道方能致远。

可喜的是，并不是只有知识密集型行业里的头部企业（如华尔街的投资银行）才运用PMT思维模型，近几年，一些相对劳动密集型的快消行业企业，也在践行PMT思维模型。比如，现在如日中天的元气森林就是一个在管理问题上明道致远的例子。从相关报道中可以看出，元气森林创始人唐彬森就是一个善于利用PMT思维模型的创业者和管理者，无论他是不是有意做到这一点的。

2021年11月15日，正和岛发布的一篇专访文章介绍，截至2021年11月，唐彬森所创立的元气森林仅无糖气泡水就卖出了1亿箱，其中80%来自线下销售。元气森林冲进了传统饮料企业牢牢把持的线下渠道。其2021年卖饮料所得收入约有83亿元，将近农夫山泉2021年收入的1/3。而截至2021年，农夫山泉已经成立25年。

元气森林是一个产品导向的企业，但是它的产品也不是每一款都成功。创业初期，元气森林还聘请专业人士做产品定价分析。专业人士说，可口可乐零售价大约是3.5元，所以元气森林的产品只能卖4元，渠道、终端各自拿30%的抽成，成本大约是0.5元。元气森林听取了专家的建议，但做出来的产品自己都不想喝，更别说广大消费者了。当时已经生产了价值500万元的产品，后来都销毁了。

这件事让唐彬森反思了很长时间。之后他们改变了产品设计和生产的理念，不再刻意考虑成本方面的因素，尽可能用好的原料，先做一款自己喜欢喝的产品。基于这样的理念，元气森林成为全行业第一个大规模使用非常接近糖味的甜味剂的企业，在同等甜度下，这款甜味剂的成本比传统的工业代糖要贵50倍左右。

唐彬森遵循的是优质优价的产品理念。核心逻辑就是对用户体验的极致追求，做产品不是成本导向，而是客户导向，重点考虑客户是否会喜欢。成立于2016年的元气森林只经历了短短8年的发展时间，虽然我们还不能斩钉截铁地说它会是一家基业长青的企业，但是，在一个劳动密集型传统行业中，它的快速崛起是一个里程碑事件，这一切都离不开创始人所具有的独到的思维模型。

总的来说，PMT思维模型不追求解决管理问题的速度，如同小约瑟夫·巴达拉克（Joseph L. Badaracco）的《沉静领导》（*Leading Quietly*）一书所讨论的那样，管理高手都把管理问题（如激励和考核）视为纷繁复杂的问题，并不急于求成，他们理解那句谚语“人生如同战场，捷径即是雷区”的道理，深知解决问题的基本原则是“准备、瞄准、开火”，而不是“开火、准备、瞄准”。准备就是思考理念P的过程，瞄准就是思考方法M的过程，开火就是采用工具T的时候。

为结果付薪，是个看起来美妙的“激励陷阱”

先来解释一下，为什么说“激励陷阱”而不是激励的“坑”？“陷阱”是隐蔽的，是用来捕捉猎物的，因此有很多的伪装，很难被马上察觉，如果再配有诱惑引导物，捕捉猎物便是十拿九稳。而“坑”是外显的，很容易被发现从而绕开躲避。激励陷阱的诱惑引导物，就是一个错误的考核理念，也就是个人量化的KPI。

决定一家企业如何更好地激励员工的不是KPI或OKR这些工具，而是正确的理念。花一些时间将理念（why）想清楚，自然就会找到正确的方法（what）和合适的工具（how）了。

2012年，我在一篇网红文章《绩效主义毁了索尼》（*Performancism*

Destroyed Sony）中看到有关 KPI 的讨论。文章作者认为，是量化的 KPI 削弱了索尼的创新能力，因此对鼓励量化 KPI 的短期绩效行为进行了分析和批判。

后来网上否定 KPI 的文章逐渐多了起来，有的文章还引用小米和华为的案例。这引起了我的思考：在中金公司和华尔街的投资银行工作的 20 多年时间里，我为什么没有听到他们提及或讨论过 KPI？这是真的，他们从来没有讨论过这个话题，更别提讨论如何用 KPI 来激励和考核员工了。

经过思考和对比企业的激励及考核痛点，我更倾向于认为：KPI 只是一个考核工具，工具本身一般是没有对错的，但理念是有对错之分的。无论是普通企业还是优秀企业，其实都有 KPI，只是指导和使用这个工具的理念是企业间有云泥之别的关键，理念的差别也会导致方法的大相径庭。索尼掉入激励陷阱，其实就是因为激励和考核理念出了问题。

激励的法则 The Art of Motivation

指导激励和考核的理念大体分为两个主张：一是结果主张，二是过程主张。结果主张的理念通过结果来判断被考核者的优劣；过程主张的理念通过过程来判断被考核者的瑕瑜。前者注重产出，后者注重产能。

哪个理念更具诱惑力？当然是结果主张，多劳多得，以结果论英雄，这也是在大多数企业里无论管理者还是员工，都喜欢结果主张激励考核的原因之一。但是对于真正了解激励本质的企业管理者来说，看似没有诱惑的过程主张，才是让企业不断发展进步的正确激励理念。过程主张是通过培养员工的能力及考核员工达成结果的能力来促使员工提交业绩，属于长期主义思维。

经过越来越多的观察和思考，我形成了一个大概的结论：某些经常讨论结果主张的企业，已经掉入了一个设计美妙的 KPI 陷阱。这个美妙陷阱的理念就是，为个人的业绩结果付薪。所以，在结果主张的理念指导下，相当多的企业将员工的个人薪酬与个人业绩直接挂钩，强调和鼓励立竿见影的短期行为，这反而让企业长期徘徊在行业的腰部或尾部。

将员工的个人薪酬与个人业绩直接挂钩，表面上看是在激励，但细想之下会发现，这样的激励安排本质上还是分利。例如，一家公司实施了一套激励体系，将员工的薪酬与他们的业绩直接挂钩。根据二八定律，有 20% 的员工表现出色，达到或超过了公司的业绩目标，于是这 20% 的员工获得了丰厚的奖金和其他激励措施，他们在与公司的分利博弈中的份额得到最大化。然而，其余 80% 表现不佳的员工，未能达到公司的业绩目标，他们只获得了很少的奖金或激励措施，或者没有获得任何奖励。这么一来，他们相当于是在消耗公司的固定成本（如办公场所费用）和部分可变成本（如底薪和福利）。随着时间的推移，由于这 80% 的员工表现不佳，公司的可变成本并没有下降，一直处于低人效（每名员工创造的价值低）、低毛利（收入与成本之差低）和低现金流（可用于运营和投资的现金少）的“三低”状态。这将阻碍公司跨越中等规模陷阱，导致企业无法实现可持续增长并保持竞争力。

国家有中等收入陷阱，企业也有中等收入或中等规模陷阱。国家能否成功跨过中等收入陷阱，取决于经济发展的市场化水平、国民教育水平、法治水平、契约精神、知识产权的有效保护程度、创新能力和资本市场的健全程度等因素。企业能否跨过中等规模陷阱，取决于能否获得企业规模化发展所需的管理理念、市场份额、复购客户量、品牌心智成熟度和持续稳定的现金流等。

建立 PMT 思维，才能恰当使用 KPI 与 OKR

知道了规避“激励陷阱”的重要性后具体要怎么做？我现在就通过拆解案例来说明。

我对 KPI 激励陷阱的大致描述是：组织实行了一个背离设计初衷的激励理念。比如，在本章开篇的美国那家州立医院的案例中，“挖井人”是被激励者——医生，“落井人”是激励设计者——州医院管理者。由于激励理念的偏差和执行上的误区，通过公开手术死亡率数据激励医生提高医术水平和服务质量的本意，却导致了医生规避高风险手术的倾向，这不仅未能提升医院的整体表现，反而抑制了医生提升自身技术水平的积极性。

这家州立医院实行的激励理念为什么会导致激励的结果与激励设计者的初衷南辕北辙？很显然，其中出现了两个错误。第一，医院采用了结果主张的 KPI 来考核医生。医生为了完成 KPI，通过减少操作高危病例手术，来获得满意的低手术死亡率的 KPI 结果，这就让医院落入了一个自己设置的 KPI 激励陷阱中。第二，州政府把手术死亡率作为目标而不是指标来考核医院。试想，如果州政府把手术死亡率作为指标而不是目标来考核医院，用这个指标来验证医院的管理过程是否先进，医院就会通过培训医生的医术、增加研发费用、引进先进设备等过程性的方法来降低死亡率，医生也就不会人为地减少高危病例手术量。长此以往，在培训和研发的大量投入下，医院的医疗水平会大幅提高，从而从根本上降低死亡率。

在企业场景里，以结果主张为指导理念所产生的典型陷阱比比皆是，在这里我举两个案例，案例主角一个是劳动密集型的快消品企业，另一个是知识密集型的金融企业。

某家快消品企业为了提高销售额，将销售额作为考核销售人员的 KPI，销售人员的奖励公式是：个人奖金 = 底薪 × 销售达成率。这一做法产生的结果是销售收入大幅提升，但是坏账接踵而至。企业意识到，不注重回款的销售等于慢性自杀，销售额越高，企业的现金流越紧张，企业也由此落入了一个只关注 KPI 销售结果的陷阱。企业自救的方法是增加另一个结果主张的 KPI 考核公式。新增加的公式是：个人奖金 = 回收坏账总额 × 提成比率。结果可想而知，公司的坏账率并没有改善，反而时有恶化。因为员工为了获得可观的坏账提成，必须要保持一定数量的坏账率，否则就没有提成的基数了。

从上面的案例可以看出，多数落井者并不能马上意识到自己已经落井了，即使意识到了，也只考虑在井内自救，而不是思考出井方案。

根据查尔斯·埃利斯（Charles Ellis）在《高盛帝国》（*The Parthership*）中的介绍，20 世纪 50 年代末，高盛公司的销售交易业务遇到了这样一种情况：部门的客户都是由经纪人带到高盛的。每位经纪人从客户身上赚得的佣金都要跟公司分账。当时的经纪人有些也是骑驴找马，想加入哪家公司就加入哪家公司。是否加入的标准除了公司所提供的业务空间、综合运营能力及档案记录等服务质量外，最重要的就是公司会以怎样的比例分配提成。当时的情况不是公司选择经纪人，而是经纪人挑选公司。如果在目前供职的公司得不到理想的分账比例，经纪人就会随时跳槽到满足其要求的公司去，当然也就会带走他所开发的客户资源。

后来高盛的管理者是如何通过改变激励理念和手段，完美地解决这个管理难题，同时让高盛的销售交易部在几年后成为行业的领军者的？这里先按下不表，我会在后面详细介绍。

好了，回到关于激励陷阱的讨论，常见的出井方案之一，就是尝试转换激励理念而不是激励工具。要知道，只有理念才能战胜理念，工具是用来践行理念，而不是用来改变理念的，所以一种工具是无法战胜与其同属一个理念的工具的，这两种工具都是在同一个维度上的较量。比如，在战场上如果双方的武器（工具）都是枪，就很难判断胜负，但是如果一方只有枪，另一方除了枪还有高维层面的武器（工具），胜负就很明显了。高维打低维更容易，爱因斯坦曾提及，问题不可能由导致这种问题的思维方式来解决。比如，用坏账率的结果代替销售额的结果，并不能有效改善企业的经营状况。因为这两个都是结果主张的 KPI 指标，它们处在同一维度上。

现在 OKR 开始“走红”，其实 OKR 也是由 PMT 指导的，如果以 KPI 的考核理念来使用 OKR 考核工具，就是换汤不换药了。OKR 是一个很好的项目过程管理工具，它起源于英特尔，在谷歌和其他头部科技公司（如微软等）得到发展。从 OKR 的考核特点来看，它非常适合以快速迭代为特征的科技公司使用。

遗憾的是，由于长期受 KPI 考核理念的影响，国内不少企业管理者既没有认真思考为什么 OKR 会在科技公司走红，也没有进一步思考这些科技公司中员工的奖励与 OKR 的关系是什么，就在自己的企业里将 OKR 与员工的奖励直接挂钩。结果可想而知，这些企业的管理者只不过是从一口井换到了另一口井里。

所以，作为一家企业的管理者，在设计和检验一个激励与考核工具时首先要从理念的角度来思考，看这个考核工具的逻辑是结果主张还是过程主张。如果是结果主张，你可以尝试把这个结果设计成一个无法被考核者影响的结果，比如考核客户满意度而不是客户拜访数，前者的操控难度大得多；考核潜在客户转化率（LTC）[①] 而不是简单的销售额，依然是前者的操控难度大得多；或者将指导理念从结果主张转换到过程主张，把产出换成产能，如与其考核个人的销售业绩结果指标（产出），不如考核个人的 LTC、客户满意度、新增客户数和客户留存率等过程指标（产能）。这样就可以有效地规避企业掉入激励陷阱。

“一体两翼”，保持员工可持续激励的密码

实际上，优秀的企业不用 KPI 考核员工，也不会年复一年地讨论如何激励和考核员工，但他们的员工能长期在工作中保持热情和积极性，组织不

① Leads to Customers，即从销售线索（潜在客户）到付费客户的转化率。

“内卷”且充满活力。这是怎么做到的？其实，这些优秀的企业不是不讨论激励管理，也不是否定 KPI，而是打造了一个完全不同的激励理念，在这个理念的指导下采用完全不同的方法和工具，坚持长期主义，从而在根本上为自身打造出一套可持续激励的管理体系，而不是一个个独立的激励方案。这套管理体系就是本书的主题——“一体两翼”可持续激励体系。

“一体两翼”可持续激励体系是优秀企业使员工保持积极主动的状态的密码。正是“一体两翼”的组合，让优秀企业的激励从方案变成了体系，而激励方案和激励体系的主要区别在于：激励体系的目的是让人持续地积极努力工作，而激励方案的目的是让人短期创收！前者是目的，后者是手段。前者是长期激励，后者是短期激励。

“一体”——能形成可持续激励惯性的理念

什么是“一体”？所谓“一体”，就是理念，它帮助企业管理者首先从理念的层面想清楚，什么指导理念更能够让企业形成可持续激励的惯性。它回答的关键问题是：

1. 企业的指导理念是什么？
2. 企业的指导理念是过程主张还是结果主张？
3. 为什么采用某一个指导理念而不采用另一个指导理念？

所以理念是从“为什么”的角度思考问题。理念很重要，好的理念简约但不简单，只有少数人才能发现并贯彻执行。好的理念还有一个特点就是“不深奥、可描述、难贯彻。它是一个 90% 的人都能理解或接受，但又不愿意或很难按其理解来实践的东西”。

理念有多重要，又有多难践行，我们从股神巴菲特的故事中就能看到。

巴菲特的价值投资理念并不是与生俱来的，而是受到了人生道路上的伯乐本杰明·格雷厄姆（Benjamin Graham）① 的指引。格雷厄姆的《聪明的投资者》和其与他人合著的《证券分析》为巴菲特后来 60 多年的股票投资奠定了理念基础。他的名言“别人贪婪我恐慌，别人恐慌我贪婪”就是对巴菲特投资理念的高度总结。

这个不深奥、可描述的理念却在实战中被 90% 的投资人异变成为“别人贪婪我更贪，别人恐慌我更慌”的韭菜。

正因为理念如此重要，巴菲特才会在他为格雷厄姆和戴维·多德（David Dodd）合著的《证券分析》第 6 版所作的序言中写道：“格雷厄姆和多德给我的，除了思想和理念之外，还有友谊、鼓励和信任。他们对我完全不求回报——对一个年轻的学子，他们只是想不断地给予帮助和提携。”可见巴菲特是多么感谢格雷厄姆和多德，让他收获了宝贵的投资理念。

我想再举个经济学界的例子来说明“一个看似最容易接受的理念不一定是一个好的理念”这一点。在如何促进国民消费的讨论中，一直存在两种理念之争（如图 2-1 所示）：以英国经济学家凯恩斯为代表的收入派，以美国经济学家弗里德曼为代表的财富派。

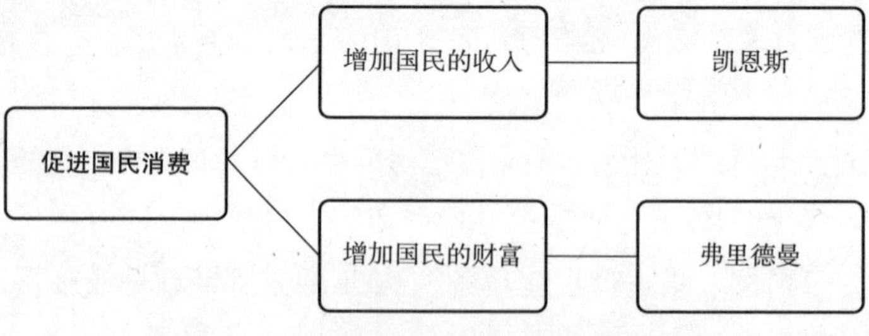

图 2-1　关于如何促进国民消费的两种理念

① 格雷厄姆，被誉为“现代证券分析之父”，《证券分析》被国内外投资界视为价值投资理念的奠基之作。该书中文简体字版已由湛庐引进，第 7 版即将出版。——编者注

人们更普遍的观点是，如果国家要刺激国民的消费来促进经济增长，最直接的办法就是不断增加国民的收入，因为手里的钱多了，人们自然就会拿来消费。国际知名经济学家张五常教授认为，这两位经济学家都是百年一见的天才，但从消费这一点看，所有证据都证明弗里德曼是对的。

为什么弗里德曼是对的？因为他主张的是长期收入假设，即人们消费的决策依据的是长期收入预期，而不仅仅是当前的收入。他认为，消费者的消费水平主要取决于他们预期在一生中可以获得的财富（包括当前的收入以及将来的预期收入），这被称为“永久收入”。弗里德曼的观点与凯恩斯的消费函数相反，后者认为人们的消费水平主要取决于他们当前的收入水平，而在弗里德曼看来，消费者如果能够预期收入是长期有保障的，消费意愿会更加强烈。财富是保障长期收入的一个非常重要的工具。反之，消费者如果心理上感觉到收入是波动性和不确定的，他们的消费意愿就不会很强烈。在意愿和能力方面，意愿更加重要，而意愿的可持续性取决于财富的积累。国家提倡增加国民的资产性收入也是这个逻辑，因为资产性收入是相对稳定和可预测的。

企业激励考核的场景也是一样的情况，最容易理解的指导理念是结果主张，即“个人绩效直接挂钩个人薪酬”。这种理念看起来最简单直白，也最容易让员工理解需要完成什么以获得奖励，所以，企业一开始都会使用这一理念。但是实行一段时间以后企业会发现，一个人的工作绩效很难完全独立于团队和公司的整体状况。比如，一个销售代表签了很多合同单，但如果那个季度企业的产品质量问题严重，导致客户退货率很高，那么这位销售代表的优秀工作成果反而给企业带来了更大损失。

所以，在设计激励考核体系时，不能仅凭直觉，也需要从反直觉的角度来发现最佳理念和实践，从全局着眼，让考核体系成为组织目标和价值观的助推力。

“两翼”——财务与非财务维度的激励要素

说完“一体”，再来看看“一体两翼”中的“两翼”，它们分别代表财务维度和非财务维度。

所谓财务维度，就是一个激励体系里涉及“钱”的全部要素。如果理念比较务虚，财务就开始务实，它可以回答激励体系的五个关键方法和工具等问题：

1. 奖励来源：要思考的问题是企业的奖励来自哪里？是来自个人的业绩，还是团队的业绩，抑或是企业的业绩？如何设计这个奖励来源更符合理念“体”的要求？
2. 考核维度：要思考的问题是企业用什么考核维度？是个人 KPI 产出，还是个人 KBI 加高维 KPI 的产能？如何使用这些考核维度？
3. 考核方法：要思考的问题是企业用什么考核方法？是基于个人 KPI 的量化工具，还是基于个人 KBI 的定性工具？如何运用这些考核方法？
4. 成果分配：要思考的问题是企业如何在企业自身层面和个人层面公平地分配通过激励和激发产生的成果？是提成制、奖金制还是总薪酬制？
5. 固薪设计：要思考的问题是企业的固薪设计理念是什么？是采用岗本主张还是人本主张？如何设立一个有吸引力的固薪？

既然上面的第四点提到了提成制和奖金制两个概念，我们不妨多着笔墨。不少企业的管理者，包括人力资源从业者，也没有想清楚这两个概念的本质区别。

个人提成制和个人奖金制都是激励员工的方式，它们的主要区别在于发放方式和计算方式不同。个人提成制是根据员工的业绩来决定奖励，通常是以销售额的一定比例或者完成的业务量来计算。提成通常是固定比例或者阶梯比例，并随着业绩的提高而提高。这种制度的优点是能够明确地反映员工的工作绩效，激励员工努力工作。但是，员工如果过于关注提成，可能会忽视了其他非提成制的工作，会对长远的工作效果产生不利影响。另外，只依赖提成激励员工，可能会导致员工的工作压力过大，而忽视了团队协作。

个人奖金制是根据员工的绩效或者企业的收入或利润来发放的一种奖励，即有了奖金池才会发放奖金。奖金的发放通常是在一定时期结束后进行，如季度、半年或者年终，不是固定的，并且根据企业和个人的实际绩效来确定。奖金制的优点是可以激励员工全面地提高绩效，而不仅仅是提高销售额，同时会鼓励员工进行团队合作，长期提升客户满意度。

二者的最大区别除了发放方式和计算方式，还在于提成制实际上是个人与企业的一种分利安排，容易产生个人与企业的零和博弈现象；奖金制更像是企业对个人完成的业绩和正向行为的奖励，企业的主动权会更大一些。更详细的内容我会在之后的章节再展开。

“两翼”的另一“翼”是非财务维度，它包含了一套激励体系里的非财务要素。多数管理者一想到激励，就是从方案而不是从体系的角度来考虑问题。所以他们做出来的企业激励方案，基本就是一个关于如何发钱的方法和流程。这个方案没有问题，但是如果要打造一套可持续激励体系而不只是方案，就必须增加非财务的维度。财务维度主要针对“刺激”的问题，属于外因驱动，非财务维度主要针对“动机”的问题，属于内因驱动。非财务维度主要由三个要素组成：

- 价值观：要思考的问题是企业大力倡导的价值观是什么？如何设立符合企业愿景和使命的价值观？
- “公司一体化”组织架构：要思考的问题是企业的组织架构应该如何设计才更有利于反映指导理念？是拳头型的一体化架构还是

巴掌型的各自为政架构？

- 晋升管理：要思考的问题是企业的晋升管理原则是什么？如何正确地使用这些晋升管理原则？

你马上会发现，这个“一体两翼”可持续激励体系并不深奥，也并不抽象，而是非常实在的。

无论优秀企业还是普通企业，在他们的激励体系里，或多或少都有“一体两翼”的管理要素。没错，从要素层面看确实很简单！常言道：“妙言至径，大道至简。”英文也有“less is more”的说法，少即是多！表面看起来简单的东西，往往蕴藏着“静水流深”的底层逻辑。把事情弄复杂要比把事情简单化更容易。

苹果公司创始人史蒂夫·乔布斯就说过：“人们要付出巨大的努力，才能生产出简单的东西。”

优秀企业甩了普通企业几条街的关键，不在于他们的“一体两翼”可持续激励体系更复杂和更全面，而在于指导他们践行“一体两翼”可持续激励体系的理念、方法和工具，与普通企业大相径庭。其中理念方面的差异最为明显。接下来的几个章节会详细地讨论“一体两翼”可持续激励体系，以及它是如何让企业更优秀和更卓越的。

为了让讨论更加具象，我将“一体两翼”的可持续激励体系总结为图 2-2，并在之后的章节中对两个维度里的每一个要素逐个讨论。

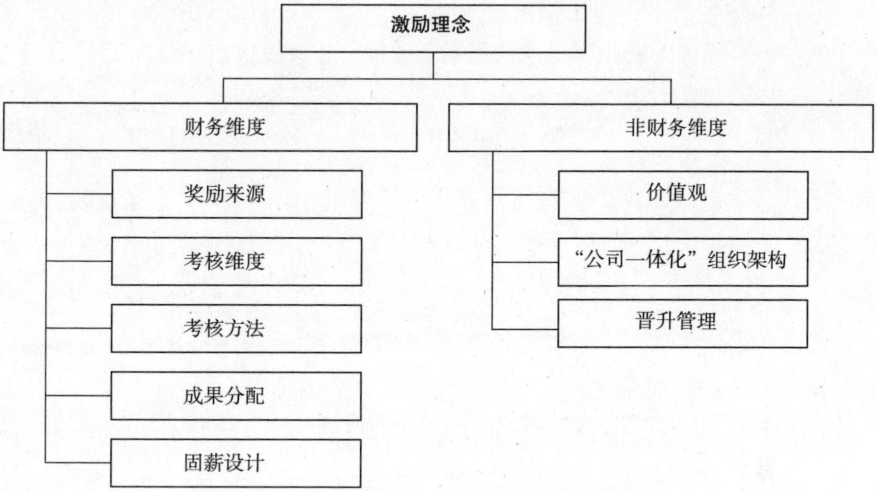

图 2-2　“一体两翼”可持续激励体系结构图

The Art of Motivation 激励的思考

1．设想一下，你加入了一家新的企业，企业管理层对你的人力资源背景和经验寄予厚望，希望你针对企业的特点，提出一个员工福利方案，你会如何利用 PMT 思维模型来开展这个项目？

2．通过这一章的学习，对比一下你所在的企业或部门的现状，是否也有类似的激励陷阱？如果有，你是否有脱离陷阱的思路？

The Art of Motivation

第二部分

激励体系的“理念之体”，激励过程胜于结果

顶尖企业的人才战略，是用优秀的人吸引更优秀的人，以形成“优秀吸引优秀”的马太效应。

导 读

我们的第一站是“一体”所对应的激励理念。首先请你想想：你所在企业的激励机制，是更鼓励员工专注结果，还是更看重员工达成结果的行为和过程？你认为各自的利弊如何？

在这一部分，我们开始介绍“一体两翼”可持续激励体系之“一体”，即理念部分。我们会讨论激励理念的两个主张是什么，这两个主张各自的特点，以及它们是如何将企业划分至不同的激励层次或阶段的。我希望提供一个分析和思考框架，由你根据理解和思考做出自己的判断和决定：是放弃结果主张，拥抱过程主张，还是让过程主张的“子弹”飞一会儿，抑或是将两个主张结合？这些问题的答案都会留给各位读者来思考。

我会立场鲜明地呈现我对过程主张的偏爱和执着。理念很难通过修补来完善，只能扬弃或者保留。过程主张由于强调把个体的努力凝结成共同的努力，会让激励管理更有可持续性，支持企业长期发展。

理念不是可持续激励体系的一部分，而是全部，如果选择了错误的指导理念，会让企业在错误激励的道路上付出更大的代价。更换理念要比更换工具困难得多，切记！理念一旦被认同就属于体内之物，而工具从头到尾都是身外之物。曾经有人问生物科学家："癌症和艾滋病，哪一种病更难治愈？"生物科学家的回答非常有"理念"的意味："癌症更难治，因为癌症是人体细胞，属于人体的一部分，而艾滋病是外来的病毒。"

激励考核有许多主张，但是影响力最大和讨论最多的是结果主张和过程主张。结果主张者用"我不管你怎么做，我只看结果"的视角来看待激励考核，重视输出；过程主张者则更重视输入，认为"只要输入正确，输出就不会太差"。输入包括但不限于正确的价值观、个人核心胜任力和反映核心胜任力的 KBI。

KPI 比 KBI 历史更久，更容易量化，被企业管理者广泛采用。KBI 属于行为范畴，不可量化，只能描述，所以在激励考核中的使用不是很广泛，甚至许多管理者根本不清楚该如何运用它。但是在国内外优秀企业的激励考核体系中，KBI 不仅不会缺席，而且是针对个人的主要考核维度之一或唯一维度。最近几年，越来越多的国内企业也开始探讨和使用 KBI 了。希望这些已经找到了"大块纯金"的企业不要在意识到它的价值之前就将之扔到一旁。哪怕是玉石，也只有在精心设计和雕琢后才会价值倍增。

KBI 不是独立存在的，它是对具体核心胜任力的描述。比如，分析能力是企业倡导的核心胜任力之一，但是"能力"太抽象，不容易被考核，所以为了考核分析能力，企业会给出几个 KBI 描述：

- 能有效地分析和解释各种数据，识别数据的关键趋势后提出有见地的商业建议；
- 善于发现和识别问题的根本原因，通过数据分析解决复杂的问题；
- 综合分析能力强，通过收集、整合和分析信息，做出明智的决策。

分析能力是实实在在地存在的一种胜任力，但是如果我问"分析能力是什么"，估计和前面提到的"管理的本质是什么"一样，答案会有很多个。但是，如果改问"分析能力由什么关键行为组成？"，答案就比较明确了。

所以，对抽象的概念进行行为化描述不失为一个好的方法。上面这些简化的描述涵盖了分析能力的关键方面，包括数据解读、问题解决和综合分析行为。一般来说，具备这样的分析能力的人通常能够应对复杂情形，并提供有价值的见解和决策支持。

输入正确不保证输出也一定正确。例如，一名销售人员拥有良好的沟通技巧和丰富的产品知识，但由于市场竞争激烈或经济衰退，销售业绩不佳。同样，一名研发人员拥有创新思维和解决问题的能力，但由于技术限制或资金不足，研发项目无法按时完成或达到预期效果。这些不好的输出结果与个人的行为没有直接关系，更多的是一些不可抗力的原因导致。

有没有输入不正确但输出正确的情况发生呢？当然也有，例如，一名销售人员没有遵循既定的销售流程，但运气好，遇到了一个非常感兴趣的客户，并完成了大额销售。需要注意的是，输入不正确但输出正确的情况比较少见，也不可持续。长期来看，正确的输入（过程）更有可能带来正确的输出（结果）。因此，在激励考核中，仍然需要重视输入（过程）的正确性。

第 3 章

通往可持续激励的五个层次

企业在思考激励考核体系时，第一个动作要领很关键！这个动作要领就是首先要在理念层面上思考清楚，激励考核的指导理念是什么？是结果主张，还是过程主张？它们的主要区别除了前面提到的一个重“输出”、另一个重“输入”，还体现在企业管理和员工收益两方面。

在企业管理方面，结果主张的企业管理者将责任和问责都授权给员工，更多的是让员工“自由发挥”。在结果主张的管理环境下，管理者成了“甩手掌柜”，于是就出现了前文提到的“激励的不如被激励的精”的现象。最接近客户和市场的永远是最精明的人，他们掌握着第一手商业信息，而信息就是力量。

在结果主张的管理环境中，管理者赋予员工高度的自主性，旨在提高企业的灵活性和迅速应对市场变化的能力。通过将责任下放给直接面对市场的员工，企业可以更快速地调整策略和操作，从而更紧密地与市场需求和客户需求对接。

然而，这种放弃问责的管理模式也存在潜在的风险：

- **企业整体没有统一方向：**当管理者不再积极参与日常过程管理时，可能会出现员工在没有充分指导和支持的情况下自行其是，从而导致整体战略方向不一致。
- **考核边缘化：**在完全结果主张的环境下，如果考核变得形式化或被忽视，可能会缺少对员工表现的有效监控和激励。
- **信息风险增加：**最接近市场的员工确实掌握着第一手商业信息，这使他们在操作上拥有很大的优势和影响力，但这也会带来风险，比如信息不被恰当地共享或用于个人利益而非公司利益。

在本书的撰写过程中，我所辅导的一家公司正好开始在英国拓展业务，这家公司的人力资源负责人和我讨论了英国销售代表的安排事宜。我们就用这个实际案例来说明“责任”和“问责”在激励管理方面的显著区别和对绩效管理的重要性。

这家公司的人力资源总监（HRD）告诉我，他们招聘了 3 个销售代表来拓展英国业务，下面是我们的一段对话：

我： 3 个销售代表如何分工？各自的岗位名称是什么？（我想知道对他们的问责是什么。）

HRD： 他们都是销售经理。（这个回答只说出了他们的责任。）

我： 销售是他们的职责（责任），我的意思是，他们具体的分工是什么？（我还是想知道管理者问责的依据将是什么。）

HRD： 嗯？

我： 分工决定了他们的岗位名称，比如我们按销售片区分工，岗位名称是“英格兰地区销售经理”“苏格兰地区销售经理”“威尔士地区销售经理”等；按销售渠道分工，岗位名称就是“零售渠道销售经理”“特殊渠道销售经理”等。通过这样的精细分工，才能更精准地考核他们的绩效，以及通过分工产生具体目标的压力。

HRD： 用目标销售额考核不也行吗？给每人定 100 万元的年度销售目标。

我：　当然可以！但是如何避免销售经理之间争夺同一个客户的情况发生？如果没有分工，就很难预防并解决这样的内部竞争。

HRD：嗯。有道理。

我：　销售是他们的责任，根据责任来分工是问责。

HRD：明白了！

我：　通过这样的分工，销售经理才能在晚上躺下和早晨醒来时清楚地知道自己应该做什么。

不同于结果主张，过程主张的企业管理者会授权责任，但是保留问责的权力。将绩效管理从每月、每季度、每年一次，转变成全天候或每周给出提示，并根据提示及时采取纠正措施。只有保留问责的权力，才能为做好过程管理打下基础。所以，在过程主张的企业里，管理者会通过高频的客户拜访、现场业务会议、电话会议、邮件沟通，以及将信息分享作为 KBI 考核和扁平化的组织架构的工具，来保障并强化信息的分享，最大限度地缩小管理者和员工之间的信息鸿沟。

在员工收益方面，结果主张的企业根据员工的产出来决定他们的薪资，按结果付薪，奖励的典型指标是个人 KPI；过程主张的企业根据员工的产能来决定他们的薪资，按能力付薪，奖励的典型指标是个人 KBI 和企业 KPI（而不是个人 KPI，后面会重点讨论为什么企业 KPI 很关键）。关注产能的激励是长期主义思维，关注产出的激励是短期行为思维。

下面我们会讨论一个根据激励层次来给企业分类的方法，其中位于 L4 和 L5 层次的优秀企业，都是通过关注长期产能的培养来获得短期、中期、长期的产出的。相信读到这里你已经感觉到了，这部分讨论一开始就是从理念的高度出发的。

理念（主张）驱动方法，方法决定工具，工具践行理念。由于企业会选择不同的主张和相配合的方法与工具，因此可以将企业的激励水平分出五个层次。L1 层次的激励水平最低且最不可持续，L5 层次的激励水平最高且最可以持续。

为你的企业把脉，它处在哪个激励层次

在创始人或管理者不同理念的指导下，会形成哪几种激励层次的企业？根据 PMT 思维模型，可以划分出五种激励层次的企业。你可以根据这五个激励层次的主要特点，为自己所在的企业把把脉，看看它属于哪个层次。

现在，我们就具体介绍一下每个层次的主要指标和特点。

L1 层次

这一层次的特点是：结果主张，个人强激励，团队弱激励，且不可持续。员工奖励来自个人 KPI 提成，有些企业里的业务人员甚至没有固薪收入。奖励公式：

个人奖金 = 个人产出 × 与企业约定的提成比例

在处于这一激励层次的企业里，员工流失率会是最大的问题，因为员工没有从企业获得可以稍稍喘息的现金流保障，就算员工不选择离职，也会通过接私活儿的方式来获得外部提供的现金流。

员工的流失也就意味着企业知识和经验的流失，企业的客户信息、商业信息和商业经验无法在企业平台上沉淀和积累，所以在这样的企业中，员工“单飞”情况严重，没有团队合作和协调意识，业务难上规模，这种模式是业务最不可持续的模式。奖励与个人 KPI 直接挂钩是 L1 层次的激励特点。

L2 层次

这一层次的特点是：结果主张，个人强激励，团队低激励，且不可持续。员工奖励来自“象征性意义大于实际意义的、保障基本生活需求的基薪 + 基于系数考核的个人绩效”。奖励公式：

个人奖金 = 基薪 × 个人绩效系数

在处于这个激励层次的企业里，员工获得了基本现金流的保障，但是象征性意义大于实际意义。如果有大的刚性支出（如房租），员工的日常现金流还是捉襟见肘。由于仍然是单打独斗，员工还是无法执行稍大的项目，遇到稍大的项目还是会采取“飞单”或避重就轻的方式来获得日常生活现金流。奖励与个人 KPI 直接挂钩是 L2 层次的激励特点。

L3 层次

在这一层次，结果主张向过程主张过渡，个人与团队融合，团队激励开始产生。员工奖励来自“基本能够满足生理、安全和社交需求的体面底薪 + 相当于数月底薪的绩效奖金”。奖励公式：

个人奖金 = 底薪 +（数月底薪 × 个人绩效评级）

这里的关键词是“个人绩效评级”。“绩效评级”是对员工的工作表现进行定量和定性评估的一种方法，目的是了解员工的贡献、工作能力、工作积极性、工作效率等方面的情况，以便在人力资源管理中对其做出合理决策，如奖励、晋升、培训、解聘等。不要小看这个绩效评级，它在任何绩效管理做得比较好的企业中都不会缺席，可以毫不夸张地说，没有“绩效评级”的绩效管理就是一个绩效管理“半拉子工程”。

绩效评级的方法和工具就是按照绩效能力将员工分为 ABC 3 个类别，每个类别占比分别是 20%、70%、10%。然后根据员工的类别，决定绩效奖金的比例。比如，A 类员工可以获得绩效奖金基数的 120%，B 类员工可以获得绩效奖金基数的 100%，C 类员工可以获得绩效奖金基数的 50% 或 0。如果绩效奖金额度是两个月的底薪，而一个月的底薪是 10 000 元，那么 A 类员工的个人奖金是 24 000 元（20 000 × 120%）、B 类员工的个人奖金是 20 000 元（20 000 × 100%）、C 类员工的个人奖金是 10 000 元（20 000 × 50%）或 0 元。

有的企业采用 SABC 4 个能力分类，也是可以的，但是，最好还是保持 20%、70%、10% 的占比，可以将 S+A 的占比规定在 20%，比如 S 占 5%、A 占 15%、B 占 70%、C 占 10% 即可。这样的占比与其说是某些管理者的发明，不如说是一个发现，因为这个比例广泛存在于任何同类物品中。比如，现在的果农都具备了经营头脑，每年打下 1 吨果实后，不将 1 吨果实按照统一的价格卖给经销商，而是将果实分成 ABC 3 个品类，即优、良、次，分别给每个品类赋予高、中、低 3 个批发价。据报道，不论是苹果还是梨的分类，ABC 的占比分别都是 20%、70%、10% 左右。这是不是很神奇？这样的安排似乎要从进化论的角度来解释了。

因此，按照绩效能力将员工分为 20%、70%、10% 3 个类别是绩效管理的一个非常重要的行为之一。处于 L3 层次的企业虽然还是以结果主张为主导，但是开始引入部分过程主张。奖金与个人 KPI 结果和个人 ABC 绩效评级直接挂钩。

除此之外，在这个激励模式中，基薪被底薪代替，这种改变可谓一个较大的进步。这个时候的底薪设计关键词不是“基本保障”，而是“基本满足”员工的生理、安全和社交需求，尽可能给员工提供相对充足的日常生活现金流。但是，不可否认，这个激励阶段的企业还是比较典型的中等规模企业。

在这样的激励体系下，员工日常生活现金流相对充裕，员工流失率会显著下降，从而让企业可以通过长期积累获得知识和经验的沉淀。另外，提供相对充足的底薪更利于企业使用有压力的管理手段，有压力才有动力。

反观处于 L1 至 L2 层次的企业，肯定是无法摆脱尾部命运的，它们的知识和经验流失率非常高，无法形成有厚度的沉淀方便新人快速上手，所以加入企业的新人有一切从头做起的感觉。在这样的企业中，所有的客户信息和商业信息均存储在个人电脑中，不与团队分享，有多少员工就有多少信息孤岛。

奖金与个人 ABC 绩效评级直接挂钩是 L3 层次的激励特点。

L4 层次

到了这一层次，企业就是过程主张，在过程管理压力下，个人和团队产生可持续的强激励。“员工奖励来自能够满足生理、安全和社交需求的体面底薪 + 自由裁量奖金（discretionary bonus）+ 对标企业的薪酬池 + 对标岗位市场价位的总薪酬”。绩效考核从个人 KPI 转为基于核心胜任力的个人 KBI。奖励公式：

个人奖金 = 总薪酬 − 底薪

在处于这个激励层次的企业里，过程主张的理念成为主导，企业开始通过个人 KBI 和奖金池来纠正过度结果主张所导致的“明星”现象，大张旗鼓地鼓励团队精神，奏响合奏而不是独奏。

在奖金分配方面，企业引入了“自由裁量”的概念，使奖励分配不再仅依赖公式，而是给管理者更多的奖金决定权来考量每个个体的能力差异和贡献大小。企业进入了通过总薪酬而非仅仅通过奖金反映员工价值的时代。处于这个激励层次的企业已经能够提供有竞争力的底薪和由管理层自由裁量的奖金，可以吸引更多优秀人才。

什么是自由裁量奖金？它也可以被翻译为酌情奖金，基本体现了发放奖金时管理者有一定的自主裁量权，可以根据公司的实际财务情况和员工表现来灵活决定奖金的额度，这是雇主思维导向——意味着雇主可以根据员工表现、公司业绩等因素来决定是否发放奖金和发放奖金的额度。这样的奖金分配权力已经从个人转到了管理者。

对自由裁量奖金的理解不到位，可能会产生奖金发放“任人唯亲”的担忧。然而，在成熟的企业中，这种担忧是多余的。首先，奖金与员工的绩效能力和贡献直接挂钩，而绩效能力和贡献在考核评估中通过SABC体系来体现，任人唯亲的可能性微乎其微。其次，自由裁量奖金可以避免员工为了“对标”考核指标而损害整体利益。从经济学角度来看，它是对合约不完备性的一种弥补。

据了解，自由裁量奖金在国内企业中还不多见。除了中金公司和几个头部“大厂”，基本没有其他国内企业采用这种形式。但是在《财富》500强企业中，发放自由裁量奖金已经是常规操作，员工的合同里关于奖金的典型描述就是：“你的自由裁量奖金将根据公司的业绩、个人的绩效和能力在年底决定……”

中金公司是一家中国企业，考虑到中国文化的特点，我们当时将自由裁量奖金表述为：“你的奖金（如有）将根据公司的业绩、个人的绩效和能力在年底决定并发放……”“如有”的表述应该比“自由裁量奖金”更符合东方文化。

自由裁量奖金的对立面是“公式化奖金”，是根据企业设定的明确公式或标准来计算的奖金，通常基于员工的绩效、公司的业绩等可量化的指标。

这样的奖金发放通常更有预测性和透明性，员工可以清楚地知道如何通过达成特定目标来获得奖金。这样的奖金安排似乎更符合中国平衡和公平的文化。这也许解释了为什么到目前为止，即使有的企业已经采纳了最先进的国际企业管理方法，也没有采纳自由裁量的奖金发放方法。由于市场上没有这样描述奖金的企业，所以在招聘新人的时候企业还是要向市场规范妥协，否则很难说服新人加入。

其实，我很期待有越来越多的国内企业能够从公式化的奖金发放方式过渡到自由裁量的奖金发放方式，因为这种转变说明企业不仅做大了、做强了，还掌握了将组织机制和员工动机相结合来激励和考核员工的理念、方法和工具。

激励的法则
The Art of Motivation

自由裁量奖金允许管理者基于员工的整体表现、贡献和价值，艺术性和灵活性地决定奖金的发放。这种方法更能认可员工在各方面的努力和贡献，而不会仅局限于量化或公式化的指标。这种奖金体系可以更好地激发员工的创造力、团队合作精神和创新意识，使员工意识到他们的努力和贡献会被公司更加全面地认可和重视。

相比之下，公式化奖金过于依赖固定的指标或公式，而忽视了员工在其他方面的努力和贡献。它有时会限制员工在其他方面的主动性发挥，因为他们可能会感到只有达到特定的量化目标才能获得奖金。其他非量化的指标（如创新、团队合作等）对他们的奖金多少没有直接的影响，而这些非量化的指标对企业来说是同样重要的因素。

股权律师卓雄华老师和俞桂莲老师的《股动人心》一书中有这样一段描述：

华为股权激励制度的执行比较灵活，员工即使符合条件也未必可以获得，而不符合条件也未必不能获得股权。这主要是因为任正非认为各级团队对优秀的奋斗者的评价。

由于“要跟着感觉走”这条评价标准，我对华为倡导的激励考核理念产生了似曾相识的感觉。这也符合华为所倡导的灰度管理理念。可以说，自由裁量奖金更有助于员工全面发挥潜力、积极参与和创造更大价值，而不仅仅是单纯追求符合预定指标的结果。

我曾经帮助一家企业面试一位销售总监候选人。当问及他最喜欢什么样的销售激励政策时，他说目前的企业有一点做得比较好：如果当年的企业业绩好（不是个人业绩好），领导会在年底给他们发放额外奖金大礼包，他本人就领到过高达 50 万元的大礼包。他非常喜欢以这种方式获得奖金，认为比获得公式化奖金感觉更好。其实这个 50 万元的大奖就是自由裁量奖金，它没有测算公式，获奖者也不想知道这 50 万元是如何测算出来的。

试想，如果下一年企业的业绩不太好，员工没有收到自由裁量奖金也不会太沮丧，因为自己确实没有做好。如果又是一个丰收年，员工除了拿到固定计算的奖金，对自由裁量奖金也是有期盼的，这个期盼就可以很好地调动员工的内在动力。

如果企业想尝试着转变，有一个可供参考的建议：可以在公式化奖金的基础上增加一个自由裁量奖金的机制。在录用通知上可以这样写：“你的绩效奖金相当于多少个月的基本工资，将与你的定量业绩指标和定性能力指标挂钩。除此之外，管理者会根据企业当年的业绩结果考虑发放额外的自由裁量奖金。”员工刚开始也许不了解什么是自由裁量奖金，但是经历过一次后就会有不同的激励体验感。然而，需要强调的是，与企业的 KPI 和个人的 SABC 绩效评级直接挂钩的是总薪酬，而非奖金，这是 L4 层次的激励特点。

L5 层次

这一层次的企业一定是过程导向的，在过程管理的压力下产生全体可持续的超强激励。“L4 层次的基础 + 公平的晋升管理流程 + 基于公司一体化的组织架构”，形成了 L5 层次。奖金公式：

个人奖金 = 总薪酬 − 底薪

可以看出，总薪酬的概念得到全面确立。总薪酬和年薪的本质区别是前者的多少与市场岗位价格形成动态关联，市场岗位价格变高，企业同岗位的总薪酬也相应提高；而年薪是静态的，底薪 × 合同规定的月数就是年薪。所以从激励的角度讲，动态奖励一定比静态奖励更能激发员工的动力。总薪酬（而不是奖金）与企业的 KPI 和个人的绩效评级直接挂钩是 L5 层次的激励特点。

总薪酬大体有 3 个口径（见图 3-1），前文指的总薪酬是窄口径的概念，现金程度最高。

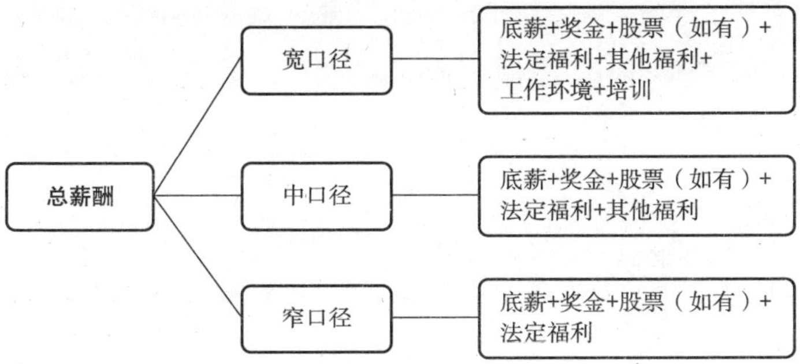

图 3-1　总薪酬的 3 个口径

在处于 L5 层次的企业里，过程主张理念完胜，这些企业在 L4 层次的基础上，通过“公司一体化”组织架构的建设和完备的晋升管理流程，才能让完全符合 KBI 的个体生存下去。这个层次的企业已经完全摆脱了被“明星”员工绑架的现象。企业管理者思考的不是如何激励员工，而是如何吸引更优秀的人来形成“优秀吸引优秀”的马太效应，让员工产生自豪感，获得 1+1 ＞ 3 的协同效应。这个层次的企业，一定是行业里的头部企业。

从六个关键概念看激励层次的跃升

为了方便读者更好地理解 L1 至 L5 的激励层次，我们将其所隐含的关键概念总结一下，总共有六个，以区分它们在激励理念上的主要区别。

第一个概念是固薪。固薪可以分为基薪和底薪两种，L1 至 L2 层次采用的是基薪概念，L3 层次采用的是类底薪概念，L4 至 L5 层次采用的是底薪概念。关于基薪和底薪的主要区别以及它们对吸引和激励人才的作用，我会在“一体两翼”可持续激励体系财务维度的固薪设计部分专门讨论。

第二个概念是现金奖励。现金奖励的形式可以分为提成、奖金和总薪酬 3 种。处于 L1 至 L2 层次的企业采用的是提成制，处于 L3 层次的企业采用的是奖金制，它们仍然以高度的公式化方法决定奖励。处于 L4 至 L5 层次的企业是总薪酬制，其奖励计算方法开始脱离公式化，进入自由裁量的灰度阶段。

第三个概念是奖金池和薪酬池。也就是说处于 L3 至 L5 层次的企业，奖励变成了奖金而不是提成，而且奖金来自企业或团队的奖金池。处于 L3 层次的企业只关注奖金池，处于 L4 至 L5 层次的企业更关注薪酬池。

正如前文所讨论的，奖金与提成的区别不是每一个管理者都能够马上回答出来的，它们是激励理念的分水岭之一。奖金是对员工出现企业期待行为的一种奖励，比如，只要员工始终坚守企业的价值观、重视团队合作、及时与团队分享有价值的客户信息，企业就会以奖金的形式奖励员工。提成是对员工产生企业期待所达成的财务结果的一种利益分配，比如，只要员工达成或超额完成了规定的业绩指标，就会拿到某一个百分比的提成。

所以，奖金本质上是奖励，提成本质上是分利。一个隐含的文化是“来，我奖励你”，另一个隐含的文化是“来，我们讨论一下如何分成”。这是普通企业、优秀企业和卓越企业的激励理念的分水岭。所以L1至L2层次是提成制，L3层次是提成到奖金的过渡，L4至L5层次就是通过“总薪酬－底薪”来获得奖金的制度了。

第四个概念是总薪酬制。企业的激励方法从奖金制转向总薪酬制，并且总薪酬来自公司的薪酬池，而部门奖金池的概念已经没有了。这一做法显著地改变了企业对结果主张的传统看法，标志着企业不再将结果主张视为衡量成功的唯一标准，因为总薪酬比提成和奖金更能全面地反映一个人的价值。处于L4至L5层次的企业完全采用了总薪酬制的概念。

第五个概念是晋升管理。企业有一套由理念指导的完整的晋升管理流程，晋升成为企业每年的规定行为之一，不会在一年当中随意地发生，一般统一发生在年底。后面的章节对晋升管理有非常详细的讨论。

第六个概念是“公司一体化”组织架构。企业全面实行了“公司一体化”组织架构（后面的章节会详细讨论什么是“公司一体化”组织架构）。这里强调一下，固薪、现金奖励、奖金池、薪酬池和总薪酬制，都属于财务维度，晋升管理和“公司一体化”组织架构就属于非财务维度了，是辅助“一体”的“两翼”。

财务维度比较容易量化，属于科学范畴，非财务维度不容易量化，属于哲学或理念范畴。我们发现，企业的激励层次由低到高的过渡过程，就是一个激励不断去量化的过程，那么，哪些方面要坚决地去量化和去科学化？哪些方面又要保持量化，同时加入一些非量化的东西，才能让企业的激励永续？这就是一个理念层面的有趣的讨论范畴。

关于企业激励的 L1 至 L5 层次，我们可以通过图 3-2 有一个具象的了解。

L1 层次，个人绩效主导：此阶段企业主要以员工的个人 KPI 为激励机制，可能引发对团队合作的忽视，导致员工流失及知识经验流失。

L2 层次，基础保障加个人奖励：在提供一定基本薪资的基础上，通过个人绩效奖金激励员工，虽有基本生活保障，但团队协作仍不显著。

L3 层次，结果与过程相结合：赋予员工体面的基本薪酬和绩效奖金，注重员工个人及团队的综合贡献，促进员工与企业共同成长。

L4 层次，过程主张，持续激励模式：引入自由裁量奖金、薪酬池和总薪酬制，评估标准从个人 KPI 转向个人 KBI，强化团队精神，优化人才吸引与留存。

L5 层次，综合激励机制，过程导向：在 L4 层次的基础上，通过“公司一体化”组织架构和晋升管理机制，深化总薪酬概念，提升员工归属感和团队协作效率，形成良性循环。

激励的法则
The Art of Motivation

从 L1 层次到 L3 层次的演变，反映了企业管理从着眼于短期个人绩效向着眼于团队和个人长期共同发展转变的态度。而从 L4 层次到 L5 层次的进阶，不仅表现出激励方法的优化，还体现了企业管理理念和文化的成熟。许多企业仍处于 L3 层次，若向 L4 和 L5 层次发展，需要不断更新管理者的激励理念，优化激励机制，打造一套更综合、公正、灵活的体系，从而激发员工的潜力和创造力。

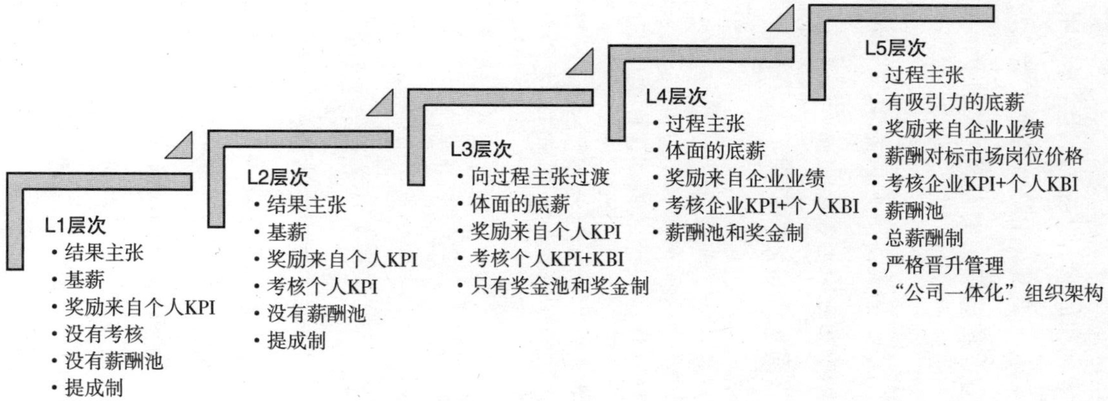

图 3-2　企业积累的五个层次

激励过程胜于结果的底层逻辑

在篮球比赛中，如果每个人只考核得分（结果），大家可能会只专注于投篮得分，而忽视防守、配合和传球（过程），最终导致团队整体表现较差。如果将团队赢得比赛作为目标（高维 KPI），每个人就会更关注如何提升团队整体表现，比如加强防守、传球等关键表现（KBI）。

这个道理同样适用于工作。如果每个人只关注自己的 KPI，他们可能会忽视团队整体表现，甚至因为争夺资源或名誉而产生冲突。如果明确团队目标，并让每个人了解其工作对整体目标的影响，大家就会更加注重协作，提高团队的效率和效果。

在给一些企业做咨询的时候，我经常听到这样类似的故事。员工在一个以结果定奖金的企业工作了几年后，就会总结出一个"成功"秘诀：想要成功，贡献多少并不重要，重要的是如何通过设立目标来让自己看起来有贡献。

有的员工是这样说的：

> 刚加入这家企业时，我设定了非常积极和有挑战性的目标，并且全力实现这些目标。但后来我发现，这种设定非常积极和有挑战性的目标的做法，不仅没能有效提高我的奖金，反而使我因为有些目标没有达成而失去了奖金。我现在学聪明了，用"缩标"的方法将能 100% 达成的目标设定成 60% 的目标，并快速达成，然后将节省下来的时间用在做自己的事情上。这样调整的结果是，我开心，我的经理也开心（因为他可以向上报喜），而我每次也都能得到奖金。

实际上，我们在职场生涯的某个阶段可能都会听到类似前文提到的故事。当你所在的企业根据你的目标达成情况来评估绩效和发放奖金时，就会发生"激励的不如被激励的精"的情况。

这个故事反映了结果主张指导理念的特点。结果主张在理念层面就是考核个人的产出，看每名员工在规定的考核期间，产出了多少成果。结果主张的典型标记物，就是可以量化的个人 KPI，也被称为低维 KPI，因为它是与个人业绩直接挂钩的。这样的安排就决定了低维 KPI 的命运：更容易被人为地操控。我会在后面的章节中详细阐述什么是低维 KPI 以及它在企业各个发展阶段有哪些贡献和局限性。

在结果主张的企业里，比较典型的做法就是制定一家企业的总的 KPI，然后采用“瀑布式”的方法，从上到下将这个 KPI 层层下放到部门、团队和个人。在层层下放的过程中，每一个层级往往会加码 10% ～ 20% 的 KPI，以达到增加业绩压力的目的。但员工是聪明的，他们在第二年就会发现这个秘密，从而也开始欺骗管理层，因为管理层的做法让双方失去了基本的信任。

过程主张试图给结果主张提供一个解决方向。过程主张在理念层面就是强调考核员工的个人产能。产能与产出的本质区别就是，产能重输入，产出重输出。产能的假设前提是，只要输入正确的东西，输出的结果都不会太差。过程主张的典型标记物就是个人 KBI。KBI 属于行为范畴，行为不容易量化，只能通过规定的描述来衡量什么是企业需要的正确行为。采用过程主张指导理念的企业，会花时间根据企业的核心价值观定义每一个核心能力的 KBI。

过程主张的指导理念更符合我们的思维方式。人类是从经验和行为判断结果的动物，这是由我们的思维方式决定的，根据混沌学园创办人李善友教授《第一性原理》一书的阐述，人类的思维方式可以分为两种：一种是归纳法，另一种是演绎法。所谓归纳法，就是从具象的经验和观察中归纳出抽象的知识或结论，是人类最基础、最常用的思维形式。我们甚至可以说，99% 的人类日常知识、经验都建立在归纳法之上。

举个例子，有 10 个人在练习场打高尔夫球，无论你是否会打高尔夫球，只要观看他们的挥杆动作（行为），你就可以马上判断出谁是 10 个人当中成绩最好的那一位。如果你是一位训练有素的高尔夫球教练，就算不知道他下一场的成绩（结果），也可以八九不离十地推断出他的成绩（结果）。所以，人类更习惯通过行为或过程来判断结果。

同理，在职场上，如果你是一名经验丰富的管理者，就可以非常轻松地通过员工的 KBI（行为）来判断他们的业绩（结果）。一个外向、善于沟通、幽默、形象大方、有毅力、敢冒险、有行业知识和产品知识的人，可能会比一个内向、不喜欢与人打交道的人，更适合做销售服务的工作。

但是，在职场上，随着商业场景的变化，关于优秀行为的定义也在不断地优化和调整。比如，传统观点认为，销售人员必须"能说会道"，但石油大亨洛克菲勒以自身的经历表明，最好的销售员不一定非能说会道者莫属。洛克菲勒就是一个超级销售员，但是他更多的是通过"倾听"和"观察力"而成功销售的。他认为，能够引导客户无话不说，才是成功销售的关键。销售人员可以在客户侃侃而谈的时候，通过倾听和观察，挖掘他的真正需求，然后通过产品设计和服务，来满足他的需要。需求是产生需要的原因，需要是解决需求的产品。需求是要挖掘的，只有挖掘到了客户的真正需求，才能生产出满足他需要的产品。认真倾听比能说会道更能够挖掘出客户的真正需求。所以，洛克菲勒在自传中把优秀的销售人员形象地比喻为猫头鹰。当被问及在开会的过程中为什么保持沉默时，洛克菲勒用一首诗来回应：

明智的猫头鹰，住在橡树上；
越是见得多，越是说得少；
越是说得少，越是听得多；
为什么我们不能像这只猫头鹰一样呢？

在现代的职场培训中，"倾听"已经超越"能说会道"，成为沟通能力的标志。倾听能力已经成为许多企业的 KBI 之一。

同理，在那些比较老到的守成企业工作期间，我正是通过观察优秀管理者的行为，以及他们最后获得的业绩结果而打造出这套“一体两翼”可持续激励体系的，也就是从具象的经验和观察中归纳出抽象的知识或结论。

人类的行为可以划分为两类：一类是显性行为，另一类是隐性行为。运动员和演员的行为属于显性行为，所以我们在挑选运动员和演员时，一定要让候选人进行现场展示，才能大致判断谁的能力更强、成绩（结果）更好。企业员工的行为属于隐性行为，企业在招聘员工时，无须让候选人进行现场展示，但是企业招聘人员会通过 STAR 行为面试法[①]，来挖掘候选人的隐性行为，希望能够从他们的隐性行为中，推断出谁的能力更强。可以说，优秀的企业就是遵循“从行为到结果”的逻辑来做激励管理的。员工要通过不断的校准工作行为，来提升业绩（结果）。

有一句老生常谈的管理话术：“领导者是做正确的事，管理者是正确地做事。”套用这句话，过程主张的指导理念，是唯一能让管理者既能关注员工做正确的事，又能关注员工正确地做事的一个有效的理念。结果主张的指导理念，反而让管理者失去了关注这两个关键行为的机会。

写到这里，我要大声说：也别高兴得太早！并不是简单地放弃结果主张、拥抱过程主张，企业就可以脱离激励陷阱或中等规模陷阱了。理念只是“一体两翼”之“一体”，并不是全部。我们经常听到这样一种说法：很多好的产品或想法没有带来预期的效果，这不是产品或想法不好，而是支持产品或想法的社会结构和制度没有形成。

---

① STAR 行为面试法是一种常用的面试技巧，通过让候选人分享过去的具体经历来评估他们的行为和能力。STAR 代表 situation（情境）、task（任务）、action（行动）和 result（结果）。候选人需要描述他们在特定情境下面临的任务、采取的行动以及最终的结果。这种方法能帮助企业招聘人员更具体地了解候选人解决问题、团队合作和结果主张等方面的能力和表现。

例如，互联网这个伟大发明的开始是一个军事和研究网络，但它之所以能够发展成为全球性的信息超级高速公路，不仅因为技术本身的革命性，而且依赖于一系列制度和框架的建立和支持。比如通用协议［如传输控制协议（TCP）/ 网际互联协议（IP）］的标准化开发，使不同计算机网络能够相互通信；政府和企业在互联网基础设施（比如光纤网络、数据中心）上的大规模投资，为互联网的规模化提供了物理基础；跨国界的政策协调和技术合作，确保了全球互联网地址的统一分配和管理。

在后面的章节中，我们会详细讨论如何通过建立可持续激励体系的“两翼”，以及完善管理制度和基础设施的安排，来真正落地过程主张的指导理念之“体”。

The Art of Motivation 激励的思考

1. 根据本章节所介绍的企业激励的五个层次的概念，你认为你所在的企业目前处于哪一个激励层次？为什么说处于那个层次？

2. 如果有决心和信心，你将如何提升企业的激励层次？

第 4 章

过程主张，让企业实现超线性增长

在第 3 章中，我介绍了“一体两翼”可持续激励体系之“一体”，即激励管理的指导理念，分析了结果主张和过程主张的指导理念的特点，并解释了不同的指导理念如何将企业划分为五个激励层次。在本章中，我将讨论结果主张指导理念对企业的长期影响，并探讨结果主张的局限性，以及这些局限性为什么会导致企业长期徘徊在中等规模，并重点讨论过程主张指导理念是如何为企业提供实现超线性增长的契机的。

结果主张：七块短板让企业陷入中等规模陷阱

企业长期徘徊在中等规模的原因有很多，而长期采用结果主张的指导理念是其中一个重要原因。正如《绩效主义毁了索尼》一文所指出的，过度量化和只关注业绩（结果）的做法削弱了索尼的创新能力，一家企业没有了创新能力，也就失去了发展的原动力。这篇文章的作者是索尼的前高管，他在文章中大致有这样的描述：

今天的索尼员工好像没有了自发工作的动机。为什么呢？我认为是因为索尼实行了绩效主义。绩效主义就是：“个人薪酬与个人业绩直接挂钩，员工是为了拿到更多薪酬而努力工作。”如果外在的动机增强，那么自发的动机就会受到抑制。

如果总是说“你努力干，我就给你加工资”，那么以工作为乐趣这种内在的意识就会受到抑制。大约从1995年开始，索尼公司逐渐实行绩效主义，成立了专门机构，制定了非常详细的评价标准，并根据对每个人的评价确定薪酬。

绩效主义的实行，使员工逐渐失去工作热情。在这种情况下，索尼是无法产生“激情集团”①的。要衡量业绩，必须先把各种工作要素量化，但工作又是无法简单量化的。公司为统计员工业绩，花费了大量的精力和时间，却在真正的工作上敷衍了事，出现了本末倒置的现象。

读到这里，有些读者可能已经明白，量化的指标容易考核，但是创新能力不容易量化，所以很难被纳入企业管理者制定的考核指标中。据报道，尝试过了各种“瘦身”招式之后，2014年8月，索尼宣布申请从挂牌44年之久的伦敦证券交易所退市。

根据“一体两翼”可持续激励体系来分析，我们可以清楚地看到，在L1至L3层次的企业，管理者非常强调考核个人KPI。在结果主张的企业中，个人奖金与个人KPI直接挂钩，因此团队合作精神很难被激发。根据二八定律，大多数资源是被少数人掌控着的，因此，企业客户信息和客户关系一般会被少数关键员工长期把持，这一情况使客户属于个别员工而不属于企业，客户忠诚的是个人而非企业。在这种情况下，企业陷入了被少数关键员工“绑架”的状态。对于关键员工来说，“绑架”一词听起来有主动性的意思，而且他们可能不会承认“绑架”了企业，但这种“绑架”现象是实实在在存在的。当少数关键员工长期把持客户信息和客户关系时，他们对企业的影响力过大，可能形成企业对他们的过度依赖，即所谓“被绑架”现象。

① 激情集团是指企业中那些不知疲倦、全心投入开发的集体。——编者注

这种依赖性可能阻碍企业的长期发展和人才多样化。

优秀和卓越的企业会不断采取各种“反绑架”措施来恢复企业的自主权。比如，拥有近百年历史的麦当劳和肯德基快餐连锁店采取标准化生产食品的措施，避免了被厨师“绑架”现象的发生。想象一下，如果这两家餐饮企业的食品是由厨师制作，那么它们可能已经倒闭或者根本就没有现在这种规模。因此，标准化生产的措施在大幅提升企业生产效率的同时，也带来了额外的好处：企业避免了被厨师“绑架”现象的发生。在这两家超级连锁餐饮企业中，一个不懂烹饪的新员工只需按照工作指南，就能轻松制作出汉堡、炸薯条、炸鸡块等各种餐饮产品。

同理，在国内餐饮行业里，火锅店企业比其他以厨师烹饪为主的餐饮企业规模更大的主要原因之一，是火锅对厨师的依赖性远低于其他餐饮店。这就是餐饮企业的创始人一般都会花时间寻找一位大厨作为合伙人的原因。在一个没有大厨入伙的餐饮企业，被厨师“绑架”的概率会更高。

结果主张非常不利于企业的规模化发展，因为让个人奖金与个人业绩直接挂钩的后果就是业务项目无法规模化。久而久之，业务项目的小型化无法让企业获得规模化成长的动力。试想一下这个场景，销售人员的奖金与个人业绩直接挂钩，那么他们可能会倾向于选择个人容易完成的小型项目，而不去选择需要团队合作完成的大型项目。这会导致企业无法从大型项目中获得规模效益和成本边际递减的好处；同理，如果研发人员的奖金与个人业绩直接挂钩，那么他们可能会倾向于选择创新点子保密、短期和低风险的研发项目，而不去选择需要长期投入、高风险的创新项目。此外，结果主张还容易导致激励方式单一、团队合作缺乏、员工恶性竞争、企业文化建设缺失、企业陷入短期行为陷阱等问题。这些问题都会阻碍企业的规模化发展。

这些短板值得我们思考和补齐，接下来我将具体分析一下结果主张的几块短板，也会提供一些具体的案例加以说明。

第一块短板，将手段当成了目的

德鲁克说过这样一句话:“医院的目的不是雇用护士和厨师，而是照料患者，但为了达到这个目的，它需要雇用护士和厨师。”同理，企业的目的不是雇用员工，而是满足客户的需求，或者套用德鲁克的说法，企业的目的是创造客户，但为了达到这个目的，它需要雇用员工（手段）。

不少管理者经常将达成企业目标的手段当成目的来考核，颠倒了目的和手段的逻辑。比如，利润额或利润率是不少普通企业管理者所热衷的考核项目。考核利润无可厚非，但问题的关键在于，我们应该把利润作为考核的目的还是作为检验企业管理能力的手段？这个问题要想清楚。比较遗憾的是，可能有多达 90% 的企业管理者没有真正想清楚这个看似简单的问题。大部分企业管理者会不假思索地将利润作为考核目的，而不是把它作为检验企业管理能力的手段。

如何分清楚手段和目的，我们需要上升到理念层面来思考。其实，优秀企业的管理者并非一开始就能清晰地把先进的管理理念想清楚。比如，四季酒店是大家熟悉的顶级头部连锁酒店集团，这家连锁酒店能走到行业的顶级头部位置，也经历了几次理念的重大改变。《从领先到极致》（*Four Seasons : The Story of a Business Philosophy*）一书是四季酒店创始人伊萨多·夏普（Isadore Sharp）的杰作，他在书中总结出不少关于早期创立四季酒店的管理哲学方面的心得体会，书中有很多他与酒店的主要管理者关于酒店的经营目的的讨论。他的管理团队认为他非常不关心企业的利润。夏普告诉他们:“利润并不是商业决策的指挥棒，只是商业决策结果的证明。”他的管理团队不理解这一定义，但是出于对上级的尊重，只能无奈地点头认同。夏普可以感觉到他们只是象征性地点头，知道他们很难把他的理念执行好。夏普清楚地认识到他所面临的挑战是一个巨大的管理理念的颠覆。他尝试了各种方法去终止一个长期以来在多数企业通行的以利润为考核目的的管理观念，包括他自己的企业。

我们还可以举一个例子。苹果公司总裁蒂姆·库克与一位活跃股东进行过一次交谈，这位股东问库克有关公司开展新能源项目的问题，并告诉他苹果只应该开展能获得更高收益的项目。库克很罕见地生气了，他表示苹果之所以开展这些新能源项目就是因为它们是正确的、合理的。他说："当我们寻找方法让盲人也能使用苹果手机时，我们根本没有考虑投资回报率。如果你想让我只根据投资回报率做事，那你撤股吧。"

在只看结果的考核场景里，我们经常听到"只要目的正确，可以不择手段"的话术，这是员工无奈的选择！"我不管你用什么方法，是骡子是马我们年底走着瞧"似乎是束手无策的管理者的无奈呐喊！

第二块短板，将指标当成了目标

结果主张的第二块短板是将指标当成目标来考核。指标是检验和反映目标达成情况的数据，而不是目标本身。比如，在癌症的治疗过程中，医生的治疗目标是消除肿瘤。肿瘤是否被消除，医生可以通过一些关键指标来判断。如第 2 章开篇介绍过的美国州立医院的例子，试想一下，如果州政府把心脏搭桥手术死亡率作为检验医院医疗水平的指标而不是目标，医生和医院的行为就会发生根本性转变。医生和医院会分别通过提高自身的医术水平和服务质量、投入更多的研发费用和引进先进的设备等措施来降低死亡率，长此以往医生的医术和医院的医疗水平会逐步提高，医院也会成为优秀的医院。

还有一个例子。美国妙佑诊所（Mayo Clinic）是全球领先的医学研究机构之一，其在医疗行业的长期成功有以下几个要素：

- **患者至上**：妙佑诊所始终坚持"患者至上"的理念，全力以赴保障患者的需要和安全，这也是他们能够获得患者信任的重要原因。

- **团队协作**：妙佑诊所采用团队诊断和治疗方法。医生、护士、技术员和其他医疗专业人员紧密合作，确保每位患者得到全面、协调的治疗。
- **顶尖的医疗技术和设施**：妙佑诊所在医学研究和技术方面始终走在行业前沿，拥有世界上最先进的医疗设施和技术。
- **终身学习与教育**：妙佑诊所非常注重医务人员的专业发展，为其设立了各种教育和培训项目，以确保自身在医学发展中保持领先地位。
- **研究精神**：妙佑诊所中医疗、教育和研究三位一体，注重将临床实践和科学研究相结合，同时也非常注重将研究成果转化为临床应用。
- **优秀企业文化**：妙佑诊所的优秀企业文化也是其成功的关键。其价值观、精神和传统都强调稳定、尊重、卓越和协作。

从以上妙佑诊所的成功要素来看，没有一条与结果主张相关联，基本是过程主张的措施。

激励的法则
The Art of Motivation

正如经济学中的古德哈特定律（Goodhart' s Law）所说的那样：任何观察到的统计规律性一旦出于控制目的施加压力，就会崩溃。这个定律的含义字面上比较晦涩。2018 年，社会人类学家和经济学家玛丽莲·斯特拉森（Marilyn Strathern）更直白地将其表示为："指标一旦变成目标，就不再是个好指标。"当然也意味着其不再是个好目标。

古德哈特定律是由英国经济学家查尔斯·古德哈特（Charles Goodhart）在 1975 年提出的。它强调，当一个观测指标被用作评估和激励的目标时，其原本的有效性就会受到影响。简单地说，一旦某个指标成为达成目标的唯一焦点，人们就可能会通过各种手段操纵和优化这个指标，从而导致该指标失去原本的准确性和可靠性。比如第 2 章开篇提到的美国州立医院的例子。

古德哈特定律的重要含义是，单一的衡量指标很容易被操纵和误导，并可能导致不良的行为结果。因此，在评估和激励系统中，需要谨慎选择多个相关的指标，并综合考虑各种因素，以确保评估结果更加全面和准确。

第三块短板，目标设立不得法

结果主张的第三块短板是目标设立的质量和方法对不少管理者有重大挑战。从方法论的角度看，大概有三种关于 KPI 的设立方法。第一种是从上到下，第二种是由下而上。华为管理研究专家杨爱国老师在其所著的《华为奋斗密码》一书中将第一种称为“瀑布式”目标设立法，将第二种称为“喷泉式”目标设立法。第三种就是无论采用第一种方法还是第二种方法，都要参考历史数据和行业数据来设立下一年的 KPI 目标，而且最好要参考过去 3 年以上的历史数据。我将第三种方法称为“纵截面”目标设立法。这是优秀的企业在设立目标时通常采用的方法，非常科学。

我之所以将第三种方法称为“纵截面”目标设立法，是因为想与“横截面”法区分开，两者的区别是前者有时间轴的概念，后者则没有。在企业的咨询过程中，我发现不少中等规模以下的企业在设立下一年目标时很少参考过去 3 年以上的历史数据。为什么选择过去 3 年的数据？我们不得而知，可能是因为过去 3 年的数据不多不少，基本能比较客观地反映一个经济周期的全貌，而且有了历史数据作为参照，也能在无形中给目标设立者形成目标管理的压力。

如果我们的目标是成为一家优秀的企业（使企业处于 L4 至 L5 层次），可以参考以下这些约定俗成的目标设立法。

第一，设定有挑战性的目标：追求“登月”级别的目标（moonshot），而不是“登房顶”级别的目标（rooftop）。企业一定要设立有挑战性的目标才能激发和激励企业全体人员，倒逼每一个人寻求团队的支持。比如，一个人给自己设立了今年登顶珠穆朗玛峰的目标，很难想象他会独自出发，他首先想到的一定是寻求团队支持。

第二，设立高维 KPI：权益净利率、营业收入增长率、经营利润率等，一般不超过 3 个指标。高维 KPI 之所以是更好的 KPI，是因为它们几乎无法被人为操控。比如，股票投资人非常关注的上市公司的权益净利率指标就是一个非常好的高维 KPI，这一指标被人为操控是非常困难的，它的变动涉及诸多因素，如利润、股东权益数额、债务与股权之比等。

第三，找到最符合行业特点的 KPI：如符合互联网特点的 KPI 是商品交易总额、日活跃用户数、每用户平均收入（ARPU）等；符合航空业特点的 KPI 是准点率或安全率等；符合金融行业特点的 KPI 是权益净利率等；符合设备制造行业特点的 KPI 是台数等。

第四，“纵截面”法：设立下一年的目标时，需要根据过去 3 年的数据。如果上一年的实际业绩结果低于目标值，比较过去 3 年的平均目标值和实际结果值，并选择最高值作为目标、最低值作为门槛。如果上一年的实际业绩结果高于目标值，将最低值设定为上一年的目标值和实际结果的平均值，然后计算下一年的门槛目标值，计算公式为“最小值 ×（1+x%）”，其中 x% 是新设定的增长率。比如，上一年的目标最低值是 96% 的达成率，董事会要求下一年的目标要增加 5%，那么下一年的目标最低值是：96% ×（1+5%）=100.8%。

第五，确保目标应该符合 SMART 原则：目标是具体的、可衡量的、可实现的、相关的和有时间限制的。例如，“我要成为一名成功的企业家”是一个模糊不清的目标，而“我要在 5 年内创办一家年收入为 1 000 万元的企业”就是一个具体的、可以衡量的目标。

在习惯用过去3年数据的企业里，人力资源部在招聘员工的时候，一般也会在候选人提供过去3年的薪酬信息后，才开始谈判新的录用待遇等，有了候选人过去3年的薪酬信息，谈录用待遇等时就能够比较客观，也比较容易找到候选人的价值和价格的最佳平衡点。

举例说明一下。A企业要招聘一名员工，并让其提供过去3年的薪酬信息。候选人之前在一家企业稳定工作了几年，年薪保持在50万～60万元，但是最近一年，候选人被猎头挖到了一家快速成长的初创企业，这家初创企业为了吸引这位候选人，提供了90万元的年薪。但这位候选人由于不适应初创企业的企业文化，在一年后选择了离开。

A企业就可以根据候选人过去3年的薪酬信息提供一个70万元年薪的录用通知，即“（60+60+90）÷3”，而不至于在他上一年年薪90万元的基础上增加20%（跳槽薪酬增加的幅度一般在20%左右）。这样谈判的人力资源总监对企业来说就是一个可以产生价值的人力资源总监。

这样的企业通常也会要求业务人员必须三人一组拜访客户。这样安排的好处有以下几个方面。第一，让客户感觉受到了重视。第二,三人可以通过分工高效工作（前文提到过分工的重要性），比如，一个人负责给客户介绍产品或服务、一个人负责记录、一个人负责察言观色和及时通过搜索引擎给负责介绍产品或服务的人提供即时数据或线索。第三，拜访结束后，三人可以一起讨论给出客户需要的解决方案。俗话说的“1人1个脑，办事没商讨，3人3个脑，办法一大套”就是这个道理。第四，即使三人当中有人离职，客户还是属于公司的，不容易被带走，因为还有留下的业务人员可以继续跟进。第五,三人共同拜访客户可以对寻租行为起到一定的监督和抑制作用。

在我曾经工作的企业里，管理者都清一色地采用了上面提到的第三种方法来设立企业的高维KPI，稍后我们会在第6章中讨论什么是高维KPI。而采用第四种方法设立高维 KPI，管理者和员工就不会陷入无休止的讨价还价大战中，因为目标 KPI 是基于真实、客观的历史数据产生的。管理者根据过去 3 年的数据和推测的下一年的经济状况，能够比较准确地制定出新的高维 KPI，而且每年的高维 KPI 并不一定必须高于前一年的高维 KPI。

在之前的工作经历中，我遇到过低于前一年的 KPI 也获得了董事会通过的情况。比如，在 2008 年金融危机时期，华尔街的投资银行在危机之后设立的 KPI 并不一定会高于危机之前的 KPI。虽然危机之后设立的 KPI 低于前几年的水平，但是只要企业的管理者在设立低于上一年的 KPI 的同时能够充分考虑如何通过其他手段来达成目标也是可以接受的，如通过加大成本控制的力度或提升生产效率等方法，让其他指标保持在董事会可以接受的财务健康范围内。如果企业收入不得已低于上一年的收入目标，那么就尽量将企业的利润率指标保持在一个健康的比率区间，最好不低于上一年的指标。这就要求管理者在提交低于以往的 KPI 的同时要呈现其他管理手段，如减员增效、控制出差费用等。

第四块短板，无法量化的业务没人做

在结果主张的激励环境下，KPI 的可量化是最基础的激励逻辑，而一些不容易量化但是对业务有长期支持和影响的投入就会被放弃或淡化。比如，实业公司的研发投入、金融公司的研究投入等。这些投入对企业短期收入的增长不会起到立竿见影的效果，但对企业中长期收入的增长来说是必要的。由于研发不属于业务部门，不容易设立量化 KPI，所以长期被企业忽视，忽视的原因就是企业不知道如何考核非业务类型的部门，或者找不到激励和考核非业务部门的方法。

有些企业管理者也意识到以上投入非常有必要，但总是在跳不出的量化陷阱里寻找答案。在进行企业咨询的过程中，我经常被问到几个非常量化的问题：华尔街投资银行的研究部是如何设立 KPI 的？其员工的奖金收入与 KPI 如何挂钩？当我的回答是研究人员没有个人 KPI，业务人员也没有个人 KPI，他们的奖金与个人的业绩和贡献有关联但不会直接挂钩时，被咨询的企业管理者会非常惊讶。我也可以理解他们惊讶的原因：没有量化 KPI 怎么管理员工，怎么决定奖金？

因此，在很多企业，KPI 的量化指标成了管理的“铆钉”。在企业招聘人员进行面试的过程中，会有部分候选人提出类似的问题：“我加入企业后的 KPI 是什么？”你会惊讶，除了管理者，连员工都认为没有了个人 KPI 就不清楚该如何工作了。可见，对个人 KPI 上瘾者还是大有人在。

第五块短板，“盐碱地”没人开发

众所周知，不管是农耕时代还是当下的机械化时代，种植户无疑会选择土壤肥沃、附近水势较好的土地来耕作。而像“盐碱地”这样的耕地，很多种植户是不会选择的。这不仅是因为在这样的土壤上生长的农作物的产量很小，还因为改造这样的土壤需要耗费大量的人工和精力。这样的道理同样适用于企业市场的竞争。一些在成熟市场中的资金实力雄厚的跨国公司和本土企业往往看不上那些不成熟的市场。这就给一些初创企业创造了条件。

根据中国本土化管理资深管理专家周锡冰老师的《华为管理课》一书中的介绍，在华为的发展过程中，作为创始人的任正非正是利用了开启“盐碱地”的“鸡肋战略”，为华为的生存和发展创造了条件。在任正非看来，华为是在“盐碱地”中生存和发展起来的。公开资料显示，在很多市场，由于国际环境等诸多因素影响，辛勤耕耘却可能换来颗粒无收，这些市场就被任正非形象地称为华为的“盐碱地”。

“盐碱地”是华为对一些可能重要但是暂时没有什么产出的市场的一个

内部描述。如果华为实行的是个人奖金与个人业绩直接挂钩的激励模式，就不会有人去“盐碱地”做长期开发。因为，开发这样的市场业务收入不高，没有个人业绩的提成基数。

在《华为奋斗密码》一书中，也有类似只有在激励与企业的战略和收入挂钩的模式下才能让企业获得发展的案例。1996 年，华为在俄罗斯设立办事处，当时的俄罗斯有 1 000 多个电信运营商，而市场主要被爱立信、西门子等跨国巨头控制；1997 年，俄罗斯经济又陷入低谷，卢布大幅贬值，西门子、阿尔卡特（Alcatel）、日本电气股份有限公司（NEC）等纷纷从俄罗斯市场撤资，俄电信市场投资完全停滞。华为此时在俄罗斯的知名度几乎为零。在此背景下，华为俄罗斯办事处在 1996 年的销售额为 0，1997 年销售额为 0，1998 年还是 0，1999 年终于接到一单——38 美元（感觉比 0 还惨）。

按正常理解，俄罗斯市场的负责人估计要换好几批，如果用销售收入去考量，负责人也很容易被“下课”。但华为的俄罗斯市场的团队一直坚持到底，经过几年的不懈努力，2000 年开始柳暗花明。到 2003 年，华为在俄罗斯市场的销售额超过了 3 亿美元，占到了华为当年海外销售总额的 1/3。这个案例说明，如果华为将个人奖金与个人业绩直接挂钩，就不会有后来的俄罗斯市场。

第六块短板，考核的不如被考核的精

结果主张的激励环境中很快就会出现“考核的不如被考核的精”的现象，尤其是在采用“瀑布式”目标设立法的企业中。当KPI在层层下放的过程中，被人为地层层加码后，管理层和员工之间的信任度会逐年下降，开始形成上有政策、下有对策的风气。在许多企业里，很难惩罚没有完成 KPI 的员工和部门的尴尬局面时有发生，长此以往，许多企业管理者发现在经历了长期的结果主张的考核后，企业就慢慢被精明的能干者“绑架”了。

第七块短板，优秀销售人员不愿做管理者

由于个人奖励来自个人业绩，许多工作做得比较好的销售人员会婉言拒绝企业将其提升做销售管理者。听到这类说法，我觉得很奇怪，探究后得知，这类企业不清楚如何激励和考核销售人员，很多销售人员被提升为管理者后没有了个人 KPI，以至于提成收入减少了很多。或者被提升后仍然保留个人 KPI，但后面这种情况会更糟糕，因为被提升人员发现既要管理团队，又要达成个人 KPI，着实有些自顾不暇了。

最优解当然是从提成制过渡到奖金制，但是如果企业管理者对人人都扛 KPI 的激励方式上瘾，无法割舍，那么让管理者扛团队 KPI 的达成率也不失为一种次优解。比如，1 名销售经理管理 6 名销售人员，可以将他的个人 KPI 调整为 6 名销售人员 KPI 达成率的平均值。这样可以倒逼这位销售管理者进行介入销售过程管理、发现销售卡点、专注招聘优秀的销售人员等具体的管理工作，因为只有下属优秀了，KPI 的平均达成率才能提升。

过程主张：四大优势让企业更容易规模化

前文我们讨论了结果主张的七块短板，举例分析了它们是如何限制企业规模化发展的。下文我们将讨论企业如何通过过程主张的指导理念来弥补（而不是完全代替）结果主张的不足，让企业获得规模化从而跨越中等规模阶段。

过程主张虽然优点不少，但是需要管理者投入大量的管理时间。因此，我们也会讨论过程主张指导理念的实施给管理者带来的挑战和应对挑战的措施。

优势一：让企业获得聚集效应

设想一下这个场景：你想开一家茶叶店，你是把门店开在本地区的茶叶一条街，还是独立门户？

我相信，即使你没学过经济学，没听说过经济学中的聚集效应[①]，仅凭常识，也会把门店开在茶叶一条街。为什么？因为你的直觉告诉你，在茶叶一条街，你的门店几乎可以免费地获得聚集效应带来的如下好处：

- 客流量：聚集在一条街上的诸多茶叶店能够吸引特定的客户群体——那些对茶叶有兴趣的消费者。他们更有可能在有多个店铺可以比较和选择的地方进行购物。因此，每家店铺都可以从这些客流量中受益。
- 品牌效应与信任建立：茶叶一条街就是一个天然的品牌宣传，可以吸引更多消费目的趋同的顾客。在消费者的心目中，这样的集中地带来了商品的质量和选择保证，有助于建立信任。
- 资源共享：聚集效应使所有门店可以共享某些资源，如市场营销、存储或购买共同的设备和原料等。这种资源共享可以降低单个门店的运营成本。

茶叶店是一个地理概念的聚集效应的例子。在企业场景里，企业内部的聚集效应也会让企业受益颇多，但是聚集效应需要跨部门地无缝连接才能事半功倍。

现在设想一个企业场景：你是一家电子消费品企业的CEO，你非常清楚这个行业研、产、销的商业逻辑。因此，为了让处在这个价值链上的3个

① 又称“规模经济效应”，指一个地区中，许多同类或不同类型的产业聚集后，因空间上的集中而产生经济效益。——编者注

部门的价值最大化，你提出了“创新、团队合作和信息分享”3个价值观，希望企业全体员工能够充分和深入骨髓地践行这3个价值观。然而经过几年的实践，你发现研、产、销3个部门的员工还是无法打破部门墙，仍然只关注自己和本部门的KPI，没能形成预期的1+1 > 3的协同效应。

你是一个很善于学习和思考的CEO，你学会了对标法，开始像华为那样寻找所在行业的对标企业来学习和赶超。你的目标远大，经过思考，决定把苹果公司作为对标企业。你发现苹果公司的成功在很大程度上可以归功于强有力的跨部门合作，其产品是多个团队合作的成果，是跨部门合作的聚集效应体现：

- **设计部门与工程部门的协同：** 产品设计团队在创意和用户体验方面提出创意，工程团队则将这些创意转化为可实际生产的产品。
- **营销与产品开发的结合：** 营销团队与产品开发团队紧密合作，以确保市场营销策略与产品的创新特性相匹配。
- **供应链与设计的整合：** 供应链团队与设计团队合作，确保产品设计的可实施性，并寻找实施这些设计所需的材料和工艺。
- **客户服务与产品团队的反馈循环：** 客户服务团队收集用户的反馈，并将信息传达给产品开发团队，以便改进产品。

苹果公司的这种跨部门合作模式和团队的聚集效应，让你非常羡慕。你开始寻找有实践经验的咨询公司帮助落地这一模式。咨询公司分享给你的信息是：苹果公司之所以能取得这样的成果，很大程度上是因为其成功获得了一种企业内部的聚集效应。什么是聚集效应？经济学家阿尔弗雷德·马歇尔（Alfred Marshall）是最早系统地探讨聚集效应的学者之一。在《经济学原理》（*Principles of Economics*）中，马歇尔讨论了企业集中在某个区域的优势。他指出，企业聚集可以带来3种主要的经济效益：

- **知识溢出：** 工人之间的技能和知识交流更为容易，从而促进了创新和技能水平的提升。

- **劳动力市场的池化**：专业的劳动力市场使工人更容易找到工作，而雇主也更容易找到拥有相关技能的员工。
- **专业化的供应商和支持服务**：专业化的供应商可以更有效地服务于一群相似的企业，从而降低了成本并提高了服务的质量。

咨询公司继续分享信息：如果你的企业也能形成一个内部的聚集效应，就会带来不少好处。

- **知识溢出**：在一个团队中，成员之间更容易进行知识和信息的交流。这种交流类似于地理聚集效应中的知识溢出，有助于提高团队整体的创新水平和解决问题的能力。这还是“10 人 10 个脑”的道理。
- **规模经济**：团队合作可以带来规模经济，即当企业的生产规模增加时，单位成本就会降低。在团队中，成员可以共享资源和信息，减少重复工作现象，提高工作效率，从而降低成本。
- **范围经济**：通过团队合作，企业可以实现范围经济，即通过多样化产品或服务来分摊固定成本。团队成员的多样化技能和背景可以帮助企业开拓新的业务领域，提高市场竞争力。
- **网络外部性**：团队合作可以创造网络外部性，即一个产品或服务的价值随着使用它的人数的增加而增加。随着团队内部合作和协调现象的增多，团队的凝聚力和效率逐渐提高，从而增加团队整体的输出价值。

这种团队合作的聚集效应可以促进资源的有效利用和配置优化，增强企业的创新能力和市场适应性，从而帮助企业克服中等规模阶段面临的困难，实现更加稳健和持续的发展。你高度认同咨询公司的分析，但一定更想知道如何落地这些建议。

优势二：让团队合作更顺畅

咨询公司给出的落地方式之一就是调整你所在企业的绩效考核指导理念，在保留结果主张优点的同时，开始引入过程主张，将个人 KPI 逐步替换成个人 KBI，将个人 KPI 去掉或者上升为企业 KPI。这样的理念和方法被许多处于 L4 至 L5 层次的企业普遍采用。

这个指导理念的逻辑如下：让个人奖金与个人 KPI 脱钩或者间接地挂钩，让个人奖金与个人 KBI 和企业 KPI 直接挂钩；个人 KPI 达成率不再是个人奖金的全部，个人 KBI 的结果开始占据个人奖金中的更大比重。由于你所倡导的创新、团队合作、信息分享等价值观是过程主张指导理念的必考核项之一，从而更容易鼓励部门和团队有合作精神，而团队的合作使企业可以形成你所希望的聚集效应。

公司有了聚集效应，合作项目就具备了可规模化的前提，项目的规模化让企业获得了规模化的成长动力，因为在成本投入几乎相同的情况下，大项目通过规模经济、市场影响力和定价优势能够获得远超小项目的收益。

虽然结果主张的最大优势是可以使个人产生高绩效，但是它的缺点对企业的长期发展是不利的，比如，如果鼓励短视行为，员工就可能会过于关注短期结果而忽视长期目标，并拒绝团队合作。虽然一个人走得更快，但一群人一定能走得更远；如果团队成员仅关注个人 KPI 的达成率，一定会以削弱团队合作精神为代价，导致内部竞争，长此以往会消耗企业有限的商业资源。

与处于 L1 至 L3 层次的企业形成反差的是，处于 L4 至 L5 层次的企业管理者将员工的收益与他们的能力直接挂钩，把产出作为一个检验产能的重要指标，同时会分清楚目标和指标、目的和手段的区别，在制定年度考核目标的时候，不再刻意将利润作为一个重要的考核目标，而是通过利润来检验企业管理的效果和其他高维 KPI 达成的情况。

这些企业着重于细化的过程管理和符合企业文化的行为表现，以持续激发员工工作的动力，展现出一种以过程为中心的激励哲学。在这样的企业中，个人奖金基于与企业价值观相符的特定行为，而其中的关键行为是团队合作和客户信息共享，企业可以在一个考核周期内完成更多更高质量的项目，超过个人能单独完成项目的数量和质量。而且由于强调团队而不是个人作战，企业所能操作的项目也开始规模化。

正如理论物理学家杰弗里·韦斯特（Geoffrey West）的《规模》（*Scale*）一书所阐述的那样，随着规模的增加，成本亚线性增长，收入超线性增长，规模效应非常明显，然后会出现马太效应，强者愈强。在一个超线性增长、一个亚线性增长的情况下，成本增长与规模增加的比率呈下降趋势，在成本相同的情况下，可以获得更多的产出。比如，如果一个城市的人口数量增加一倍，城市加油站数量增加 0.85 倍即可。

因此，注重过程管理来产生激励的企业，通过业务的规模效应，更容易避免中等规模陷阱，即特定规模下增长收入被增长成本超越的情况。这样的企业能够在保持成本增长低于规模增加的情况下轻松扩大规模。通常，能够顺利跨过中等规模陷阱的企业处于激励的 L4 至 L5 层次，这类企业在行业中较为稀少，属于优秀者或领头羊。当企业的激励提升至 L5 层次时，对成就感的追求和自我激励成为主流，企业管理者更专注于吸引业内或跨行业的顶尖人才，以增加企业的人才密度并进一步激励团队。这可能解释了为何这样的企业无须年复一年地讨论如何通过 KPI 激励员工。

优势三：让企业更优秀

“幸福的家庭都是相似的，不幸的家庭各有各的不幸。”这是著名作家列夫·托尔斯泰的一句名言。用他的句式类比企业也非常恰当，那就是：

“优秀企业的激励体系都是相似的，普通企业的激励体系各有各的问题。”

我认为，如果“优秀企业的激励体系都是相似的”这个论点能够成为共识，那么这个共识就是过程主张的激励理念。正如前文提到的，作为一家本土优秀企业，华为公司能够成功地实施“盐碱地”“鸡肋战略”的关键之一，是它通过过程管理来发现员工的贡献和能力的激励管理体系。

华为发展到今天的规模也并非一蹴而就，特别是在早期发展阶段，华为并未采用基于过程管理的激励机制。根据《华为管理课》一书的记载，在创立初期的十几年，华为深受“山头主义”的困扰，这种现象是由初期过度强调个人奖金与个人业绩直接挂钩的激励机制造成的，这与华为创立初期的经营现状密切相关。华为创立时，注册资本仅为 20 000 元人民币，实际投入资金更是只有 16 000 元，员工数量不足 10 人。当时，华为采取的是代理商模式，主营业务是买卖交换机。在这样的经营背景下，公司生存成了唯一目标。华为若想存活下来，就要看哪名员工能够为华为赢得业务合同，换言之，谁能带来“救命”的合同，为公司引进产品，那么谁就成了华为的英雄或明星。由于采用的是代理商模式，其激励理念自然倾向于个人业绩结果主张，激励方法和工具也必然是量化的个人 KPI 和提成。

华为的“草莽阶段”可以说是中国民营企业的缩影。在原始积累阶段，企业的发展和壮大都是在个人英雄主义下进行的。华为也不例外，个人英雄主义文化给华为带来了暂时的高速发展。然而，华为打败国内的许多竞争对手成为冠军企业，带给任正非更多的却是反思和探索。华为开始探索全球顶级企业是如何跨过那个产生山头主义和个人英雄主义的栅栏的。

众所周知，华为早期师从 IBM。自 1970 年起，美国经济动力的象征不再是通用汽车公司，而是更注重将知识转化为生产力的 IBM。自那时起，IBM 成为当时美国企业中知识员工数量占比较高的公司，并成为德鲁克所描述的知识型企业的典范。

华为同时也吸取其他许多优秀企业，如合益咨询、毕马威、普华永道、弗劳恩霍夫应用研究促进协会、美世国际和盖洛普等知名企业和机构的激励理念、方法和工具，并通过“先僵化，后优化，再固化”的导入路径，最终将其转化为自己可用的激励理念、方法和工具，使自己成功地成为处于L4层次的优秀企业。华为到成为处于L5层次的卓越企业还有提升的空间，因为达到卓越是很难的，我们拭目以待。

华为是一家成功转换激励理念的企业，有很长一段时间它遵循的都是“穿西鞋走自己的路”的策略，甚至不惜付出“削足适履”的沉重代价。在这个过程中，华为逐步提炼出了能够保持自身可持续发展的激励理念。

我曾经给一家处于L3层次的企业做培训，向其介绍了华尔街投资银行的过程主张的激励理念和方法。他们很震撼，想尝试转变范式，但是还有一些犹豫，想听听第三方企业的激励理念后再做决定。他们邀请了华为的一位前高管来传授华为的激励理念。培训结束后他们说，华为的激励理念也是过程主张。

处于L1至L3层次的企业数量较多，属于行业的腰部和尾部，这些企业的最大特点就是管理者无时无刻不在思考如何激励和考核员工，但激励效果还是不尽如人意，因为他们用错了理念。这些企业有一个特点：想通过今天学华为、明天学阿里巴巴、后天学腾讯等过程来探索最佳管理方法。

企业不断探寻各种激励理念是值得赞赏的，但是一定要像华为那样学会通过对标法来向顶级优秀企业学习。虽然可能无法完全消化顶级优秀企业的理念和许多做法，但是知识的吸收会有潜移默化的效果。本书的目的是讨论向优秀企业学习激励管理，其实有不少处在中等规模阶段的企业，都是这样走过来的。不同的是，有些企业成功地跨过了激励陷阱，有些企业则长期徘徊不前，关键就是激励理念还没有转变过来，或者没有学会如何给合适的激励理念提供合适的企业文化环境。

优势四：让员工也更优秀

从结果主张过渡到过程主张的企业要有充分的思想准备，认同过程主张理念的同时，企业管理者要做好比员工还要忙的准备，全天候不间断是常态。虽然工作内容和任务不一样，但是管理者一定不能像结果主张企业的管理者那样做“甩手掌柜”，在“我不管你怎么做，我只看结果”的“甩手掌柜”逻辑里，将责任和问责都授权给了员工。没有了问责的压力，管理者首先就放弃了过程管理，也就失去了发现员工能力和价值的方法。

在企业的运作中，有一个很重要的概念叫作价值发现过程。这个价值可以是每一个项目的价值，也可以是每一名员工的价值。发现价值的目的是给价值承载者制定合理的价格。比如，发现股票价值的目的是给股票一个购买价格。

在业务场景里，业务人员往往会通过一个客观流程来发现项目的价值。比如，公司上市之前，有一个流程叫作路演。所谓路演，就是拟上市公司的管理者与投资银行一起向潜在投资人逐一介绍公司的经营状况和未来的发展潜力，并回答投资人的提问。这个过程也被形象地称为“企业讲故事阶段”。路演完成，投资银行会根据每一个投资人的报价制定上市公司的合理价格区间。公司上市后，投资银行再通过二级资本市场上的股票交易价格，来检验公司的真正价值。所以，路演就是一个公司上市前的价格发现过程，拟上市公司通过路演介绍公司的价值，投资人根据价值提出愿意支付的价格。

在企业的日常管理场景里，管理者的任务之一就是发现每一名员工真正的价值，并根据价值支付每一名员工的市场价格（薪酬）。根据过程主张指导理念，由于企业是通过反映每一个人的核心能力的 KBI 付薪的，所以，管理者须通过过程管理来发现每一名员工的真正价值。这个过程管理就是在职场上创造出无数个“路演”，管理者可以从中发现每一名员工的真正价值。常见的职场“路演”工具有很多，我将重点介绍两个。

首先是工作会议。在工作会议上，最好没有领导，只有领导者。在这个场景里，领导跟领导者的根本区别在于，前者决定会议的结论，后者确保产生结论的客观过程。领导者就是让团队思考，领导就是让老板思考。为了保证最大限度的客观性，参会者必须全身心投入其中，对会议讨论的问题做出自己的价值贡献。长期在会议上一言不发，而且事后行为结果也没有达标，就是能力低下的表现之一。优秀和有经验的管理者通过这个长期在会议上一言不发的行为，就可以大致判断出一个人的能力和价值。

有价值的优秀员工，不一定是会议上滔滔不绝者，但一定是想法和智慧的贡献者。如果某一名员工的想法经常在会议上被采纳，那么他的价值无疑就是最大的。他的价值来自他的各种能力的综合，比如学习能力、思维能力、创新能力、洞见和常识等。

在这里，有一个实际案例。我在中金公司工作的时候，某项目组的董事总经理（MD）通过某部长的秘书约部长参加某公司上市会议，部长秘书首先问小 A 是否参加会议。小 A 是通过校招进入公司才两年的一个初级专业人员。这件事情传递出一个信息：该部长非常看重小 A 的价值。这是因为小 A 在之前的每一次会议上都能以非常简单的语言给部长这位“客户”说明发达市场这一行业的昨天、今天和明天的全貌。

在唯才是举和强调专业精神的企业激励理念下，经过 7 年的时间，小 A 提前走完了专业职级序列的晋升路径，成为公司最年轻的董事总经理。在比较正规和成熟的企业里，有一个约定俗成的晋升法则：只要你能把握住每一次的标准晋升机会，14 年后就可以到达公司专业职级的顶点。我在这里说明一下，这是公司专业职级的顶点，而不是公司行政职级的顶点。它们之间犹如教授与系主任的区别，前者是专业序列，后者是行政序列。系主任肯定是教授职级，但教授不一定是系主任的头衔。教授是晋升的结果，系主任是任命的结果。小 A 用了 7 年就达到了专业职级的顶点，可以说是走上了晋升的快速通道。一般来说，用 12 ～ 16 年走完全部专业职级的员工就属于优秀的有价值的人才，而小A只用了50%左右的时间就走完了企业的专业职级序列的晋升路径。

其次是邮件沟通。如果一家企业从CEO到每一名员工，都使用邮件进行全职场工作的沟通，那这家企业不优秀都很难。因为，邮件是通过文字来沟通思想，最能反映一个人的思维逻辑、思维缜密度、学习能力和表达能力。而这些属于分析、沟通和认知能力高低的范畴。再加上企业要求每名员工都要迅速回复邮件，无形中又注入了效率因素的压力，从而使人人都能通过邮件来了解每个人多方面的能力。

亚马逊创始人杰夫·贝佐斯从1997年开始到现在，一直坚持通过会议来了解每一位高管的综合能力，他不允许高管使用幻灯片开会，因为幻灯片显示的是碎片思维，没有连贯性，他要求每一位高管开会时，必须为会议准备一份用Word撰写的页码不超过6页的备忘录，以阐述自己的观点。在会议伊始，高管会先将准备好的备忘录共享给会议的所有参与者，然后让大家进行约20分钟的默读，之后才开始提出问题和讨论。贝佐斯“捧场”备忘录，因为他相信备忘录能更好地展现人的思维能力，同时备忘录展示的方案也更全面、更有可行性。

关于亚马逊公司6页备忘录，按照贝佐斯自己的说法，要写好非常不容易，需要精心准备。在贝佐斯与他人合著的《长期主义》（*The Collected Writings of Invent and Wanted*）一书中，有这样的描述：

> 一份清晰流畅的备忘录和一份无甚亮点的备忘录之间的差别要模糊得多。想要将优秀备忘录涉及的详细要求一一写下，难度非常大。即便如此，我发现读者对于优秀备忘录的反应依然是一致的，一眼就能看出来。虽然不易表述，但标准就摆在那里，是真实存在的。
>
> 以下是我们得出的认识。通常，如果备忘录写得马马虎虎，那么问题并不在于记录者认识不到高标准，而在于记录者对难度的期

望有误：他们错误地认为，一份高标准的6页备忘录用一两天甚至几小时就能写完，但实际上，这件事或许要花上一周或更长的时间！这无异于在我们提供的指导不到位的情况下用短短两周就把倒立掌握得无懈可击。优秀的备忘录需要反复改写，与需要改进工作的同事分享，搁置几天，然后换个头脑重新修订。只用一两天的时间，是无论如何也写不出来的。我要说的关键点是，只需教人们认清难度，就有更好的收效——一篇优秀的备忘录，应该至少花一周的时间去完成。①

我经常在一些文章里读到马化腾、刘强东深夜用邮件安排工作的片段。2017年有一篇标题醒目的文章在互联网广为流传：《刘强东的14条军规：24小时不回邮件的高管，立刻开除！》。“14条军规”的第10条是“24小时原则”，该原则明确规定，所有管理者必须在24小时内回复任何工作请示和需要批复的邮件。

24小时说长不长，说短也不短。按照华尔街投资银行的企业化文化规范，30分钟内回复邮件是比较标准的反应速度。24小时后回复可以接受，前提是你的邮件必须有出差目的地的提醒反馈，如果没有出差目的地的提醒反馈，就不太好接受了，要是类似的拖延反应情况经常发生，你就会在年底360度绩效考核评分表上丢分。

激励理念的落地需要“企业化文化”

到目前为止，我们完成了“一体两翼”可持续激励体系之“一体”的讨论。在正式转入“一体两翼”可持续激励体系的“两翼”（也就是财务维度和非财务维度）的讨论之前，我们有必要清楚地意识到一个要点：并不是说

① 杰夫·贝佐斯：《长期主义》，靳婷婷译，中国友谊出版公司，2022。

将激励管理的指导理念从结果主张转换为过程主张，企业就开始蒸蒸日上了。好马配好鞍，好理念的落地要有好的方法、工具和企业的管理文化来配合。这个管理文化就是“企业化文化”（corporatization culture）。

对！你没看错，我们说的就是企业化文化而不是企业文化。什么是企业化文化？它与我们熟悉的企业文化有什么不同？一字之差，虽然不是判若云泥，但所指确实不同。在详细讨论“两翼”之前，我们值得用一些篇幅来了解什么是企业化文化。

作为一个重要的铺垫，我们先了解一下企业文化和企业化文化这两个重要的概念分别是什么。

企业文化比较抽象和隐性，它决定员工的思维方式和行为方式。企业有了文化，就要开始认真打造企业化文化了。企业化文化比较具体和显性，规定了企业的运作方式和员工的工作方法。

从某种程度上说，企业文化基本是企业与生俱来的，也就是说从创始人创立企业开始，企业就具备了某种文化。这一文化因企业主要管理者所倡导的价值观的不同而不同。企业天生就具备自己的文化，如同我们人类天生就具备了对时间和空间的感觉。企业化文化则是企业人员后天学会的，而且要持续学习下去的一种文化。讨论这一概念的书籍不多，我的《人力资源其实很简单》一书中有一些篇幅的讨论，感兴趣的朋友可以找来阅读。

概括来说，企业文化因企业所处行业的不同和创始人创业理念的不同会有所差异，毫不夸张地说，有多少企业就有多少种企业文化。但就企业化文化而言，但凡优秀的企业，其差别都不大。

企业文化没有优劣之分，只有是否适合企业自身发展之别。比如，在强调风险管理的金融行业，许多企业的企业文化在决策方面都会强调“集体共识”，将个人因素导致的企业风险降到最低。这样的企业甚至规定，员工个人的贷款超过 50 万元，就要知会合规部，合规部会对此进行备案。这样的做法也是基于历史经验的总结：当个人的负债达到一定量级时，铤而走险的勇气就会成比例增长；在快速变化的科技行业，许多企业的企业文化会强调不断创新的要素，在这些企业的价值观中，创新的要素不会缺席。

与企业文化不同的是，企业化文化有优劣之分。不同的优秀企业的企业文化可能大相径庭，但是它们的企业化文化大体相同，甚至行业类型和组织架构完全不同的优秀企业，即无论是金融行业还是科技行业的企业，无论是集中式组织架构还是矩阵式组织架构的企业，企业化文化也大同小异。

这就是为什么职场精英从一家顶级金融公司加入另一家同样是顶级的科技公司或互联网公司之后（这一跳不仅跨了企业，也跨了行业），可能会花一些时间来适应新行业里新公司的企业文化，但是适应新公司的工作方法费时不多。比如从普华永道跳槽到毕马威，甚至跨行业跳槽到中金公司或阿里巴巴等科技公司，看似差别很大，但工作中如何用邮件高效沟通、如何组织招聘、如何面试、如何考核和激励员工、用什么样的薪酬架构、用什么激励理念、如何开会等基本相差无几。以上这些都是企业化文化的基本内容。也就是说，优秀企业的工作方法是基本相同的。

企业化文化的内容非常丰富。比如，在人才管理方面，企业如何做才能吸引人才？如何招聘才能获取优秀和合适的人才？如何才能让员工激励永续，而不会掉入激励陷阱？如何培养员工才能丰富企业的人才地图？如何降低员工离职率、提高他们的知识储备？

在客户管理方面，如何获客、创客和让客户满意？在销售方面，如何营销才能销售出公司的产品或服务？在产品管理方面，如何设计产品和生产产品才能满足客户的需求？在财务管理方面，如何进行财务管理和全面预算管理，才能让财务不是回顾历史而是前瞻？在组织管理方面，如何设计组织架构，才能提升组织的效率和效能？这些都是企业化文化的范畴。

如何通过邮件沟通建立企业化文化

怎样感知企业化文化？我们可以通过招聘环节进行企业化文化的举例说明。优秀的企业在招聘环节中，是按照以下流程来判定新人招聘的结果的。

用人部门负责人，也就是聘用经理发邮件给人力资源部招聘经理，提出招聘一位销售经理的需求，同时附上岗位说明书（用心的读者可能已经发现了，聘用经理和招聘经理的关键不同之处为前者是用人部门，后者是人力资源部人员）。

- 招聘经理收集到足够的简历后，发邮件给聘用经理。
- 聘用经理选出几位合适的候选人，邮件通知招聘经理面试候选人的时间。
- 招聘经理预约候选人后，邮件通知聘用经理具体的面试时间和地点。
- 聘用经理会实行多人面试，将最终面试结果邮件发送给招聘经理，并让招聘经理开始谈判薪资待遇。
- 招聘经理将薪资待遇的谈判结果邮件告知聘用经理。
- 聘用经理回复邮件同意招聘。
- 人力资源部与新人签署录用通知和合同，并盖章签字。

在这个过程中，当事人一直都在使用留痕的邮件沟通所有关键环节，从招聘项目开始到结束，没有所谓的审批流程，因为邮件的每一步都是审批和确认环节，这是一种“慢就是快”的高效工作流程，展现出一种典型优秀企业的沟通方式。因为这样的沟通方式是不容易产生歧义和误解的，打出的文字经过了深思熟虑，要比说出的话语更准确，这种方式的沟通效果会更好。

这就是优秀企业可能事事有审批，但没有审批流程的根本原因，所以真正优秀的企业是没有办公自动化（OA）系统的。

比较遗憾的是，许多企业的管理者非常不喜欢邮件沟通方式，认为太麻烦和不方便，并且比说话的效率低太多，但是他们不知道，许多看似快的决策过程最后都卡在了审批环节上，这也许就是“一支笔审批”流行于普通企业的根本原因之一，因为在之前的沟通环节中，这“一支笔”往往不存在于整个沟通流程。

沟通的最高境界就是透明、留痕、具体、清晰、一致性，同时知会相关人员、言简意赅等，能这样“集大成”的沟通工具，目前非邮件莫属。记得外企刚在中国发展的时候，有些中国员工对用邮件沟通的方式抱怨最多的是：同事就坐在对面，伸脖子就能把事情说清楚，为什么还要用邮件沟通？这句话乍听起来有道理，但实际上是一个伪命题。它的不妥之处在于，忽视了优秀企业里每个人每时每刻都在处理手头紧急和重要的事情，而不喜欢被打断思路的特点。而邮件沟通，可以润物细无声地让每一个忙碌的人员根据自己的时间和节奏来完成同事和客户的各种请求。这就是所谓优秀企业的企业化文化在沟通中的体现。这样的沟通方式不是所有企业和人员都能接受和适应的，这也就是许多企业长期陷入沟通不畅困扰的主要原因。

沟通双方无论层级高低都没有甲乙方之分。所以，在优秀企业里，甲方特点非常浓厚的电话工具一般不会被经常用到。我在离开华尔街投资银行后才感到手机要半天充一次电，因为很多沟通都是一对一的电话沟通，并且之后作为负责人和关注闭环沟通的你还要马上通过电话知会有关人员。这样的沟通效率非常低，而且容易引起误解，因为非文字的沟通经过多次“转手”后就完全走样了。

我把邮件沟通单独提出来讨论，是因为邮件是一个最能体现行为能力是否上乘的工具之一，而基于行为能力的考核又是企业的一个重要的激励理念。

我们还可以通过类比“国际学校”和“国际化学校”的概念来加深对企业文化和企业化文化的区别的理解。国际学校意味着这个学校的性质是国际性的，它的学生的户籍一定是以外籍为主；国际化学校则代表这个学校是按照国际化的标准来打造的，它的学生的户籍就不一定是以外籍为主了。企业文化就是关于一家企业的文化，企业化文化就是关于企业的运作方式。并不是所有企业都能按照企业化的方式运作，但是优秀的企业一定是按照先进的企业化文化运作的。

一些非常成功的非营利性机构也是按照先进的企业化文化来打造的，前文提到的妙佑诊所，拥有 150 年历史，它就是一个高度企业化的非营利性机构。根据管理学专家张林先老师的《妙佑的本质：人本主义管理培育的百年企业》一书介绍，在这家诊所里，医院的管理不是院长管理制，而是 CEO 管理制，医生和护士以员工的身份出现，病人被称为顾客，“把病人当顾客”就让诊所里的医生和护士马上树立了乙方而不是甲方心态，心态的转变推动服务质量的提升；员工实行固薪制，涨幅跟市场对标机构的薪酬涨幅挂钩等。根据该书介绍，妙佑诊所的最高年薪为 776 750 美元（2018 年），最低年薪为 35 797 美元，平均年薪为 107 097 美元，最高和最低年薪的差别在 20 倍以上，这样的安排有效地杜绝了平均主义和没有淘汰机制的“大锅饭”和“铁饭碗”。这些都是企业化文化的特点。企业只有保持不断地企业化演进，也就是不断完善企业化文化，才能避免内卷从而被淘汰的结局。

通过以上分析，不难看出企业过于依赖个人量化业绩指标来考核和决定奖金，容易陷入中等规模陷阱，其核心原因在于手段与目的的错位。量化指标本是推动整体发展的工具，却因过度依赖而变成最终目标，导致员工努力的方向偏离企业长期需求。这种现象是工具理性被滥用的表现，本应服务于长期发展的工具反而成为限制发展的障碍。

这种激励方式还引发了个体理性与集体理性的冲突。奖金挂钩个人量化指标，激励员工追求短期的局部最优，如销售额提升，而忽略利润率、团队协作等长期和整体目标。个体行为在局部层面看似合理，却可能损害整体利益。这种冲突使企业难以在更高层次上优化资源，削弱了整体竞争力。

二八定律进一步加剧了问题。企业内部 20% 的优秀员工往往掌握 80% 的资源（客户、项目等）。当奖金与业绩直接挂钩时，强者更倾向于独占资源，减少分享和协作。这种资源分配失衡阻碍了整体资源利用效率，使许多项目难以推进，企业收入增长停滞，最终陷入中等规模陷阱。资源垄断和内耗让企业在竞争中更加被动。

在初创阶段，量化指标确实有助于员工快速明确方向。但随着企业规模扩大，系统复杂性增加，单一的量化激励方式开始显现局限性。企业逐渐忽略系统性问题，如市场洞察、协作创新和文化建设。简单的激励机制在复杂环境中引发次级问题，难以支持企业的持续增长。

同时，激励的单一化容易让员工的行为变得僵化。过分关注指标使员工忽略创造性和长期价值，逐渐丧失组织活力。这种异化现象不仅削弱了员工的成长，也使企业陷入追逐短期利益的死循环，难以突破瓶颈。

此外，过度关注短期指标使企业忽略了无法量化的长期价值，如品牌建设和组织创新力。这种短期功利主义使企业在追逐眼前利益时牺牲了未来发展空间。同时，内部竞争过度导致企业文化劣化，形成内耗，进一步削弱了增长动力。

激励的法则 The Art of Motivation

中等规模陷阱的根本在于手段目的倒置、个体与整体冲突、资源分配失衡等多重问题。要突破这一困境，企业必须从工具理念（结果导向）转向过程理念（过程导向），建立以长期价值和集体协作为核心的激励机制。通过平衡量化与非量化目标、鼓励资源共享与团队协作，企业才能摆脱短期导向的局限，优化整体效率，实现持续增长与突破。

The Art of
Motivation
激励的思考

1．如果你目前所处的企业采用的是结果主张的指导理念，在保持指导理念暂时不调整的前提下，你会如何完善企业的激励考核体系？

2．如果你所在的企业要开始尝试过程主张的指导理念，你会如何开始？你会采用什么样的方法和工具？如何将目前考核目标从结果主张转换成过程主张？

3．请用你对企业化文化这一概念的理解，分析一下你所在企业在日常业务沟通中的企业化文化特点是什么。

The Art of Motivation

第三部分

激励体系的“财务之翼”：五大外驱要素

企业吸引人才的最关键要素之一是固薪，而不是奖金，奖金是被固薪吸引加入企业的人才创造出来的结果。

The Art of Motivation

导 读

本部分专门讨论“一体两翼”可持续激励体系中的“一翼”——财务维度。所谓财务维度，就是从财务的角度出发，着眼于激励体系的设计和执行，解决激励体系中可见和可量化的部分，即“冰山露出水面的部分”。财务维度的重要性在于，它提供了清晰、可量化的衡量员工表现和贡献的方法与工具，为企业的绩效管理提供了相对直接、客观的标准，有助于公平、透明地进行奖励分配。在更深层次，财务维度关注企业目标与个人目标的绑定，通过奖金等财务奖励将企业利益（例如客户价值、股东价值增长）与员工利益相结合，促进员工在实现个人目标的同时，也为企业目标的实现做出贡献。

财务维度包括五个核心要素，但凡涉及真正意义上的企业激励体系，这五个核心要素都是不可或缺的。在激励体系中的各个环节中，它们按先后次序相互依存。它们之间不是自变量的逻辑关系，而是因变量的逻辑关系，即一个要素的理念变化，会导致其他要素的相应调整。这五个核心要素分别是：

- 奖励来源。
- 考核维度。
- 考核方法。
- 成果分配。

- 固薪设计。

奖励来源在激励体系中占据了极其重要的位置，它是激励体系中的现金部分，像水一样具有高度的流动性和灵活性。它能够为企业的激励方案提供及时的具有针对性的现金资源，但是如果使用方法不当，也可能导致现金资源的浪费或分配不公。激励考核的指导理念的不同，决定了奖励来源的不同，它可能来自个人业绩，也可能来自企业业绩。多数中小企业倾向于将奖励来源与个人业绩挂钩，大企业则更注重根据企业业绩的达成情况来决定现金资源的分配。

考核维度是指在激励体系中用于衡量个人或团队绩效的标准，它回答用什么来考核的问题。比如，我们用什么来考核企业、团队和个人？在财务维度中，基于不同的指导理念，考核维度可以是个人 KPI，也可以是一家企业的整体 KPI。

考核方法回答怎样考核的问题，是指评估个人或团队绩效的具体方式和工具。在财务维度中，考核方法重点围绕个人的定量财务指标或企业的定量财务指标来评估和分析。中小企业倾向于围绕个人的定量财务指标来考核，大企业则更注重企业的定量财务指标和定性的非财务指标来考核。

成果分配是指如何根据个人、团队和企业的绩效合理地分配奖励。在财务维度中，成果分配可以通过现金、股权或其他财务激励形式来实现。

固薪设计涉及固定薪酬的正确运用，通过对企业的财务状况、市场岗位标准以及职位的价值进行综合分析，确保固薪的设计既能吸引和保留人才，又不超出企业的财务承受能力。

这五个要素是呈现被理念驱动的方法和践行理念的工具。其实，无论是普通企业还是优秀企业，在它们的激励体系或方案里，这五个核心要素都或多或少地存在。但是，指导理念的不同，会使这五个核心要素的表现形式迥异。比如，用结果主张的指导理念来考核（自变量），激励基本就是来自个人业绩（因变量）；用过程主张的指导理念来考核（自变量），激励就是来自企业业绩（因变量）。

这五个核心要素之间并不是简单的线性关系，而是一个相互作用、环环相扣的系统。在实践中，这五个要素的设计会根据企业战略目标、组织文化、行业特点的不同而有所变化。

例如，一个以创新为导向的科技企业，可能会更侧重于定性的团队和个人创新能力的考核，激励来源也可能更倾向于企业的整体业绩，以鼓励团队合作和共同目标的达成。一个以销售代理为主的中介企业，则可能会将激励来源与个人业绩直接挂钩，同时，成果分配也会更偏向于能直接提升个人业绩的行为。如果是一个以服务为主的知识密集型的企业，则可能会将个人的综合胜任力和客户满意度作为重要的考核目标，同时，成果分配也会更偏向于能直接提升个人综合胜任力和客户满意度的行为。

在接下来的几章中，我会详细地分析，如何在健全的企业化文化场景里，用这五个核心要素构建企业管理的可持续激励体系。

第 5 章

奖励来源：如何一起做大蛋糕

你每个月、每个季度或年底拿到的奖金来自哪里？这个看似简单的问题就是这一章的讨论话题。在企业或团队中，员工会收到来源不同的现金激励，这些激励可以反映员工的个人业绩表现，也可以反映团队或整个企业的业绩表现。如果现金激励直接与个人的销售额、项目完成情况或其他可量化的业绩指标挂钩，那么这通常被称为提成，又称“蛋挞分配机制”。这种奖励方式强调个人贡献，鼓励员工提高个人业绩，因为他们知道自己的努力将直接反映在提成上。另外，如果现金激励是基于企业或你所在团队的整体业绩，例如达成项目销售目标或实现利润增长等，那么这就是一种奖金机制，也被称为“蛋糕分配机制”。在这种情况下，奖励与个人贡献不是直接相关的，而与集体的努力和成果挂钩，旨在培养团队合作精神，激励员工为共同目标努力。

激励理念决定你的奖励来源，影响着激励机制的设计和实施。不同的激励理念反映了组织的价值观和管理层对于如何激励员工的看法。因此，理解这些激励背后的理念对于实施激励的人来说是至关重要的，因为它直接关系到员工的工作积极性和对奖金的期望值。

我们先讨论财务维度五个核心要素中的第一个要素——奖励来源。这是任何企业管理者在决定企业激励体系的理念之后，最先要思考的问题。具体可以从以下角度来思考：

1. 用来激励员工的现金来自哪里才更符合激励管理的底层逻辑？
2. 激励现金是来自个人的业绩，还是团队的业绩，抑或是企业的业绩？
3. 为什么表现优异的企业都清一色地选择企业的业绩，而普通企业则不假思索地选择个人的业绩，或比较折中的团队的业绩？
4. 为什么表现优异的企业用奖金来激励员工，而普通企业倾向于用提成来激励员工？

根据企业的激励管理实践，在企业的激励管理体系里，目前的奖励来源有三种：个人的业绩、团队的业绩、企业的业绩。

前文已经讨论过，处于不同层次的企业，其激励现金的来源也有所不同。现在，我们就逐个分析这三种来源对企业激励的长期影响分别是什么。

来自个人业绩的奖励：每个人都是自负盈亏的单位

如果企业管理者将奖励来源与个人产出直接关联，那么在企业中，每个个体都可以被视为一个自负盈亏的生产单位。他们在领到月度、季度或年度的个人 KPI 目标后，就会立刻想办法独自达成目标。

然而，这种运作方式可能会导致资源的浪费和效率的低下。具体来说，销售人员的生产力取决于个人的销售技巧，有些人可能较为高效，而其他人可能效率较低，所以整体业务进展很有可能会不平衡。此外，如果有人遇到问题需要帮助，而其他人却没有动力提供协助，就会进一步导致销售时间的浪费和效率的降低。

相比之下，售前、售中和售后团队的分工合作可以优化运作方式。每个团队专注于自己的任务，并负责相应的工作。例如，售前团队负责客户咨询、需求分析和技术支持；售中团队负责销售谈判、制定解决方案和推动销售交易的达成；售后团队负责与客户联系、确保客户满意、收集客户反馈、解答客户疑问和处理客户投诉，等等。这样的团队合作使团队中的每个人都可以专注于自己擅长的领域，并且可以更有效地支持整个销售过程。

通过团队合作，企业可以形成以下优势：

- **专业化**：每个团队成员都可以专注于自己的任务和领域，发挥专业优势，提高工作效率和质量。
- **协同效应**：团队成员之间可以相互合作、交流和支持，共同解决问题，提高整体工作效能和成果。
- **效率提升**：团队成员可以互相协作，共同推动销售交易的达成，提高销售效率和业务进展速度。
- **优化资源利用**：通过团队协作，可以更好地利用资源，避免资源浪费，提高整体效能。

虽然将个人奖励与个人 KPI 直接挂钩确实会给人产生瞬间的强激励，如同田径场上的百米跑，但是，它的短期效果和“陷阱”效应也是非常明显的。

我们先做一个结论性的概括：表现优异的企业，尤其是知识和技术密集型企业，由于没有个人 KPI 这一说法，就谈不上把个人奖励与个人 KPI 直接挂钩。但是，正如前文所谈到的，我不是一个简单的否定 KPI 的倡导者，KPI 是工具，我们可以通过认真分析每一家企业的业务特点，将 KPI 纳入正确的激励理念下，就能很好地发挥其激励作用。

我们注意到，高达 90% 的国内企业实行的激励方法都是将个人奖励与个人 KPI 直接挂钩。其中，哪些企业的商业模式适合直接挂钩，哪些不太适合？我们可以讨论一下。有些企业是可以通过直接挂钩的激励方法来激励员工的，而且这里面也不乏优秀的企业。

在我看来，满足以下特征的企业，可以实行将个人奖励与个人 KPI 直接挂钩的激励方法。

第一，如果企业经营 B2C（企业对消费者）的中介业务，那么其销售人员所销售的产品不是本企业生产的产品，而是本企业代理的其他企业的产品。比如 4S 汽车公司的销售人员、房地产中介的销售人员、保险单销售人员等。这样的企业实行个人奖励与个人 KPI 直接挂钩的激励方法是可行的。随着互联网平台的出现，像快递小哥这种代表平台连接 C 端客户的平台履约服务也是用这样的奖励方法。我们在每一个写字楼里都能看到小步慢跑的快递小哥的身影，就表明针对他们的激励方法是非常有效的。

第二，如果企业经营某些特定的 B2C 业务，那么销售人员销售的就是高度标准化的产品，无法通过调整产品规格和特点来满足客户的特定需求。比如某些保健药品公司销售高度标准化的药品，销售人员无法通过改变药品的特点和功能来满足客户的需求，如美国的安利公司（Amway）。某些类型的基金公司也可以采用个人奖励与个人 KPI 直接挂钩的激励方式，因为这类公司的销售人员销售的基金产品是标准化产品，而不是量身定制的产品。

值得强调的是，满足以上特征的企业，在使用个人奖励与个人 KPI 直接挂钩的激励方法的同时，如果能同时强调团队合作精神和信息分享，就会真正成为这类行业里的翘楚。

下面我要分享一个真实案例。早年，我想通过链家公司寻找房子。我在北京市朝阳区北部一家门店的销售人员的带领下，看了周边的几套房子，不是很满意，于是想看看朝阳区东部的房子后再做决定。没想到，朝阳区北部门店的销售人员让东部门店的销售人员来接待我，而不是亲自带我看房。这让我对企业激励有了思考，也了解到了一些优秀企业的激励逻辑。当时的房产销售市场还是诸侯割据，没有明显的头部中介，链家也不像现在这样规模庞大，但是它的销售人员竟然把个人客户转给了另一位销售人员来服务。链家是如何做到这样的？这似乎有悖于我对中介公司激励逻辑的理解。

于是我便问这位销售人员："你让其他销售人员服务我，你的提成如何计算？"他说公司的系统会自动将提成一分为二。我想，他为什么不独自占有100%的提成呢？于是继续问道："难道你不能继续服务我吗？我对你的服务也挺满意的。"他回答说："我可以继续服务您，但是我对东部小区环境和房型不太熟悉，担心介绍得不清楚，会影响您的选择。"

这就是客户导向的精神！这就是一种强调响亮的合唱而非个人独唱的企业文化！当时链家的这个团队激励方法带来的良性效应为：客户体验非常好！客户有强烈的被重视的感觉。

客户信息真正属于公司而不属于个人，因为东部门店是通过客户关系管理（CRM）系统来了解我的需求的，而不是简单的人对人的沟通。这说明客户信息已经在公司的客户关系管理系统里。

此外，由东部门店的销售人员来服务我，北部门店的销售人员就无须前往东部，为公司或本人节省了一笔不菲的交通费用。在非团队合作的激励逻辑里，估计他的提成收益减去这笔交通费用，才是真正的收益。而且这笔费用的节省，也提升了企业的运营效率。

这位销售人员把客户介绍给其他销售人员，他自己又可以服务新的客户，公司的销售环节就形成了一个客户服务的流水线分工，大大提升了生产效率，让公司可以在同一时间内服务更多的客户，节省了不少时间成本，对做大公司规模有百利而无一害。

该公司强调的是团队合作，所以遇到东部的客户想了解北部的小区和房型的情况时，东部的销售人员也可以将客户推荐给北部的销售人员，这样就形成了一个团体的合力（聚集效应）。

如果该公司的激励机制除了销售提成，也包含奖金（当然，这个我不得而知，只是做假设推演），那么北部门店的销售人员就可以因为他的团队精神这一 KBI 而获得额外的奖金奖励。所以一个考虑全面的、优秀的激励体系设计，能让企业长期受益、运行高效，也能让客户满意。

现在链家已经成长为线上（贝壳平台）和线下门店联动的大型房产中介服务公司。据报道，该公司为了让内部销售人员更好地利用平台流量带来的资源，并发挥团队合作精神，专门推出了一个基于房源联卖的经纪人合作网络。从字面就可以看出，该公司的企业文化非常强调团队合作。现在，关于链家的文章越来越多，我也开始关注这家公司。据相关文章介绍，该公司早期从 IBM 和其他优秀 IT 公司中高薪挖来了一批技术人才来开发该公司的客户关系管理系统和企业资源计划（ERP）系统，这说明该公司在组织架构上也采纳了“公司一体化”组织架构理念，并从侧面验证了前文提到的服务案例。只有在一体化架构的逻辑里，才会有这样的销售体系。我们会在第 11 章中讨论什么是“公司一体化”组织架构。

来自团队业绩的奖励：犹抱琵琶半遮面的折中选择

我们再来看看奖励来自团队业绩的情况。越来越多的企业已经意识到将员工个人奖励与个人 KPI 直接挂钩的局限性，开始在思变的道路上前行。但多数企业还是扭扭捏捏，犹抱琵琶半遮面，所以会折中地选择将员工个人奖励与团队 KPI 直接挂钩的激励模式。

在这样的激励模式下，团队长如果不把团队的 KPI 下放给每一名员工，还基本可以接受，因为团队长还是保留了对 KPI 问责的权力，说明他仍是一个关注过程管理的管理者，并把团队当成一个盈亏中心来管理。但如果团队长选择将团队的 KPI 层层下放到员工个人，就又是放弃问责权力的老一套做法了。

企业高管设定团队 KPI 的方向不同，也会产生不同导向的企业发展结果。比如，是将团队中员工的个人奖励与团队的销售收入挂钩，还是与团队的利润挂钩？这是一个非常关键的决定！

非常遗憾的是，从我所了解的情况来看，多数企业还是将团队中员工的个人奖励与团队的利润直接挂钩了。常见的做法就是将利润的某一个百分比作为奖金池，如果没有利润产生，就没有奖励资金的来源。常见的奖励公式是：

$$团队奖金池 = 团队利润 \times 奖金池提成系数$$

我们前面讨论过，无法被人为操控的 KPI 才是好的 KPI。与利润直接挂钩的长期后果就是业务越做越小，因为利润是损益表的最后一行，被人为操控的可能性是最大的。比如，团队通过招聘低工资的员工来降低人工成本等措施，就可以很容易地产生利润。但是投入与产出又是正相关关系，虽然投入高并不一定产出高，但是没有必需的投入就没有产出，这一点是毋庸置疑的。

人力资源行业也有一句名言："假如你支付的是花生的价格，你就会收获花生。"支付基薪而不是底薪，就只能招聘到跟你来谈分利，而不是创造奖金池的人员。所以降低投入的长期结果，就是业务不断萎缩，团队越做越小，企业自然就难以实现规模化。

那么，优秀企业的管理者会怎么做呢？他们在设定团队 KPI 时，会选择将员工的个人奖励与团队的销售收入挂钩。

决定了团队的 KPI 后，挂钩的方式是将团队员工的奖金根据岗位市场价格加总后形成一个薪酬池，而不是奖金池。这里解释一下奖金池和薪酬池的区别。奖金池没有考虑到固薪成本，容易让员工产生依赖固薪收入的惰性；薪酬池可以根据团队销售净收入及一个提成系数来确定，而净收入包含固薪。奖励公式则被调整为：

团队薪酬池 = 团队销售净收入 × 薪酬池提成系数

不要小看将利润改成销售净收入的变动，这个变动可以比较好地解决以下关键问题。

首先，聪明的团队会马上明白，薪酬池的大小与销售净收入的大小正相关，净收入越高则薪酬池越大。为什么是“净收入”而不是“收入”？这是有讲究的。“收入”指的是企业通过销售产品和服务总计获得的金额，不考虑任何折扣或退货。“净收入”是扣除销售中的折扣、退货和折让之后的实际收入，能更准确地反映企业从销售中赚取的净额。收入是损益表上的第一行，净收入理论上是第二行，但是在财务报表中不会呈现这个数据，因为净收入属于管理会计范畴。财务会计主要面向外部利益相关者，提供符合会计准则的历史财务信息，而管理会计专注于为内部管理者提供定制化的财务和非财务信息，以便于管理者做出战略决策和进行日常管理。

其次，这是一个做大蛋糕的激励逻辑，而不是一个做蛋挞的激励逻辑。我们知道，蛋糕做完是要进行分配的，如何分配很重要。若想长期激励员工，就要运用管理手段。而蛋挞做完了只是各取各的那一个，没有再分配的安排。

最后，团队长为了做大蛋糕，会开始重视招聘强者加入团队，将招人调整为甄选人，从面试就开始关注候选人的硬能力和软能力。这里我问大家一个问题：发现一个团队的销售业绩不理想后，管理者找团队长谈话，最有可能给出什么建议？一定是“你要想办法提高团队员工的销售能力”而不是“你要想办法提高 KPI”。因为能力提高了，KPI 自然就提高了。团队长更多的是做过程管理，要通过过程管理，确保每一阶段的销售目标圆满达成。

如前所述，我非常不赞同将员工的个人奖励与个人 KPI、团队 KPI 直接挂钩的做法，但是国内有太多企业这样操作，我们只能在这个环境下尝试提出一个最优解。

最优解就是，将激励方案（而不是体系，因为体系是全企业的）的设计朝着能够鼓励团队合作、鼓励信息分享的方向努力。具体做法就是，将员工的个人奖金与团队 KPI 挂钩，也就是说只有团队的 KPI 达成了，员工才能获得收益。这个 KPI 最好不要超过 3 个，销售额增长率是其中之一，不可或缺，另外，可以把考核净利润率调整为考核经营利润率。将考核净利润率调整为考核经营利润率的原因是，经营利润可以更好地反映团队核心业务的运营效率，更能准确衡量销售团队的表现，更能激励团队合作、分享信息，达成团队的 KPI 目标，从而获得更多的利润。

进一步说明一下，所谓经营利润率，是指从销售收入中扣除与产品制造、销售和日常运营直接相关的成本和费用（包括成本价、销售成本、管理费用和研发费用等）后得到的利润。由于这些成本和费用与销售团队的日常活动直接相关，所以经营利润率能较好地反映销售团队的效率和效能。

而净利润率包含了所有的收入和费用，包括一些销售团队不能控制的非经营性因素，比如税收、利息支出、投资收益或损失、异常项目等。因此，即使销售团队表现很好，这些额外因素也可能显著影响净利润率，从而降低其作为衡量销售团队表现标准的准确性。

回到前文提到的高盛公司，我们简单地回顾一下那个案例。在 20 世纪 50 年代末，高盛销售交易部的员工实际上是客户拥有者。高盛管理者就是通过调整激励理念和激励来源，完美地解决了员工“绑架”公司的问题。

在《高盛帝国》这本书中，埃利斯介绍说，为了改变销售员单打独斗、“自己能逮到啥就吃啥”的工作方式，销售部门的合伙人鲍勃·门舍尔（Bob Menschel）制定了一个新的团队合作激励机制，专门奖励在机构销售业务中有突出表现的人。门舍尔征得高盛公司董事会的同意，将从公司获得的总提成收入中，提取 15% 汇总到销售业务部门的奖金池当中，以年为单位计算。到年末时，每位销售人员都能按照比例从奖金池中获得奖金。这个比例则由门舍尔根据市场状况每年进行调整。因为他明白，很难在年初就预测到谁是本年度最佳销售员。所以，门舍尔事前截留了奖金池中 1/3 的资金，然后在年终确定了谁为销售业务做出了最大贡献之后，以他的行政权力从 1/3 的资金中再提取奖金对其给予奖励。读到这里，你是不是想到了前文讨论过的“自由裁量奖金”的概念？

随着这种新颖奖励办法的推行，“每个人都把注意力集中在了一件事情上：怎样使公司的总提成收入最大化”，也就是蛋糕最大化。门舍尔评价自己制定的这个机制时说：“我们所有人都能看到每一张票据的流转，因为销售人员和交易人员面对面坐在一起工作。对于真正有团队精神的销售人员来说，这样的机制其实为他们提供了不可限量的业务机会。”

从这个案例中我们可以看出，高盛的管理者很善于通过激励手段，将员工的注意力从个人的“蛋挞”转移到公司的“蛋糕”上。你也可以发现，蛋糕的分配方式带有管理者的“自由裁量权”特点，这个“自由裁量权”的顺利行使，需要非常健全的过程管理和企业化文化的支持。

这个案例也告诉了我们一个简单的道理：将员工的奖励来源从与个人的“蛋挞”挂钩，调整为与企业的“蛋糕”挂钩，销售部门就从处于行业的平均水平变成了领跑者。

看到这里，对管理很感兴趣的人一定会想到稻盛和夫的“阿米巴管理”模式。这个模式将企业组织分成一个个“阿米巴”小集体。各个小集体就像是一个个中小企业，有自己的利润中心，在保持活力的同时，以“单位时间核算”团队效益，追求附加价值的最大化。稻盛和夫的核心核算公式有3条：

- 总附加价值 = 总收入 – 人工费以外总费用。
- 每小时贡献价值 = 总附加价值 ÷ 总劳动时间。
- 小组劳动贡献 = 每小时附加价值 ÷ 小时工资。

我们可以看到，这3条核算公式没有一条是计算个人提成的，说明奖励来源不是来自个人KPI，而是来自团队的高维KPI。

第一条公式核算“阿米巴”小集体的“总附加价值”这一团队的最高目标，说明KPI是团队的高维KPI，而不是个人的KPI，附加价值是无法拆分的。这条公式另一个有意义的方面是，人工费用不在公式被减项里，说明“阿米巴管理”模式不为降低人力成本而牺牲员工的质量。第二条公式测算投入产出比，是效率公式，说明效率是“阿米巴管理”模式的要义之一。第三条公式核算团队的贡献率，有助于激发团队的直接竞争。

我对稻盛和夫没有非常深入的研究，还说不上是他的坚定追随者，但他提出的独特管理模式确实对业务扩大起到了支撑作用。企业变大之后，就会出现难以判断哪个部门利润高、哪个部门生产效率低的弊端。“阿米巴管理”模式通过把企业组织分成小集体、以月为单位对各部门的核算和目标进行彻底管理，让每位员工主动参与经营。

但是，如果只是单独进行核算管理，可能就会陷入“只要自己所属的部门好就万事大吉”的短视思维。通过向每名员工灌输名为 philosophy 的经营哲学，就能让全体员工具备“利他”意识，从而将“总体最优”牢记心中。

来自企业业绩的奖励：让企业变得伟大的不二选择

将个人奖励与企业 KPI 挂钩的激励方法是我最喜爱的，也是优秀企业的不二选择。但是先有鸡还是先有蛋？这是许多管理者提出过的问题。我认为是先有鸡，也就是说，企业是因为一开始就将个人的奖金与企业的利益紧密捆绑才变得伟大，而不是反过来。

最常见的反对将个人奖励与企业 KPI 直接挂钩的理由有两个：一是“企业不同发展阶段”论；二是“大锅饭”论。

我们先看看“企业不同发展阶段”论。这一论点认为，企业的最高使命是“活”，尤其是对早期阶段的企业而言，只有将员工个人奖励与个人 KPI 紧密挂钩，才能取得个人激励，获得可观的现金流，并推动企业发展。

这里我要提出一个问题：如何定义企业的早期阶段？3 年，5 年，还是 7 年？如果是一家初创企业，创始人没有拿到融资性现金流，也没有太多的经营性现金流、没有品牌知名度、没有太多忠实的存量客户和不断增加的增量客户，采用个人奖励与个人 KPI 直接挂钩的激励方法是情有可原的，但是企业创始人或 CEO 要清楚地知道这种激励方法的“陷阱效应”，并准备规避措施和纠正方法。企业的最高目标是活着，这个没错，但是活好应该是最高使命。

一个存在 10 年的且不属于前文描述过的中介类型企业，如果还采用将个人奖励与个人 KPI 直接挂钩的激励方法，那一定是落入了 KPI 激励陷阱，或者已对 KPI 管理上瘾，而且其企业规模一定是徘徊不前的。阿里巴巴成立 15 年就成功上市了，如果它的激励理念只是简单地将个人奖励与个人 KPI 直接挂钩，而不通过奖金池或薪酬池与部门和公司的 KPI 挂钩，是很难快速做大做强的。

比如，关于阿里巴巴绩效考核的讨论，被引用最多的例子就是马云对绩效考核特有的执拗：他要求将员工的绩效考核分为业绩因素和非业绩因素，各占 50% 的权重。非业绩因素是团队、策略、企业文化和价值观。他认为必须以这种极端的方式让员工明白绩效考核的全部含义不是决定如何发放奖金。他坚信（不只是相信）一个价值观好的员工，其业绩一定是好的，他不认为考核价值观会阻碍业绩的提高。

刚开始，阿里巴巴的员工不理解这样的绩效考核主张，一个公司不关注业绩指标，拿什么发奖金？没错，阿里巴巴的奖金池是与公司 KPI 挂钩的，100% 的奖金之泉来源于公司业绩，但是员工个人拿到多少奖金除了看业绩因素，还要看非业绩因素。

价值观难以量化，但可以分值化。比如，阿里巴巴有 6 个核心价值观，列入考核指标的有 5 个，每个价值观有 4 个 KBI，合计为 20 个行为考核总分。如何分值化 KBI？我会在第 7 章涉及“考核方法”这个财务维度核心要素之一的时候有更详细的讨论。

“企业不同发展阶段”论不能成为企业拒绝将员工个人奖励与个人 KPI 脱钩的理由，华为超越爱立信的案例就是最有力的证明。根据《华为管理课》一书介绍，华为的规模以火箭般的速度扩张，经过 21 年的发展，2009 年，华为跻身为仅次于爱立信的全球第二大设备制造商。到 2013 财年，华为销售收入达到 395 亿美元，同比增长 8.5%，净利润为 34.7 亿美元，同比增长 34.4%。这一年爱立信的销售收入是 353 亿美元，净利润是 19 亿美元。我们惊讶地发现，成立 25 年的华为在两大关键财务指标——销售收入和净利润方面超越了成立 145 年的爱立信。

有人可能会问，爱立信也没有将个人奖励与个人 KPI 直接挂钩，为什么会被华为超越？这个问题的答案很简单。首先，将个人奖励与个人 KPI 直接挂钩的激励方法肯定是无法支持赶超战略的，而华为的激励理念正好能够全面支持它的业务策略，从而使它超越了爱立信，比如华为的“以客户为中心、以奋斗者为本”策略、“深淘滩，低作堰”策略、“开发盐碱地”策略和“力出一孔”策略等，如果不采用个人奖励与企业 KPI 直接挂钩的激励管理体系，这些策略是很难落实的。

同样是在该书中，一位华为高管曾举例，中国人民大学商学院的一批高级管理人员兼工商管理硕士学员，去英国兰卡斯特大学交流访问，在考察了英国工业革命的辉煌历史后，再看今天的英国，受到很大震撼。学员向英国教授提到华为，教授评价道：“华为不过是走在了世界上一些辉煌过的公司走过的路上。这些公司在达到顶峰之前也是客户导向的，也是不停奋斗的，但到达顶峰后，它们开始变得故步自封，听不进客户的意见，于是就衰落了。”

所以，华为能够成功赶超，不只是因为采用了基于能力和过程的可持续激励理念，更因为这种激励理念和华为的管理策略与手段是匹配的，它们全都是基于产生业绩贡献的能力和过程管理，这成为促成华为超越竞争对手的重要原因。所以关于鸡和蛋的提问，前提一定是要有一只非常壮硕的鸡，或者把一只弱小的鸡放到一个优越的养鸡环境里。

激励的法则
The Art of Motivation

优秀企业的员工都是吃“大锅饭”的，但是吃的方法不同导致结果不同。我们憎恨的“大锅饭”吃法，是平均了每个人的成果所得，只要资历和职级相同，所得就相同；而优秀企业的“大锅饭”吃法，是平等了每个人的机会。在机会平等的场景里，每个人通过最大限度地展示自己的能力和贡献，共同做大蛋糕和分享蛋糕。正确的逻辑是，首先大家一起把蛋糕做大，然后根据贡献、能力和按照市场定价的方式来分配蛋糕。

这里用两个例子来为大家说明情况：一个是“大锅饭”分配法和平等机会分配法；另一个是在平等机会分配法的基础上参考市场岗位定价法。

先看“大锅饭”分配法和机会平等分配法的例子。公司 A 有 10 名员工，总奖金池为 100 万元。在这种情况下，公司 A 将根据员工的职位和工作年限与级别来分配奖金。比如，高级经理可能获得 30 万元奖金，中级经理可能获得 20 万元奖金，而普通员工可能获得 10 万元奖金。这样，每名员工按照自身职位和资历获得不同的奖金。公司 B 也有 10 名员工，总奖金池同样为 100 万元。然而，公司 B 采用了评估体系来确定每名员工的奖金分配。通过评估发现有 3 名员工表现出色，被评为优秀员工。这 3 名员工可能会获得总奖金的 70%，即 70 万元，每人约 23.3 万元。剩下的 30 万元奖金可能会被平均分配给其他 7 名员工，每人约 4.3 万元。通过对比我们可以看到，公司 A 采用了传统的“大锅饭”吃法，按照职位和工作年限与级别来分配奖金。而公司 B 实行了优秀企业的“大锅饭”吃法，根据员工的绩效和贡献来分配奖金。这样，公司 B 给予每名员工平等的机会，激励员工通过个人努力和表现来获得更多的奖金。

再看机会平等分配法 + 市场岗位定价法的例子。蛋糕（薪酬池）的分配不仅取决于个人的绩效表现、贡献，还要考虑市场对这个人所处的岗位的定价。如果一个销售员的贡献是 A 级，一个算法工程师的贡献是 B 级，那么根据贡献原则，销售员应该获得更多的“蛋糕”份额。但是企业除了贡献指标，还要考虑岗位市场定价指标：那些在市场上更为稀缺、技术含量更高的岗位（如现在流行的算法工程师岗位或产品经理岗位）的员工，在确保自身的贡献、能力和价值观达到企业要求的情况下，所获得的奖金应当适当反映市场对这些岗位的高定价的事实，避免他们的流失。如果市场给贡献为 B

级的算法工程师的岗位定价是年薪 50 万元，给贡献为 A 级的销售员的岗位定价是年薪 40 万元（这是有可能的，因为算法工程是一个新兴的岗位，有稀缺性），企业可能会给这个算法工程师支付 45 万元的年薪，给这个销售员支付 40 万元的年薪。

“大锅饭”其实也是一个伪命题。我们还可以这样类比：如果将个人奖励与公司收入挂钩，有吃“大锅饭”之嫌，那么，将个人奖励与个人收入挂钩就是吃“大碗饭”了。锅比碗大，只会让每个人都装得更多；而“碗满外溢”，会出现“飞单”现象，也就是订单在签订之前被取消。这就是在纯粹个人结果主张指导理念的企业里，“飞单”现象比较常见的原因之一，因为个人势单力薄，很难独立完成大的项目，“飞单”就是员工的常见选择了。

在“一体两翼”可持续激励体系的财务维度中，我们讨论了第 1 个要素：奖励来源。奖励来源有 3 种：个人业绩、团队业绩和企业业绩。写到这里，我们也把来自企业业绩的奖励公式呈现一下：

总薪酬池＝企业净收入 × 企业薪酬池提成系数

这个公式体现了整体员工个人奖励与企业 KPI 直接挂钩的薪酬策略。它比“团队薪酬池＝团队销售净收入 × 薪酬池提成系数”这个公式更具优越性，原因在于它鼓励了更全面的团队合作和整体绩效。首先，基于整个企业净收入的薪酬池反映了组织全局的业绩，这意味着不仅销售团队，而且包括研发、运营、支持等其他部门的员工都有动力共同努力提升企业的整体业绩。这种方法有助于打破部门间的壁垒，促进跨部门合作，因为所有员工都知道他们的贡献将对他们的收入产生直接影响。其次，当薪酬池与企业净收入挂钩时，员工对于企业的长期发展和稳定性会更加关注。这种薪酬策略倾向于奖励那些有助于企业长期发展的行为，而不仅仅是短期销售业绩。此外，利用企业净收入作为总薪酬池的分母，还减少了对具体销售团队绩效的依赖。这意味着在市场不景气或销售受阻时，员工的薪酬依然有可能保持相对稳定，因为他们的薪酬可能会被其他部门的出色表现所补充。最后，这种薪酬模式也更易于管理，因为它简化了薪酬结构，减少了计算单个团队薪酬池的复杂性，从而减轻了行政管理累赘。

在第 8 章，我会更详细地讨论如何分配“蛋糕”。

The Art of Motivation 激励的思考

1. 你作为一名人力资源部门经理加入了一家知识密集型的金融企业，出于历史原因，目前该企业的业务人员都在实行结果主张的指导理念，采用把个人奖励与个人 KPI 直接挂钩的激励方法。管理层希望你加入之后，能够开始着手转变这种基于个人 KPI 的激励方法，你将如何开展这个项目？

2. 你所在的企业目前仍然是将个人奖励与团队或部门的 KPI 直接挂钩，在不改变现在激励考核主要框架的前提下，你如何做能显著提升团队精神和整个团队的业绩？

第 6 章

考核维度：用高维 KPI 和个人 KBI 促进企业规模化

到目前为止，所在的可持续激励体系有了灵魂——激励理念，也有了正确的奖励来源——企业的业绩，而不是个人或团队的业绩。现在要开始考虑财务维度里的第二个要素——考核维度。考核维度回答“用什么来考核”的问题，比如，用什么来考核企业、团队和个人？优秀企业采用什么考核维度？在这个维度里，什么是高维 KPI ？什么是低维 KPI ？这些都是非常有用和值得掌握的概念。本章要讨论的除了高维 KPI，还有个人 KBI，最后会给出一组实用的具有普适性的 KBI 矩阵。

优秀企业采用什么考核维度

既然企业的目标是让自己进入 L4 至 L5 的层次，那就需要研究一下，已处于这两层的企业一般采用什么考核维度？前文强调过，“一体两翼”可持续激励体系的每个要素之间是因变量的逻辑关系，而不是自变量的逻辑关系，“一体两翼”之“一体”——理念发生变化后，“两翼”也会相应地改变。

随着指导理念从结果主张向过程主张的过渡，企业的激励管理和绩效考核体系也会相应地发生改变，从过度强调结果过渡到强调过程。企业的管理者会开始将考核个人可量化的 KPI（低维 KPI），调整为考核可描述的个人 KBI；将个人奖励从来自个人 KPI 调整为来自企业 KPI（高维 KPI），员工奖励从“蛋挞”换成了“蛋糕”。

换句话说，就是将个人的考核指标行为化，保持企业的考核指标可量化，从而形成高维 KPI+ 个人 KBI 的考核管理体系。个人考核指标行为化意味着将抽象的目标转化为个人可以具体执行的行动，而保持企业考核指标可量化则意味着这些行动和目标能够通过数值来衡量和跟踪。

举个例子帮助各位理解。假设某企业有一个战略目标——提高客户满意度，为了达成这个目标，该企业设定了一个可量化的指标：提高客户满意度比例，从当前的平均 80% 提高到年底前的 90%。为了将这个企业层面的量化目标转化为个人行为，每个员工或部门都会设定与之相关的个人 KBI。例如，客户服务代表的行为考核指标可能包括：

- **响应时效性**：保证在规定时间内响应客户的询问；确保客户等待不超过设定的时间。
- **沟通技能**：以清晰、友好和专业的语言与客户沟通；积极倾听客户需求，并提供准确的信息和帮助。
- **问题解决**：确保每次跟客户通话都能以解决客户的问题为目标，能一次性解决客户的问题。
- **产品知识**：定期参与产品知识培训，确保能够准确回答客户提出的关于产品的问题；了解最新产品更新，以便向客户提供最新信息。

这样一来，企业的战略目标就转化为客户服务代表可以具体执行的行为，并确保他们的行为与提高整体客户满意度的目标一致。优秀企业是将组织整体层面的高维 KPI 与个人层面的 KBI 相结合，来达到企业可持续激励的效果。所以，倡导过程主张考核的企业也不是不看 KPI，而是更关注高维 KPI。

高维 KPI：下压业绩压力，而非业绩指标

我们在前面的章节中多处提及高维 KPI 和低维 KPI 的概念，这里重点讨论一下它们的区别和各自的使用场景。

高维 KPI 是一项用于度量和评估企业整体业绩和目标达成情况的指标，它是对企业战略目标和愿景的高级测量，用于衡量企业在关键领域的表现和进展。高维 KPI 必须与企业的长期战略目标和愿景相关联，用于衡量企业在关键方面的绩效，如财务表现、市场份额、客户满意度、创新能力等。这些指标是对企业整体业绩的高层次测量，能够提供洞察力和指导，帮助企业做出战略决策和优化业务运营。因此，高维 KPI 亦被称为企业 KPI。

并不是所有企业都需要否定 KPI 的。KPI 本身并没有错，只是很多使用者因为没能把握好使用 KPI 的理念、方法和工具，才让它成为问题。理念的迷失导致企业不知不觉中掉入了 KPI 陷阱。这个陷阱就是将个人奖金与个人 KPI 直接挂钩，导致被考核者的行为走样而“绑架”了企业。这个“绑架”开始是非主观的，但是随着利益捆绑的加深，某些企业会将其转化为主观行为，形成企业内部的“三头主义”和“山头主义”。前者指一个组织或项目中同时存在多个领导者或决策层，导致方向不一致，行动失衡；后者指组织或团体内部形成的派系或小团体，它们往往以自身利益为中心，可能影响团队的凝聚力和整体目标的达成。

其实，KPI 仍不失为一个好的激励考核方法，处于 L4 至 L5 层次的企业的优秀管理者也用 KPI 来加强对企业的管理。仔细研究后我发现，他们使用的 KPI 是高维 KPI。

高维 KPI 更关注企业的整体绩效，而不仅仅是个人的绩效。典型的高维 KPI 包括权益净利率、营业收入增长率、税前利润率、市场份额和客户满意度；如果是处在快速规模化阶段的企业，税息折旧及摊销前利润

（EBITDA）也会是一个常见的高维 KPI。个人对高维 KPI 很难有直接的操控力和影响力，因为高维 KPI 是多个部门和团队合作的结果，具有不可拆分性，无法被层层下放到团队和个人身上。比如，权益净利率、市场份额和税息折旧及摊销前利润等，这些高维 KPI 是无法拆开后再分配下去的。

这么说可能有点抽象，我们先来看个反面案例。有些存在招聘难问题的企业会给人力资源部设定这样一个 KPI 招聘指标：负责招聘的人员每天必须面试 10 个候选人。招聘人员为了达到这个 KPI 指标，每天会邀请 10 个候选人来公司面试，至于这些候选人的背景是不是符合用人部门的要求，并不在他们的考虑范围内。结果就是，KPI 是达成了，但是用人部门还是没有合适的人员可用。所以这个可被人为控制的 KPI 就不是一个好的 KPI，属于低维 KPI。

如果我们把招聘的 KPI 改成岗位空缺率不高于 5%，或改成根据企业实际情况而定的某一个百分比，就不失为一个好的 KPI 了，因为岗位空缺率是一个不太容易被人力资源部门操控的 KPI。为了降低岗位空缺率，招聘人员就会加强与用人部门密切沟通，随时了解人员流动情况和用人要求，提前安排招聘资源。

所以，KPI 从可量化的“每天面试 10 个候选人”，到可量化的“某一段考核时期内的岗位空缺率”的调整，就让考核从结果主张转变为过程主张。为了降低岗位空缺率，除了招聘新人，更重要的就是提升在职员工的满意度和敬业度，因此管理者需要使用很多管理工具和手段。这样既开源又节流，长此以往，企业的人力资源管理就会更上一个台阶，从而使企业更具有人才吸引力，形成用人机制的良性循环。

人力资源行业有这样一个观点：“你招聘得越快，员工走得越快。”这句话背后所蕴含的道理就是，如果单凭快速招聘新人来补缺，企业就会无休止地走上重招聘、轻管理的不归路。这是一条人力成本最高的路径，因为优秀的人才并不是比比皆是。

根据二八定律和第 3 章中讨论过的 ABC 分类，优秀的人才大概也就占 20% 左右。优秀中的优秀会更少，占 2% 左右。比如，有一种说法是，孔子有弟子 3 000 人，最为优秀的也就 72 人，只有 2.4%。

了解了高维 KPI 的定义，低维 KPI 就不难理解了。低维 KPI 涉及各个部门、团队或个人层面的绩效指标，以衡量他们在特定任务或业务过程中的表现。这些指标通常与特定的操作目标和任务相关，可以是生产效率、质量控制、客户服务响应时间、销售数量等。低维 KPI 关注特定部门或个人的日常绩效，典型的低维 KPI 包括个人销售额、拜访客户数（而不是新增客户数）、利润率等指标。由于低维 KPI 和员工个人的日常工作紧密相关，因此更有可操控性和可拆分性。这类 KPI 可以层层拆分给每名员工，如销售额、拜访客户数等。

聪明的你可能已经发现，高维 KPI 如果不可以被拆分和下放，那就不可以用来考核每名员工，只能用来考核 CEO 了。高维 KPI 是考核 CEO 和其他 C 级人员的，它们可以被量化，但几乎无法被拆分和层层下放。

激励的法则 The Art of Motivation

所以我们才说，“高维 KPI+ 个人 KBI”的激励考核体系是表现优异的企业的普遍做法，当 CEO 被聪明的董事会用高维 KPI 绑定时，才会思考如何用更有智慧的管理手段将业绩压力而不是业绩指标层层下压。

注意！我们再重复一遍：是将业绩压力层层下压，而不是业绩指标。为什么是压力而不是指标？其实层层下放业绩指标的过程，就是放弃管理权的过程。

“是骡子是马，牵出来遛遛”和“我不管你怎么做，我只看结果”这两句话是不少结果主张的企业管理者的经典口头禅。而优秀企业的管理者不会这样做，他们关注过程主张的管理方式，这就增加了每位员工的业绩压力，比如将月度、季度和年度的结果考核，变成全天候的日常管理。压力增加了，自然需要优秀和有能力的人来承担，企业就会非常关注每名员工的核心能力和反映核心能力的 KBI 是否符合企业和岗位的要求。这样企业才能越来越优秀。

各领域高维 KPI 示例

一些企业之所以能越做越好，是因为它们相信高维打低维的管理逻辑，并愿意花时间来思考和设计符合企业自身需求的高维 KPI。如果你是第一次接触高维 KPI 的概念，我们可以提供一个思考方向——从销售领域、财务领域、客户领域、运营领域和营销领域五个方面，找出一些典型的高维 KPI。

首先，我们来看看销售领域的高维 KPI 有哪些：

- 销售额 = 销售量 × 销售价格。
- 销售增长率 =（当期销售额 − 上期销售额）÷ 上期销售额 ×100%。
- 客户满意度 = 满意客户数量 ÷ 总客户数量 ×100%。
- 客户获取成本 = 市场营销和销售总费用 ÷ 获取的新客户数量。
- 客户生命周期价值 = 平均销售额 × 平均购买频次 × 平均客户关系期限 − 客户获取成本。
- 销售渠道效果 =（销售额 − 渠道成本）÷ 渠道成本 ×100%。
- 销售人员绩效 = 个人销售额 ÷ 目标销售额 ×100%。
- 潜在客户转化率 = 成功转化为客户的数量 ÷ 总潜在客户数量 ×100%。

其次，来看看财务领域五个常见的高维 KPI：

- 权益净利率 = 净利润 ÷ 股东权益 ×100%。
- 经营利润率 = 经营利润 ÷ 营业收入 ×100%。
- 税息折旧及摊销前利润 = 净利润 + 利息 + 折旧 + 税前摊销。
- 运营资金周转率 = 销售收入 ÷ 平均运营资金。
- 毛利率 =（销售收入－销售成本）÷ 销售收入 ×100%。

前文已讨论过这几个 KPI，很显然，它们的可拆分性几乎是零。这是典型的考核 C 级管理者的高维 KPI。我们举例简单说明一下经营利润率作为高维 KPI 的重要性，已知经营利润率的计算公式如上所述。假设一家企业的年度营业收入为 5 000 000 元，其经营成本和费用总计为 3 500 000 元，那么，它的经营利润 =1 500 000 元（5 000 000 – 3 500 000），经营利润率 =（1 500 000÷5 000 000）×100%=30%。

这意味着企业每获取 1 元的营业收入，就从其核心业务活动中保留了 0.30 元作为经营利润。经营利润率高通常表明企业的成本控制和运营效率良好，经营利润率还是一种高效的比较同行业中不同企业盈利能力的工具，如果经营利润率逐渐提高，就表明企业正在变得更加高效，能够更好地将营业收入转化为实际利润。相反，经营利润率下降可能是企业成本上升或销售量下降等问题的警示。这就解释了为什么有的上市公司即使营业收入低于预计，其季度业绩报告中经营利润率超出分析师的预计时，股票也能受到投资人的青睐。因为投资人依据经营利润率的情况认为上市公司的效率更高，每 1 元钱可以带来更多的收入。

再者，来看看客户领域常见的高维 KPI：

- 存量客户留存率 =（当前期末存量客户数量－新增客户数量）÷ 上期期末存量客户数量 ×100%。

- 平均客户生命周期 = 所有客户的累计使用时间 ÷ 客户总数。
- 新增客户增长率 =（新增客户数量 ÷ 上期期末存量客户数量）×100%。

在客户领域，这些 KPI 也是不可以被简单拆分的，而且必须借助企业的资源和团队的力量才能达到，因此也是好的高维 KPI。

然后是运营领域的几个高维 KPI：

- 员工流失率 = 离职员工人数 ÷ 平均在职员工人数 ×100%。
- 员工满意度指数 =（员工满意度评分总和 ÷ 有效调查样本量）×100%。
- 平均员工绩效评估得分 = 所有员工绩效评估得分总和 ÷ 员工总数。
- 人力成本比率 = 总人力成本 ÷ 总营业收入 ×100%。
- 平均招聘时长 = 所有招聘职位被填补所需总时间 ÷ 招聘职位总体数量。

最后，来说说营销领域的高维 KPI：

- 营销投资回报率 =（营销活动的收益－营销活动的投资成本）÷ 营销活动的投资成本 ×100%。
- 品牌提升指数可以通过定量和定性研究来计算，通常使用专业的品牌价值评估模型，如 Interbrand 的品牌价值评估方法或者 Keller 的品牌资产估值模型。
- 社交媒体参与度可以通过以下指标的综合考量来计算，例如：点赞率 = 点赞数 ÷ 帖子或内容的曝光量 ×100%；评论率 = 评论数 ÷ 帖子或内容的曝光量 ×100%；分享率 = 分享数 ÷ 帖子或内容的曝光量 ×100%；提及率 = 提及数 ÷ 帖子或内容的曝光

量 ×100%。

- 市场占有率 = 公司销售额 ÷ 市场总销售额 ×100%。

这几个都是营销领域里非常好的高维 KPI，没有一个可以被拆分或被个人操控。

以上提到的高维 KPI 还可以拉出长长的名单，但是优秀企业的做法是只挑选几个关键的高维 KPI 来考核 C 级人员或部门负责人。因为，好的激励考核体系一定是简约的。

但是上文罗列的指标必须要考核，只是考核的方式是将它们放入日常的过程管理中，而不是等到年底；要让它们成为指标而不是目标，成为手段而不是目的。通过仔细进行的过程管理，确保高维 KPI 的达成。

普适的个人 KBI：为“知识工作者”量身定制

前文介绍了高维 KPI 的定义和使用场景，它们是用来检验组织管理是否高效和健康的指标，能够为营销决策提供更全面、更深入的数据支持，通过综合考量多个相关指标，企业能更好地理解市场动态、调整营销战略，并改善营销活动的整体效果。

现在，我们开始讨论与这些高维 KPI 搭配的个人维度考核指标，即我们所说的关键行为指标，也就是 KBI。高维 KPI 和个人 KBI 共同组成了优秀企业可持续的激励考核方法，是“一体两翼”可持续激励体系的重要内容之一。我们先来了解一下什么是普适的个人 KBI，普适的个人 KBI 是如何架构的，以及有哪些好的案例可供我们参考。

为什么我们要提出用普适的个人 KBI 代替个人 KPI？先来了解一下这

两个概念的历史。19 世纪后期，以大规模生产制造为主要特点的第二次工业革命开始。随着大规模生产和科学管理的兴起，企业需要一种方法来衡量和管理体力劳动者的绩效，那个时候还没有“知识工作者”的概念，于是 KPI 被开发出来并被广泛使用，以衡量诸如产量、效率和质量等具体指标。

最初，KPI 的运用主要集中在制造业，但后来也被用于各种行业和职能部门。经过 100 多年的探索，在成功地运用量化 KPI 促进生产力发展的同时，企业也发现了 KPI 使用不当所产生的激励陷阱和考核陷阱。

进入 20 世纪 50 年代，以知识经济和服务业为主要特点的第三次工业革命初见端倪，“知识工作者”在企业中的比例大规模增加，企业开始认识到，衡量个人对团队和组织绩效的贡献已经超过了衡量个人独立贡献的重要性。

到了 20 世纪 70 年代，行为心理学研究获得迅速发展。1973 年，心理学家戴维·麦克利兰（David McClelland）提出了胜任力的概念，为评估定性的行为提供了理论基础，KBI 的概念由此被提出，许多比较先进的企业开始用 KBI 来平衡过度量化的 KPI 考核工具。

KBI 通常与核心胜任力框架一起使用。该框架定义了企业成功所需的知识、技能和胜任力。专注于 KBI，企业可以通过行为能力来识别和培养高绩效员工，并提高团队和组织的整体绩效。从 20 世纪 70 年代开始，经过几十年的实践，人们已经逐步总结出一套普适的、优秀企业常用的面向员工的 KBI 考核维度。

只要你对优秀企业绩效管理有充分的了解，就会发现优秀企业对 KBI 的基本定义和运用逻辑有高度的相似性。正如一句话所说：“优秀企业的管理逻辑都是相似的。”如果是同行业的头部企业，它们的 KBI 甚至有高于 90% 的相似性。这就是我们将之称为“普适的个人 KBI”的主要原因。值得强调的是，KBI 也是企业化文化的重要组成部分之一。

前人的思考是我们的阶梯。所以，将巨人肩膀上的成果为我所用，不失为一个可以借鉴的捷径。企业完全可以通过了解其他优秀企业的做法，结合自己的特点，削足适履地打造出本企业的 KBI 考核维度。

正如轮子是前人发明的最省力的运动工具，所以汽车厂家不需要重新设计轮子；健康的企业资产负债率一般为 40% ～ 60%，所以企业不需要再去考证新的资产负债率；如果从肚脐到脚底的距离和头顶到脚底的距离之比约等于 0.618，就是标准的人体身材；如果从眉毛到脖子的距离和头顶到脖子的距离之比是 0.618，就是标准的美丽脸庞。就算牛顿的万有引力也不是简单的苹果落地的演绎，而是如牛顿所说："如果我比别人看得更远一点，是因为我站在巨人的肩膀上。"

以上这些举例都说明了一个道理，世界上存在着很多普适的规则、定律和方法，我们要善于发现和运用它们，而无须"车轮再造"。我反复强调"普适"的原因，是不想把考核问题变得复杂化，因为头部或优秀企业的 KBI 确实是高度一致的。

我们反复提到优秀企业，是因为有些非常优秀的企业不一定是行业的头部企业，但只要它们的"三费率"非常健康，它们也是非常优秀、小而美的企业（我们会在第 8 章讨论成果分配的章节中详细讨论"三费率"）。

接下来，我们来看看普适的个人 KBI 是如何架构的。

普适的个人 KBI 考核体系，一般是由 3 个维度的 14 个核心胜任力因素组成的，每个核心胜任力因素又由若干个 KBI 组成（见图 6-1）。我们先了解一下专业维度、商业维度、管理维度这 3 个维度。你或许会问：为什么是这 3 个维度？

首先，企业的每一个岗位都要术业有专攻，企业里的每位员工必须是他们所处岗位的专才而不是通才，企业关注的是每位员工把事情做到极致的能力，员工越专业化，价值也就越高，这就是专业维度。GPT 之所以能迅速被所有企业积极拥抱，就在于它的专业化程度比人类高出太多。国际货币基金组织表示，发达国家企业 1/3 的岗位将会被 AI 代替，这个比例在欠发达地区是 1/5。这是因为在发达国家企业中，白领占大多数，而白领就是“知识工作者”或专业人员的代名词。

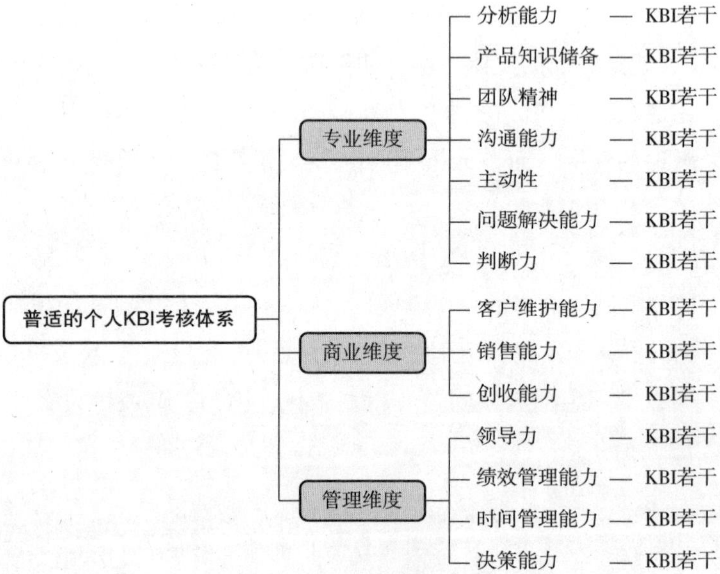

图 6-1 普适的个人 KBI 考核体系

其次，除了专业化，他们必须具有极强的商业敏锐度和创客能力，它关注的是每位员工把业务做到极致和把客户服务好的能力，这属于商业维度。

最后，为了企业的规模化和可持续性，每位员工必须具备管理生产要素的能力，它关注的是每位员工都能将这些生产要素形成最佳组合的能力。比如对人的管理、对时间的管理、对信息的管理和对资本等要素的管理，这些都属于管理维度的范畴。

在这样的考核体系里，个人的考核从低维 KPI 变成了 KBI。这样设计的目的，就是确保个人的正确行为能够最大限度地支持企业和部门高维 KPI 的达成。正如本章开头的举例，个人 KBI 有效地支持了企业提高客户满意度的战略目标的达成。

各维度普适的核心胜任力示例

如图 6-1 所示，每一个维度都由若干个核心胜任力因素组成。这些核心胜任力因素组成了一个专业人员所需要的全部素养，比如分析能力、销售能力、领导力等。

有些读者可能会问胜任力与能力的区别是什么？胜任力和能力在日常语境中经常被交替使用，但在管理和人力资源领域，它们有着细微但又非常重要的差别。例如，一名教师可能具有教学的能力，即了解教学理论并能够管理课堂。但他的胜任力（包括他与学生的互动、激励学生的能力、对学生的理解和同情心以及维持课堂积极氛围的能力）才是决定他是否能成为一名优秀教师的关键。

能力回答的是“某人是否能做这件事”的问题，通常是指个体完成工作或任务所需的技能、知识和技巧的组合。它涉及理解和应用知识、展示技能以及运用技巧来解决问题，更多地关注个体层面的具体技术或操作能力。胜任力回答的则是“某人是否能做好这件事”的问题，是更宽泛的概念，它不仅包括完成工作所需的基本能力，还涵盖了个人的行为特征、态度、个性和价值观等。胜任力强调的是个人在特定环境或工作角色中表现出来的综合素质和长期稳定的行为特征。因此，一个人可能具有完成任务的能力，但是否能够胜任这项工作并取得卓越成绩，还需要考虑其胜任力的方方面面。

处于激励的 L4 和 L5 层次的企业的考核体系里有 7 ～ 14 个核心胜任力分布在 3 个维度里，我们来具体说说它们分别是什么。

专业维度包含 7 个核心胜任力，分别是：

- 分析能力。
- 产品知识储备。
- 团队精神。
- 沟通能力。
- 主动性。
- 问题解决能力。
- 判断力。

如果一个人具备分析能力、熟悉本岗位的产品知识、具备团队合作精神、善于沟通、做事主动、能够解决问题并具有很好的判断力，那么他就是一个合格的专业人士了。

商业维度包含 3 个核心胜任力，分别是：

- 客户维护能力。
- 销售能力。
- 创收能力。

在具备专业维度核心胜任力的基础上，如果一个人有极强的建立维护客户关系的意识、销售能力和创收能力，那么他就是一个适合在企业长期发展的专业人士。

管理维度包含 4 个核心胜任力，分别是：

- 领导力。
- 绩效管理能力。
- 时间管理能力。

- 决策能力。

管理能力是每一个人必须具备的能力，无论你是管理者还是普通员工。

优秀企业对这 14 个核心胜任力的每一条都有若干个非常详细的 KBI 描述。这里提供一个较详细的示例供参考。

专业维度

- **分析能力**：
  - 善于从一堆信息里找出重点，看出事物之间的联系和发展的趋势。
  - 当问题很复杂时，能够一步步厘清思路，找出明智的应对之策。
  - 会设定几种可能的情况，然后用数据和工具来检验这些想法，从而做出好的决策。
  - 使用各种方法和工具来处理难懂的数据，并能简单明了地向别人解释结果。
- **产品知识储备**：
  - 对本企业产品了如指掌，知道它们的好处和不足、在哪些地方能派上用场等，还能给客户提建议。
  - 明白本企业产品在市场上的位置，知道竞争对手是谁，以及行业在往哪个方向发展。
  - 利用对产品的了解去发现新的销售机会，并能向潜在客户清楚地介绍产品的价值。
  - 根据客户的反馈向上级提出如何改进产品的建议，使产品在市场上更有竞争力。
- **团队精神**：
  - 在团队中主动分享信息和资源，共同努力达成团队的目标。
  尊重和支持团队里的每一个人，推动大家积极沟通，营造开放的氛围。

- 当团队遇到难题时，能够带头解决，激发大家的积极性和创造力。
- 当大家有不同意见时，能够帮助调和，找到大家都能接受的方案，共同向目标努力。

● 沟通能力：

- 不管是口头还是书面，都能清楚、准确地传达自己的想法。
- 善于倾听别人的观点，并进行有效的双向交流。
- 能够适应不同的交流方式和文化差异，确保沟通无误。
- 遇到紧张或冲突的时候，能够用沟通技巧缓和气氛，并解决问题。

● 主动性：

- 不需要别人催促，自己就能发现并开始解决工作中的问题。
- 能够提前看到可能出现的问题，并主动提出解决办法。
- 工作中充满热情和动力，自发地承担责任，提高工作效率。
- 如果发现流程有问题，会自己想办法改进，让工作更顺畅。

● 问题解决能力：

- 遇到困难时能保持冷静，有条不紊地找出问题所在，然后解决它。
- 能用手头的资源（比如技术和人脉）来找解决问题的方法。实施解决方案，并跟进效果的显现，确保问题被彻底解决。
- 思维创新，不只能找到常规的解决方法，还能想出新招来处理更棘手的问题。

● 判断力：

- 即使信息不全或时间紧迫，也能迅速做出明智的决策。
- 能够衡量不同选择的好坏，并预测可能的结果。
- 面对复杂和不确定的情况时，能理性评估风险，避免偏见，做出客观的选择。
- 考虑到不同选择的利弊，权衡短期和长期的影响，做出对团队和组织最有利的决策。

商业维度

- 客户维护能力：
    - 与客户交流就像和朋友交流一样，始终保持真诚和开放，这样可以赢得客户的信任和尊重。
    - 仔细倾听客户的话，了解他们的需求和不满，然后提供符合他们期望的服务或产品。
    - 定期和客户聊天，关心他们，确保他们对你的服务或你提供的产品感到满意，这样他们就会一直回来。
    - 如果维系客户关系时出现问题，要迅速找到解决方案，并从中学习，以避免同样的问题再次发生。
- 销售能力：
    - 了解市场和客户的想法，然后制订一个能赢得比赛的销售计划，包括合理定价和选择最佳销售渠道。
    - 熟练地讲述你的产品故事，强调它的亮点和与其他产品的不同之处，以说服客户购买。
    - 在销售时展现出强大的谈判技巧，既要确保企业能获得利润，也要照顾到客户的想法。
    - 始终关注你的销售进度，必要时调整策略，确保达成或超出销售目标。
- 创收能力：
    - 实现个人和团队设定的目标，并准时汇报。
    - 确保个人目标与企业战略一致，并能够量化和评估绩效与成果。
    - 持续追求卓越，超越设定的目标并提高绩效水平。
    - 主动寻找创新和改进机会，以提高工作效率和质量。

管理维度

- 领导力：
  - 明确你的团队目标，激发大家的热情，让他们知道你们要做什么。
  - 做队员的助力者，鼓励团队成员，给他们提供成功所需的工具和支持，帮助他们成长。
  - 选择合适的人才，创造一个多元化且合作无间的团队氛围。
  - 通过自己诚实、负责、坚忍的行为，给团队树立一个好榜样。
- 绩效管理能力：
  - 和员工一起确定清晰的工作目标，并确保这些目标是切实可行的。
  - 经常性地观察员工的表现，并提供帮助性的反馈，让他们知道怎样可以做得更好。
  - 发掘员工潜力，给他们提供学习和成长的机会，提升他们的能力。
  - 公正地评估员工的成果，确保评价过程公开和透明，并且和奖励或改进措施紧密相连。
- 时间管理能力：
  - 识别哪些任务是最重要的，以合理安排时间。
  - 制订详细的工作计划，设定短期和长期目标，并确保有足够的资源，以按时完成目标。
  - 使用各种方法和技巧（比如设定截止日期、自我激励）来避免延迟完成任务。
  - 经常回顾自己的时间是怎么分配的，确保把时间花在最重要的事情上。
- 决策能力：
  - 在做选择前，搜集足够的信息，让决策建立在全面的数据上。

- 考虑每个选项可能带来的好处和风险，做好风险管理。
- 用批判性思维来分析问题、查找漏洞，以做出合理的判断。
- 想象每个决策选项可能带来的结果，预测它们可能对个人、团队和整个组织的长期影响。

每个核心胜任力用 4 个或以上的 KBI 来呈现，公司也可以根据实际情况调整 KBI。KBI 的描述可长可短，我们再以沟通能力、领导力举例说明。

- 沟通能力：
  - 能够清晰简洁地表达自己。
  - 能够有效倾听和理解他人。
  - 能够做到闭环沟通。
  - 善于及时分享工作信息。
- 领导力：
  - 能够激励和鼓舞他人。
  - 能够制定和执行战略。
  - 能够建立和维持积极的人际关系。
  - 能够设立清晰的目标。

阿里巴巴的 KBI 也相对简短，比如，关于“客户至上”的 KBI 描述也是 4 个，着重点有阿里巴巴的特色：

- 心怀感恩，尊重客户，保持谦和。
- 在与客户交流的过程中出现问题时，即使不是自己的责任，也不推诿。
- 站在客户立场思考问题，把客户价值当成我们最重要的 KPI。
- 洞察客户需求，探索创新机会。

核心胜任力的 KBI 与关于客户至上的 KBI 在字面描述上不尽相同，但是都是根据企业预期行为来制定的。

用什么 KBI 来描述某一个核心胜任力并没有科学的范式，这也是 KBI 的优势之一。但是，每个 KBI 必须以动词开头，因为它是行动指标。比如，“他的沟通能力非常好”就不如这样的描述来得明确有力：“他每次都能够及时、主动地与团队和工作相关者保持充分沟通，共同分享有用的信息，并确保信息的一致性；善于以口头或书面的形式清晰地表达想法，并能通过正式及非正式的途径来完成复杂的沟通，从而达到解决问题的目的；每次完成上级交代或同事委托的任务以后，都能及时、准确和完整地完成闭环沟通，确保任务下达者知晓全过程。”

同理，如果你对某人的领导力的描述只是简单的一句“他是一位好领导”，那这也是一个不合格的描述，因为缺少行为描述。合格的描述应该是这样的：“他是一位有能力的领导者。他为人公道，不带偏见，总是能够给团队制定明确的目标和行动方向，同时对团队的工作要求严格，标准极高，让我们受益匪浅。另外，他面对困难从不回避，敢于承担责任。他也是遵守公司政策的好榜样。”这样描述某人的领导力强，就非常丰满了，因为有很多的行为描述能让评估督导迅速了解被评估者的领导力处于什么样的水平。

激励的法则
The Art of Motivation

需要强调的是，在奉行过程主张指导理念的企业里，同一家企业，针对全体人员的 KBI 考核维度是完全一样的，无论你是在前台、中台还是后台，一般不会出现前、中、后台 3 套 KBI 考核维度的现象。所以优秀企业只有一套基于 KBI 的考核维度，我们也可以称之为公司倡导的全员核心行为指标。

举例来说，销售能力在任何企业都是一个核心胜任力，因为企业希望员工无论是在业务部门还是在后台部门，都必须具备此能力。如果你在业务部门，就必须具备能够把产品销售给外部客户的能力；如果你在后台部门（如人力资源部门），就必须具备把一个想法和方案推销给管理层的能力。读到这里，如果你倾向于过程主张的指导理念，就要开始思考如何才能把这个过程主张的理念推销给管理层，并获得他们的支持。

在优秀企业里，这些核心胜任力也是招聘新员工的行为衡量标准。候选人通过基于对这些行为能力进行考查的面试加入企业，然后就要开始接受这方面的培训，并被告知他们的日常和年终考核将基于这些行为能力展开。经过年复一年的考核培训，全体人员会更清楚地理解企业所倡导的核心胜任力到底是什么。试想一下，企业如果按照核心胜任力招聘、激励、培养和保留员工，人才密度就会越来越高。

我曾经给摩根士丹利派来的外籍董事总经理进行 360 度绩效考核培训，那时，外籍董事总经理说他在摩根士丹利每年都参加 360 度绩效考核培训。当然，由于董事总经理的业务非常忙，培训一般都是根据他们的时间一对一进行的。这样做其实也有好处，他们的身心更加放松，沟通也就更加全面。

本章列举了 14 个核心胜任力，但并不代表企业必须严格按照这 14 个核心胜任力来设立 KBI 考核维度，这些核心能力可以增减，我倾向于减而不是增。但是无论增加或减少，都必须保证几个关键的核心胜任力的存在：分析能力、产品知识储备、沟通能力、团队精神、销售能力、领导力、绩效管理能力。

分析能力和产品知识储备能确保每位员工都是合格的岗位从业者；沟通能力和团队精神能确保每位员工成为让团队 1+1 ＞ 3 的一分子；销售能力能确保每位员工无论在哪个岗位上，都具备销售的意识和能力，这是企业员工所必须具备的能力之一；领导力和绩效管理能力能确保每位员工具备管理生产要素的能力，如果是管理者，还要具备管理团队绩效的能力。

读到这里，认真的读者可能会问：考核了胜任力还需要考核员工的能力吗？我的回答是，企业专注于考核员工的胜任力即可，能力是面试要考核的部分，胜任力是 KBI 考核要解决的问题。比如，对一名财务人员来说，是否会记账是能力或技能问题，但是不是一名优秀的、有潜力的财务人员，就要看 KBI 考核的结果了。年底时，企业一般不会考核该员工是否会记账，因为面试的时候就已经考核了这个技能，但是企业会通过胜任力来考核这名员工是不是一名优秀的和有潜力的财务人员，比如，其沟通行为、团队合作行为、主动性行为、领导力行为等是否符合公司所提倡的 KBI。

The Art of Motivation 激励的思考

1. 请你结合本章所学高维 KPI 的概念，尝试分析一下自己所在的企业的 KPI 考核维度，看看哪些属于高维 KPI，哪些属于低维 KPI。然后开始思考在今后的管理实践中，要如何使用高维 KPI 和低维 KPI。

2. 你所在的企业目前有多少考核体系？如何通过“3+14”的 KBI 考核体系来化繁为简？

第 7 章

考核方法：高质量落地 KPI 和 KBI

在第 6 章中，我们讨论了可持续激励体系财务维度中的考核要素，在这一章，我们讨论一下“一体两翼”可持续激励体系财务维度里的第 3 个要素——考核方法。考核维度回答的问题是“用什么来考核”；考核方法回答的问题是“如何考核”。例如，我们用什么来考核销售人员？可以用诸如销售额、客户满意度和市场份额这些 KPI。如何考核这些 KPI 呢？可以通过量化的方法来收集和分析这些数据。比如，销售额可以通过销售记录或财务报表来收集，客户满意度可以通过客户满意度调查或客户反馈来收集，市场份额可以通过市场研究或行业报告来收集，等等。

本章重点关注以下几个问题：结果主张的企业都有哪些典型的考核方法？这些考核方法的主要特点是什么？过程主张的企业是如何设立和下达有质量的 KPI 的？如何正确地使用 KBI 行为考核工具？

结果主张的 KPI 考核：以复杂应对复杂

结果主张的考核特点有三个。

第一个特点：重视量化。前文提到过，可量化的 KPI 是结果主张的典型考核特点，业务部门如此，职能部门也都有各自的可量化指标。量化的目的是为公式化提供可以测算的因子。为了短期结果而量化一切指标是可以接受的，但长期来看肯定是不妥的，除非企业不想成为行业的头部企业。

第二个特点：将个人薪酬与个人 KPI 直接挂钩。将个人薪酬与个人 KPI 直接挂钩是最直接的激励方法，被多数企业青睐。这一激励方法的好处是短期激励非常强，类似百米跑，但是，可能导致员工之间产生不公平竞争的现象，从而影响团队合作。就像在篮球比赛中，如果队员的奖金与进球数直接挂钩，就会导致队员只顾自己的进球数而忽视团队成员之间的配合。将个人薪酬与个人 KPI 直接挂钩，是 KPI 考核总是不尽如人意的主要原因之一。

第三个特点：多种考核体系并存。根据我的观察，一家结果主张的企业，至少拥有或打算拥有多套并存的考核体系：

- 一套高管考核体系。
- 一套其他人员的考核体系。
- 一套超额完成 KPI 的考核体系。
- 一套根据各部门特点打造的考核体系。
- 一套给每一个产品设计的特定的考核体系。

一位猎头曾经告诉我，某家有一定规模的面包糕点连锁企业，不仅对员工有一套 KPI 绩效考核公式，而且针对每一款产品还有一套 KPI 考核公式。一家有一定规模的面包糕点连锁企业有 100 个以上的产品，这意味着这家企业至少有 100 多个 KPI 考核公式。这家企业一年内换了 5 个人力资源总监，最后猎头实在找不到适合的新人加入，也就放弃了做这家企业的生意。不仅企业落入了 KPI 陷阱，猎头一不小心也落入了企业设立的 KPI 陷阱，差点沦为该企业“赚流量不赚钱”的外包招聘部门，一年招聘 5 个人，但是只能收到一个人的猎头费，猎头的投入产出比被客户拖累了。看到这里，你可能就理解了为什么优秀企业会挑选客户，并不是谁都可以成为优秀企业的客户。

而导致多种考核体系并存的原因之一，就是企业还处在激励理念迷失阶段，总是在通过“打补丁”的方法来解决接踵而至的绩效管理问题。

了解了结果主张的考核特点，我们再来看看结果主张都有哪些考核方法。我们讨论了企业激励场景里结果与过程的演绎，列出结果主张的考核方法，是为了让有智慧的管理者更好地想清楚企业激励考核的方向。

公式化

结果决定一切，所以员工的价值和岗位的市场价格也是由考核公式来决定的。员工更多地被定义为“企业人”而不是“市场人”，因为在考核公式里，岗位的市场价格一般都不会作为公式中的考量因子。

考核公式会根据个人 KPI 指标，设计一套以固薪为基础，以业绩目标达成率和岗位序列为系数的计算公式，权重系数也会根据需要被加入公式化的计算中。

举一个比较典型的计算个人基本年薪收入的考核公式案例：

个人基本年薪收入 = 年度固薪 +（年度固薪 × 业绩目标达成率）

为了加大激励力度，有些企业又增加了超额奖金因子。因此，在个人基本年薪收入的基础上，又增加了一个计算个人年薪总收入的公式：

个人年薪总收入 =（个人基本年薪收入 + 超额奖金 × 岗位序列系数）× 调节系数

假如个人基本年薪收入是500 000元，超额奖金是100 000元，岗位序列系数是2，调节系数是1.1，那么，个人年薪总收入=（500 000+100 000×2）×1.1=770 000元。

凡事都是一分为二的，公式化的最大优势是被考核者无法推翻考核的结果，即使对结果不满意也很难反驳，这难道不是许多企业管理者想要的吗？这让管理者规避了真正有挑战的过程管理。如果你是一个厌恶细节的“甩手掌柜”型管理者，将一切公式化可能会是你的最佳选择。这无可厚非，但企业为此付出的代价也是显而易见的，代价之一就是公式化的奖金计算方法会人为地给每位员工的奖金设限，不利于最大限度地发挥个体能动性，卓越的人很难在公式化的激励框架里充分发挥个人的创新力和主观能动性。这种可预见的个人年薪总收入也不利于吸引优秀人才加入，也就很难增加企业的人才密度。

KPI人均法

所谓KPI人均法，就是将总KPI拆分的一种方法，即将总KPI目标按照员工的初、中、高级别划分出每一个级别的KPI人均目标，然后用每一个级别的人数乘以该级别的KPI人均目标，就可以得出该级别的总KPI目标。

举例说明，一家企业有10名销售员工，其中3名为初级员工，4名为中级员工，3名为高级员工。按照KPI人均法，可以将总KPI目标按照员工的初、中、高级别划分出每一个级别的KPI人均目标：

- 初级人员有40 000元的KPI人均目标。
- 中级人员有50 000元的KPI人均目标。
- 高级人员有60 000元的KPI人均目标。

然后，用每一个级别的人数乘以该级别的KPI人均目标，得出该级别的总 KPI 目标：

- **初级**：3×40 000 = 120 000 元。
- **中级**：4×50 000 = 200 000 元。
- **高级**：3×60 000 = 180 000 元。

因此，该企业在现有人员的基础上制定的总 KPI 目标为 120 000+200 000+180 000=500 000 元。而该企业的最初总 KPI 目标为 100 万元，为了补上 50 万元的差额就要增加对应级别的人数，这就是典型的将人员数量当作业绩增长的一个因变量的线性思维方式，容易误导管理者，使其认为人员越多业绩越高。遗憾的是，许多企业在制定部门总 KPI 目标的时候，经常会使用人数与 KPI 人均目标之比的这一线性思维。他们采用的公式是：

部门总 KPI 目标 = 部门各职级人数 × 与职级相关的 KPI 目标

如果部门总 KPI 目标没有达到公司的预算，就通过增加人员的方式来满足目标设立的要求，这样的方法被称为“线性思维目标设立法”。它的缺点有以下几条：

- 人为地将 KPI 封顶。
- 限制了每位员工发挥潜能的空间，尽管初级人员目前可能经验有限，但他们的潜力并不一定逊色于中级或高级人员。
- 由于每个人的 KPI 是固定的，将薪酬限定为不超过个人 KPI 的特定百分比的做法不可避免地排除了一些表现优秀的人才。
- 用增加劳动力的方式增加销售额是一种人力成本最大化的线性管理方法。

你可以试着通过表 7-1 寻找 KPI 人均法的局限性。

表 7-1 KPI 人均法

总 KPI 目标（元）	1 000 000
KPI 人均目标（元）	
初级 KPI 人均目标	40 000
中级 KPI 人均目标	50 000
高级 KPI 人均目标	60 000
现有人数（人）	10
初级人员数	3
中级人员数	4
高级人员数	3
各级别的总 KPI 目标（元）	500 000
初级目标	120 000
中级目标	200 000
高级目标	180 000
与目标差额（元）	500 000
需要增加人数（人）	5
初级人员数	2
中级人员数	2
高级人员数	1
系数	
超额系数	120
达标系数	100
失标系数	按实际达成率

如果一家企业能够简单地通过增加劳动力来提升效率，那将是非常理想的。然而，现实情况并非如此简单。经济学中有一个著名的法则被称为“边际效用递减”，该法则告诉我们，在某个因素不变的情况下，增加该因素的使用量将导致边际效用递减。

举个例子，一个家庭通常不会购买三辆车，这是因为第一辆车可以提供许多便利，所以它的边际效用很高；第二辆车可能带来一些额外好处，比如家庭成员可以同时出行，摆脱单双号限行的困扰，不过相较于第一辆车，第二辆车的边际效用开始降低了；而购买第三辆车对许多家庭来说边际效用几乎为零，反而还会增加维护、保险和停车等额外成本。根据边际效用递减法则，家庭会发现边际效用递减达到了成本超过潜在好处的程度，因此大多数家庭通常不会购买第三辆车。

德鲁克认为，将边际效用应用到人类的需求分析上，是人本主义心理学之父马斯洛的一个非常深刻且持久的洞见。马斯洛指出，人类的需求分不同层次，低级别的需求得到满足后，重要性会逐渐削减，而较高一级的需求会变得越来越重要。

回到企业的情境中，当劳动力最初添加到生产过程中时，就会与其他要素（例如资本和土地）结合，快速提高总产量。然而，随着劳动力投入的继续增加，产出与劳动力的比例会变小，导致每单位劳动力的边际产出递减。随着劳动力投入的不断增加，边际产出下降，从而导致生产效率下降（见图 7-1）。

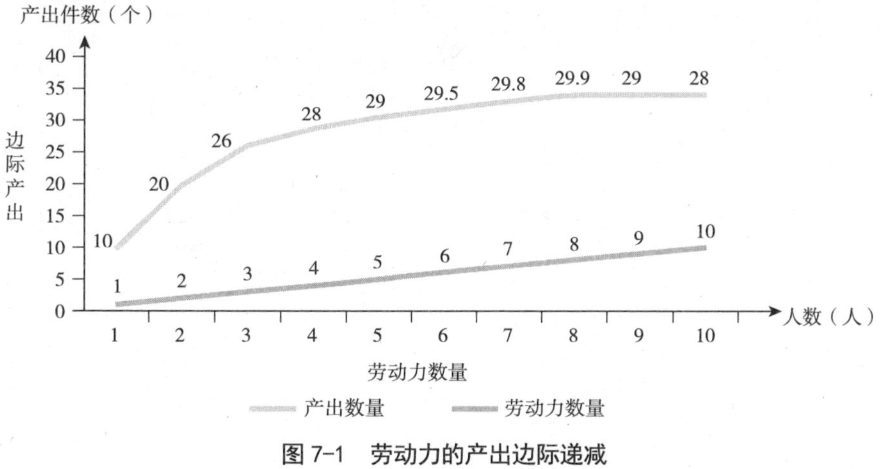

图 7-1　劳动力的产出边际递减

KPI 阶梯系数法

KPI 阶梯系数法就是将总 KPI 目标分拆成阶梯等份，每一等份有一个计算奖励的系数。比如，给个人 KPI 目标设立一个区间范围，20 000 元～180 000 元，然后再给每一个目标设立初级、中级、高级人员系数。比如，针对 20 000 元 KPI 目标的初级、中级、高级人员系数分别是 2.8%、3.5% 和 4.0%。然后管理者可以根据每一级别的人员 KPI 达成情况统计出每个人的激励收入。计算公式是：

个人收入 = 基薪 + 个人 KPI 目标 × 级别系数

举个例子可能更容易理解：某个初级人员的基薪是 5 000 元，个人 KPI 的月度目标是 20 000 元，对应的职级系数是 2.8%。如果达成目标，他的月度收入为：5 000+20 000 × 2.8%=5 560 元。

这个方法的优点是，可以拉开同基薪人员因为达成业绩能力的不同，而获得不同奖励的差距，同时也开始考虑人力成本的因素。与 KPI 人均法相比，这一方法有先进性，但还是对个人的收入进行了封顶。表 7-2 至表 7-5 可以帮助你更好地理解 KPI 阶梯系数法。

表 7-2　绩效系数汇总表

KPI 阶梯化（元）	初级系数（%）	中级系数（%）	高级系数（%）
20 000	2.80	3.50	4.00
40 000	3.80	3.60	4.00
60 000	3.00	3.70	4.00
80 000	3.60	3.80	4.00
100 000	3.65	3.85	4.00
110 000	3.70	3.90	4.00
120 000	3.75	3.95	4.00
130 000	3.80	4.00	4.25
160 000	3.85	4.20	4.50
180 000	4.00	4.50	5.00
1 000 000			

表 7-3 初级人员绩效工资汇总表

KPI 阶梯化（元）	初级系数（%）	个人 KPI（元）	基薪（元）	基薪加绩效（元）
20 000	2.80	560	5 000	5 560
40 000	3.80	1 120	5 000	6 120
60 000	3.00	1 800	5 000	6 800
80 000	3.60	2 880	5 000	7 880
100 000	3.65	3 650	5 000	8 650
110 000	3.70	4 070	5 000	9 070
120 000	3.75	4 500	5 000	9 500
130 000	3.80	4 940	5 000	9 940
160 000	3.85	6 160	5 000	11 160
180 000	4.00	7 200	5 000	12 200
1 000 000				86 880
		薪酬成本 / 收入		9%

表 7-4 中级人员绩效工资汇总表

KPI 阶梯化（元）	中级系数（%）	个人 KPI（元）	基薪（元）	基薪加绩效（元）
20 000	3.50	700	6 500	7 200
40 000	3.60	1 440	6 500	7 940
60 000	3.70	2 220	6 500	8 720
80 000	3.80	3 040	6 500	9 540
100 000	3.85	3 850	6 500	10 350
110 000	3.90	4 290	6 500	10 790
120 000	3.95	4 740	6 500	11 240
130 000	4.00	5 200	6 500	11 700
160 000	4.20	6 720	6 500	13 220
180 000	4.50	8 100	6 500	14 600
1 000 000				105 300
		薪酬成本 / 收入		11%

表 7-5　高级人员绩效工资汇总表

KPI 阶梯化（元）	高级系数（%）	个人 KPI（元）	基薪（元）	基薪加绩效（元）
20 000	4.00	800	7 000	7 800
40 000	4.00	1 600	7 000	8 600
60 000	4.00	2 400	7 000	9 400
80 000	4.00	3 200	7 000	10 200
100 000	4.00	4 000	7 000	11 000
110 000	4.00	4 400	7 000	11 400
120 000	4.00	4 800	7 000	11 800
130 000	4.25	5 525	7 000	12 525
160 000	4.50	7 200	7 000	14 200
180 000	5.00	9 000	7 000	16 000
1 000 000				112 925
		薪酬成本 / 收入		11%

值得一提的是，KPI 人均法和 KPI 阶梯系数法的共同特点是没有解决好如何决定总 KPI 目标的问题，并且人为地将每个人的业绩封顶了。

看完以后是不是感觉很复杂？结果主张的考核方法，确实有高度的复杂性和多样性。毫不夸张地说，市场上有多少家企业实行结果主张指导理念，就有多少考核的方法和工具。不断调整考核方法和工具是结果主张企业的特点之一，前文的例子应该只是沧海一粟。但是，如果企业管理者能够发现上面的方法有一定参考作用，完全可以根据自身企业的特点做出调整和修改。这确实还是验证了前文已提出的那句话："优秀企业的激励体系都是相似的，普通企业的激励体系各有各的不同。"

了解结果主张的企业的 KPI 考核特点和方法，会对我们理解过程主张的考核方法有启发。我们现在来讨论一下，过程主张的企业是如何制定有质量的 KPI 的。

过程主张的 KPI 考核：客观目标带来激励感和拥有感

坚持客观性原则是制定有质量的 KPI 的关键，越客观的目标越能让员工有激励感和拥有感，下面介绍两套能够相对比较客观地制定 KPI 的方法。

历史数据沿革法

所谓历史数据沿革法，就是将企业过去 3 年的销售业绩或其他目标（如经营利润率等），按照时间顺序罗列出来，看看每一年业绩增长或下降的趋势。这里介绍两种历史数据沿革法供读者思考和参考。

第一种，企业销售业绩和人均销售业绩法。

管理者通过企业过去 3 年的业绩数据，基本就能制定第 4 年大致的销售业绩目标。由于每年销售人员的数量不尽相同，所以将每年的人均销售业绩也统计出来，看看人均销售业绩的上升或下降趋势，这样操作后，新的业绩目标的大致额度就形成了。用这样的方法制定的 KPI 相对客观，员工和企业都比较容易接受，因为它来自客观历史数据。我们举例说明一下，一家企业过去 3 年的销售业绩如表 7-6 所示。

表 7-6　某企业过去 3 年的销售业绩

年份	企业销售业绩（万元）	人均销售业绩（万元）
2021	1 000	50
2022	1 200	60
2023	1 500	75

从表 7-6 中可以看出，该企业的销售业绩和人均销售业绩在过去 3 年呈上升趋势。因此，管理者可以将 2024 年的企业销售业绩目标设定为 1 800 万元，即比 2023 年增长 20%。另外，管理者可以将 2024 年的人均销售业绩目标设定为 80.25 万元，即比 2023 年增长 7%。

聪明且市场化的企业还会在拿到对标企业的同类 KPI 并进行比较后，再制定本企业的 KPI。把本企业的人均产出与市场对标企业的人均产出进行比较后制定本企业的 KPI 是一个很客观的方法。这个 KPI 是有质量的 KPI，可以量化但是不可拆分，它们一旦被制定出来后就会保留在公司或部门层面，专门用来考核管理者。这就是我们之前提到的高维 KPI。

第二种，门槛目标设立法。

管理者仍然是用过去 3 年的数据设立下一年的门槛目标，具体做法如下。

如果上一年的实际业绩结果小于目标值，那么比较过去 3 年的平均目标值和平均实际业绩结果值，并选择最高值为下一年的目标值、选择最低值作为下一年的门槛目标值。

如果上一年的实际业绩结果大于目标值，那么将最低值设定为上一年的目标值和实际业绩结果的平均值，然后计算下一年门槛目标值，即最低值 ×（$1+x\%$）。

举例说明，假设企业去年设定的业绩目标值为 100，实际业绩结果为 90，前 3 年的平均目标值为 95，平均实际业绩结果值为 85。

情况 1：上一年的实际业绩结果小于目标值（90 ＜ 100），根据规定，我们需要比较过去 3 年的平均目标值和平均实际业绩结果值，并以最高值为目标、最低值为门槛。这里的最高值是 95，最低值是 85。那么，明年的目标值将设定为 95，门槛目标值为 85。

情况 2：如果去年的实际业绩结果大于目标值（110 ＞ 100），根据规定，我们需要计算最低值，即去年目标值和实际业绩结果的平均值。在这个例子中，最低值为（100+110）÷ 2=105。然后，根据设定的百分比增长率计算明年的门槛目标值。如果董事会要求增长率为 10%，那么明年的门槛目标值为 105×（1+10%）=115.5。

倒推法

第一种，税息折旧及摊销前利润（EBITDA）倒推法。

为什么 EBITDA 是一个好的高维 KPI？ EBITDA 表示的是企业未扣除利息、税项、折旧及摊销这些成本前的利润收入。EBITDA 是很有意义的指标，它的存在意味着企业有经营性现金净流入，说明企业如果有偿贷义务，就已具备还本付息的能力。这个方法比较适用于那些还没有历史销售业绩的企业，或者开始尝试转变到过程主张指导理念的企业。

一家企业如果有足够的融资性现金流，那么将营业额设为高维 KPI 会比较合理，因为增加营业额能让企业快速地形成规模化优势，快速地提高产品的市场占有率，从而能将潜在竞争者消灭掉，为本企业挖出一道深深的“护城河”。一家企业如果没有稳定的融资性现金流，那么生存就成为第一目标了，生存的前提就是要有足够的 EBITDA 或利润。只有达成了这些高维 KPI，企业才能拥有健康的经营性现金净流入。那么，企业要保留多少利润或 EBITDA，才是合理的高维 KPI？企业可以通过“三费率”倒推出所必须获得的目标利润率，或者目标 EBITDA。

“倒推”是关键词，因为倒推的前提是确保员工的薪酬有市场竞争力、企业的经营费用在可对标市场的费用范围内。倒推的工具就是“三费率”。如一家企业的 EBITDA 为 5 000 万元，利息费用为 2 500 万元，则 EBITDA 利息覆盖率为 2，那么银行会认为这家企业有足够的现金流来支付利息费用，于是就会比较容易持续贷款给这家企业。至于“利息覆盖率达到多少企业才会比较健康”的问题就属于管理经验值范畴了，利息覆盖率更是一个经验而不是科学的判断。有经验的管理者会根据行业特点找到本企业最佳的利息覆盖率数值。

如何通过 EBITDA 倒推出销售业绩呢？我们需要先了解行业的平均 EBITDA 比率。假如上述企业所处行业的平均 EBITDA 比率为 15%，则意味着该企业必须要有 3.33 亿元的销售额（5 000 万 ÷15%）。另外，企业预计市场需求将会增长 5%，则销售额目标需要调整至 3.49 亿元（3.33 亿元 ×105%），以反映市场需求增长的影响。

EBITDA 指标在商业范围内已经大量使用。支持者认为，EBITDA 剔除了那些容易混淆企业实际表现的经营费用，因此能够清楚地反映企业的真实经营状况。现在 EBITDA 已经坐稳了高维 KPI 的“宝座”，许多私募股权投资（PE）企业用它来考核被投企业的 CEO，促使 CEO 为了企业现金流而整年奔波劳碌。请记住，获取企业现金流是 CEO 的使命，如果员工无法通过个人 KPI 创造出可观的经营性现金流，CEO 有责任去获得融资性现金流或投资性现金流，来保障企业的可持续经营。

第二种，利润目标倒推法。

无历史业绩的初创企业，或有历史业绩但管理者意图改革过去的目标设定方式的企业，可以尝试用利润目标倒推法来构建企业的销售业绩 KPI。

利润是总销售额减去总成本的结果，所以首先要计算总成本。受到财务会计先入为主的影响，你可能会认为计算总成本非常复杂，但在利润目标倒推法中，我们可以从管理会计的角度来理解总成本。简而言之，总成本可分为两大类：一类是人力成本，另一类是非人力成本。因此，总成本等于人力成本加上非人力成本。接下来我们定义一下人力成本和非人力成本：人力成本包括基本工资、奖金、津贴与福利费用，而非人力成本等于总费用减去人力成本。

举例来说，根据年度预算，已知企业下一年的人力成本是 500 万元，非人力成本是 600 万元，CEO 要求企业下一年的净利润率目标大于 10%，那么企业的销售业绩 KPI 至少要达到多少？可以参考至少三种路径。

首先，我们需要明确净利润率的定义，即净利润除以总收入。假设企业下一年的销售额为 *X*，净利润 =*X*- 人力成本 - 非人力成本 =*X*-500 万 -600 万；CEO 要求净利润率目标大于 10%，则有以下不等式：

$$(X-500\text{万}-600\text{万}) \div X > 10\%$$
$$\Rightarrow X-1\,100\text{万} > 0.1X$$
$$\Rightarrow 0.9X > 1\,100\text{万}$$
$$\Rightarrow X > 1\,100\text{万} \div 0.9$$
$$\Rightarrow X > 1\,222\text{万}$$

由此可知，企业下一年的销售业绩 KPI 至少为 1 222 万元。

但是在职场上，决策会更倾向于大数法则，即怎么简单怎么来，得出一个大概的数字即可。思考逻辑大致如下：总成本是 1 100 万元，CEO 要保证 10% 的净利润，那么，在不考虑所得税的情况下，销售额至少要达到 1 210 万元，即 1 100 ×（1+10%），加上所得税，销售额要在 1 220 万元左右。

如果你熟悉 Excel 建模，那么，建立一个 Excel 模型，通过变量求解函数来测算销售额更高效，这是专业员工最常用的工具（见图 7-2）。

利润目标倒推销售额模型		
销售额（万）	1 269	变量求解项
非人力成本	600	已知项
毛利（不含人力成本）	669	销售额-非人力成本
毛利率	53%	毛利/销售额
人力成本	500	已知项
税前利润	169	毛利-人力成本
税前利润率	13%	税前利润/销售额
所得税	42	税前利润*25%
净利润	127	税前利润-所得税
利润率	10%	目标项

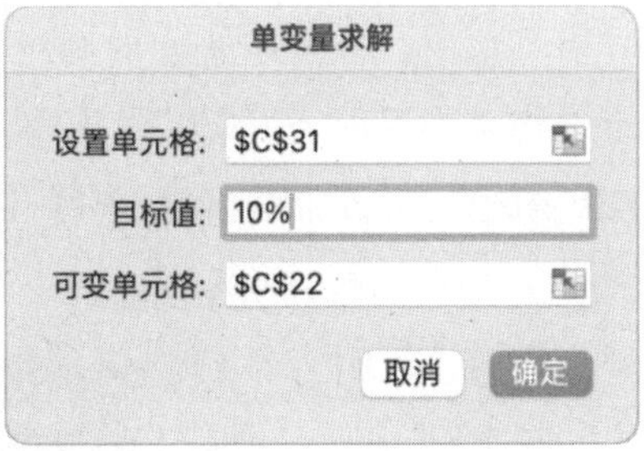

图 7-2　单变量求解

在决定公布最终的销售业绩 KPI 之前，还有一项工作非常重要！就是目标不能平庸，必须有挑战性，只有具备挑战性的目标才能达到最佳的激励效果。如何让这个 1 200 多万元的销售业绩 KPI 变得有挑战性？我们可以这样思考：要按“登月”的逻辑而不是“登房顶”的逻辑设立目标。做法就是在 1 200 多万元的初始目标的基础上增加 30% 左右的额度，即 1 200×（1+30%），大概是 1 560 万元。

为什么增加 30%？这是有讲究的。多数企业都喜欢在激励方案上设立一个 KPI 达成率门槛，这个门槛值一般是 70%，即目标达成率大于 70% 才能获得奖金。所以，将上述通过科学手段获得的销售额增加 30%，是一种合乎常理的安排。

KPI 下放：有效分解、仪式化传达

那么如何有仪式感地下达 KPI 呢？理想的状态是，企业只有高维 KPI，并只停留在 CEO 层面，而不是层层下放，员工只关注个人 KBI 即可，这已经是优秀企业的普遍做法了。但是有一些非常成功的企业，也会将企业的 KPI 层层下放，尤其是一些劳动密集型企业，如快消品行业的企业。我在这里介绍一个这类企业常用的 KPI 落地方法——目标设立分拆（TSC）方法。

这类企业的管理者在制定高维 KPI（如销售总额）时，会认真做好两件事：第一，严格遵照一个科学的、基于客观事实的历史数据和市场数据分析方法论，来制定企业的高维 KPI；第二，要严格地、公平地、有仪式感地将高维 KPI 下放到每一层级，而不能为了增加业绩压力，在层层下放 KPI 的过程中，加码 10% ～ 20%。

如何将 KBI 与 KPI 落实到每一个人是有讲究的，它们的落实方法完全不同。KBI 是企业希望员工必须具备的关键行为指标，与企业的价值观紧扣，

一般都是从上到下落地，但是企业会通过密集的宣讲让员工了解为什么需要这些行为，这些行为具体是什么及企业将如何考核这些行为。

KPI 需要企业和员工一起努力配合来达成，因此一般都是先下后上，然后由上到下、多次上上下下地落地。如果只采用从上到下的方法来下放 KPI，会让员工反感。

在这方面做得比较好的企业，会赋予财务部或人力资源部 TSC 职能。如果你所在的企业目前仍然实行结果主张的指导理念，那么赋予这些部门 TSC 职能，不失为一个折中的方案。这样既能将 KPI 下放给员工，也能让管理者大致掌握员工达成 KPI 的过程。

设置 TSC 职能的目的，就是监督 KPI 层层下放的合理性和公允性，同时也让负责的部门承担起下放完成后考核员工达成 KPI 情况的责任，在员工达成 KPI 的过程中不让团队感到自己是在孤军奋战。这样层层下放 KPI 的做法之所以可行，除了具备合理性和公允性，更重要的是它强调过程管理的理念。

所谓 TSC 法，不是简单地把一个整体目标拆分成几个小的目标（比如，把 10 亿元的销售总额拆分成 10 个 1 亿元的小目标），也不是要完成一个整体和部分的拆分任务。TSC 职能的工作要点是，让企业的每个人都能了解组织的宏大目标是什么，并通过将该目标分解为易于沟通和可跟踪的清晰任务和可交付成果，使员工 100% 确定该做什么、该怎么做和为什么做。

如何有效地在 KPI 执行中做好过程管理？下面这些工作流程可供参考。

第一步，回顾企业的使命和愿景。让员工了解工作的意义比任何事情都重要。因此，在设定任何 KPI 之前，企业需要明确每位员工都清楚未来 3 ～ 5 年内企业要实现什么目标。可以制作简短的文档，并确保每位员工人手一份。在内部沟通会议中经常提及企业目标，使员工始终将其牢记在心。一些优秀的管理者每次开会时都会高频提到企业的年度目标，比如，“这个产品的市场规模是 500 亿元，我们今年的目标是拿到 10% 的市场份额，也就是 50 亿元的销售额。”如果在每次会议上都重复这句话，在每周的 KPI 回顾会议上都评估进展情况，那么这样的过程管理就会有很好的激励效果。

第二步，用高维 KPI 来定义团队层面的 KPI。一旦确信企业中的每位员工都清楚共同的高维 KPI，就可以将企业的季度高维 KPI 层层下放到每个团队了。为了避免好高骛远，高维 KPI 不宜过多，不要超过 7 个，应限制在 5 个以内，3 个为最好，否则可能会造成混乱，让员工的注意力过于分散。每位团队负责人都应与其团队成员会面，以讨论本季度的团队 KPI。团队负责人应努力根据团队的日常运营，重新表述高维 KPI。

第三步，确立个人 KPI。这一步重要且敏感，要避免从上到下的方法论，团队成员应与团队负责人合作设定个人 KPI。例如，如果团队高维 KPI 是将销售额提高 30%，那么团队成员需要根据这个高维 KPI 设定每周的个人 KPI，如某个团队成员每周的个人 KPI 可能是拜访 5 个潜在客户等。需要注意的是，有时个人 KPI 可能是基于任务的，也可能是基于个人发展的。例如，员工可能不会设定拜访客户次数的 KPI，而是设定通过成功完成企业销售培训计划来提高销售转化率的 KPI。毕竟，拥有此类个人发展 KPI 不仅对个人有利，对企业也有百利而无一害。通过提高自己的能力，员工能够为企业的整体成功做出更大的贡献。

第四步，上下交叉对齐 KPI。设定所有 KPI 后，务必确认其自上而下和自下而上都保持一致。有条件的企业，可以使用绩效管理软件来规划每个人的 KPI 并在内部共享信息。比如，谷歌的个人 OKR 和字节跳动的个人 OKR，都是通过内部的绩效管理软件实时共享的，每个人都能随时了解团队其他成员在做什么。如果没有绩效管理软件，企业可以使用一系列简单的文档来确保所有 KPI 保持一致，并在团队有实施任何反馈或变更时将其体现出来。总之，KPI一旦设立，就要确保有方法和工具并密集地回顾和跟进。OKR和KPI本质相同，都是针对目标进行管理的工具，只是前者会更关注达成每一个目标的过程和结果。它们都与个人薪酬挂钩。

第五步，定期检查以衡量进度。在设定高维和低维KPI后，管理者和员工应举行每周或每月的单独会议，以补充和评估KPI进展情况。这是一个解决任何不一致问题、审查目标、跟踪指标并确保员工实现个人KPI的好机会。

TSC法必须是CEO工程，但是CEO可以委托一个焦点团队来具体地设计、执行和跟踪。团队应定期向CEO汇报进展。有的企业数据化做得比较好，将这些KPI通过数据仪表盘呈现，让CEO和其他高管一目了然。TSC用好了可以很好地落实和跟进目标达成的全过程，可以让暂时无法放弃个人KPI的企业也能够很有效地进行目标的全过程管理。

巧用KBI：七步法实施360度绩效考核

最能体现过程主张指导理念的方法就是考核个人KBI，而最能考核个人KBI的考核工具，目前还是360度绩效考核。它不仅是一种多面向的考核工具，而且作为高效的日常管理机制，其价值和作用跨越全年，特别是在企业规模扩张（如员工人数增加）导致管理负荷加重和效率下降时，而此时传统的上级考核下级的方式便不再适用了。

总体而言，一家企业的高效运转依赖于将个人工作输出有效转化为其他人的工作输入，而360度绩效考核恰好能够保障这种转化的高效性，并实时识别每位员工在输出/输入过程中的价值贡献。它通过全员基于既定的KBI相互评价，从而间接地为团队成员建立了一种持续的相互监督和激励机制。这种机制无须直接上级的物理在场，就能激发大家最大化个人和团队的价值输出。设计和执行到位的 360 度绩效考核，能够客观、细腻地捕捉到每位员工能力的细微差异和价值点，给管理者提供全面而深入的绩效洞见。

很多管理者问过我不少关于如何用好 360 度绩效考核工具的问题。他们最经典的总结是："360 度绩效考核工具一听就懂，一用就错，最后是不知所措。" 这个总结非常经典和到位，并且验证了一句谚语："知道一条道路和行走在这条路上是两码事。" 我稍后会介绍如何避免"不知所措"。

据了解，在国外企业中，360 度绩效考核工具的使用已经很普遍，尤其是在知识和技术密集型的企业中，该工具更是达到了 100% 的使用率。而劳动密集型企业也使用 360 度绩效考核工具来考核企业的管理者或专业序列的员工。国内头部企业也都在使用这个考核工具；部分腰部企业也在使用，或者使用过然后放弃了；尾部企业目前基本还没有使用 360 度绩效考核工具的想法和经历。我认为，360 度绩效考核工具是一块黄金，有的企业发现了它，并精雕细琢把它变成了高价值的金饰；有的企业不知道如何打造，把它弃之一旁。

所谓 360 度绩效考核，是对一个人的 KBI 进行全方位收集、分值化和报告的流程。评估报告提供者来自与被考核者共事过的部门同事、跨部门同事及上级和下属人员，甚至可能包括外部客户和供应商。和传统的考核流程相比，360 度绩效考核流程更加客观和具体。360 度绩效考核有点像吃西餐，忙在餐桌旁而不是厨房里。所以，要成功地使用这一考核工具，要有一套流程和方略。

要将 360 度绩效考核成功落地，我们可以通过七个关键步骤来达成。

第一步，充分宣讲

对于第一次尝试使用，或是已经多次使用 360 度绩效考核工具但仍不太满意的企业来说，第一步也是最重要的一步，就是通过各种宣讲活动和沟通工具，将考核流程的详细步骤告知所有参加人员。企业要在以下 2 个关键时间进行宣讲：

1. 新员工入职培训：让新员工一开始就了解到企业将如何进行绩效管理。
2. 年度 360 度绩效考核开始之前：让每位员工（无论是否参加过 360 度绩效考核）都了解到本年度的绩效考核流程、时间和 KBI。

1997 年，中金公司从它的股东之一摩根士丹利引进 360 度绩效考核工具后，成为国内第一个吃螃蟹的企业。为了做实沟通环节，中金公司的人力资源部门采取的就是“全体穷尽，不遗漏”的沟通策略，绝不放过对每一位参加人员的培训辅导。从事人力资源管理工作者明白业务人员（尤其是业务大拿）是最不喜欢参加考核培训的，后者善于找任何完美的理由来逃避参加绩效宣讲会，而且最有用的借口就是：正好跟客户有一个会议。对此，人力资源部门的策略就是人盯人地完成所有宣讲和沟通流程。

一些业务大拿对待客户和本职工作还是非常尽心尽力的，陪客户吃完饭后，还要回到公司准备方案，工作到晚上 12 点也是家常便饭。人力资源业务合作伙伴（HRBP）也会等到晚上 12 点，给他们做一对一的沟通。世界上做任何事就怕认真二字，而人力资源从业者就很认真。看到人力资源业务合作伙伴跟自己一样如此的投入和忘我，业务大拿也会被感动并变得非常配合，毕竟人非草木，孰能无情。

第二步，选择评估人

选择评估人是 360 度绩效考核的最重要过程之一，每个人要被 12 个以上的人评估，而且这 12 个以上的人又必须了解被评估人。评估人数量最好不要超过 20 个，否则会导致考评工作量太多。典型的评估人包括不超过 2 个上级、6 ～ 10 个同事、不少于 4 个下属。只有当评估人达到一定的数量时，考核的结果才具有客观性和可参考性。

评估人的选择可能需要一到两个星期的时间来完成，最终的备选名单还要经过评估督导的审批后，才能被视为有效。评估督导都是被评估人的直接上级，其审批的作用之一就是要确保评估人了解被评估人，并且不会有袒护或反感被评估人的倾向。

有些企业担心，让被评估人来选择评估人会出现选择“老好人”现象，其实企业还是要信任员工的理性，就算出现了“老好人”现象，管理者也可以在最后决定每一个人的最终结果时，通过讨论来纠偏。当然，最有效的纠偏需要评估督导认真做好对评估人的审批。

退一步讲，很多人可能都听说过囚徒困境这个经典的博弈论故事，它讲述了两个被捕囚徒被分开审讯时的一种博弈。如果他们都保持沉默，警察只能定两人轻罪，两人均被判刑 1 年；如果其中一个人供出另一个人，而另一个人保持沉默，供出的人将被免责，而另一个人将被判刑 10 年；如果两人都供出对方，他们均被判刑 5 年。这时候面临的问题是他们应该采取什么样的策略。这个博弈论故事揭示了合作与竞争之间的博弈关系，它不仅存在于理论模型中，也反映了现实生活中许多情境下的合作与竞争的抉择。

在职场中，员工之间的关系涉及合作和竞争。尽管可能有同事之间因合作联盟而互相在评估时予以高分支持的情况，但由于 360 度绩效考核评价结果会根据 20%、70%、10% 的占比划分，直接影响到每个人的年终奖金、晋升以及加薪等个人利益，这些资源是稀缺的，无法公平共享，于是会出现一种互相竞争的情况。因此，尽管大家私底下可能商量互相支持，但在真实的职场环境中是否能够真正地像这样互相照顾是难以保证的。即使发生了个别员工之间互相照顾的情况，根据统计学的规律，小样本数据也很难对客观结果造成显著偏差。

第三步，选好 360 度绩效考核软件

360 度绩效考核软件的选择也很重要，正确的软件可以有效地提升完成评估的效率，减少评估人完成评估的时间压力。软件要尽量简单易学，最好无须培训。另外，软件要设有管理权限，以让评估人对软件的保密性有充分的信心。如果评估人对软件的保密性没有信心，考核的真实性和客观性就会大打折扣。

随着 App 的大量涌现，目前市面上已经开始有好用和部分功能免费的 App 可供企业挑选，比如北森云计算有限公司就有一套比较成熟的针对企业的 360 度绩效考核管理软件，并且简单易用。对于小公司来说，问卷星 App 也是一个不错的选择。

第四步，设计评估问卷

设计评估问卷也是一个非常重要的环节。评估问卷的类型有三种：一是问答式；二是打分式；三是二进制打分式。无论是哪种，它们的设计理念都是让问题和回答基于对具体行为的描述。

问答式的问题示例如下：

- 你认为该员工应该停止做什么，才能在工作中变得更好？（这个问题是委婉地让你指出该员工的不足之处。）
- 该员工和同事沟通顺畅吗？（这个问题是让你对该员工的沟通能力进行评估。）
- 该员工是否表现出领导者的潜质才能？（这个问题是让你评估该员工的领导力行为。）

打分式问卷将每个 KBI 描述出来，然后让评估人在 1 ～ 5 分的尺度上给予最恰当的评分。1 分代表非常不同意，5 分代表非常同意，2、3、4 分是不同程度的同意尺度。比如，针对沟通能力的 KBI 有这样的描述：

- 能够及时、主动地与你团队和工作相关者保持充分沟通，共同分享有用的信息，并确保信息的一致性。
- 善于以口头或书面的形式清晰地表达想法，并能通过正式及非正式的途径来完成复杂的沟通，从而达到解决问题的目的。
- 每次完成上级交代或同事委托的任务以后，都能及时、准确和完整地完成闭环沟通，确保任务下达者知晓全过程。

以“客户第一”这一点为例来看看二进制打分式问卷，可以从如下问题来进行打分：

- 心怀感恩，尊重客户，保持谦和（符合 / 不符合）。
- 在与客户交流的过程中出现问题时，即使不是自己的责任，也不推诿（符合 / 不符合）。
- 站在客户立场思考问题，把客户价值当成我们最重要的 KPI（符合 / 不符合）。
- 洞察客户需求，探索创新机会（符合 / 不符合）。

国内的企业一般多采用打分式问卷和二进制打分式问卷。所以问卷的设计就需要将每个核心胜任力通过 KBI 清楚地描述出来，便于打分者快速地打分。这也符合吃中餐的特点——忙在厨房里，闲在餐桌旁。

第五步，报告

关于流程有一个经典的说法：没有闭环的流程就是糟糕的流程。报告就是 360 度绩效考核流程中的闭环环节。报告一般包括自我评估报告和每个人的 360 度绩效考核报告。

如果在该流程中使用打分式问卷，则 360 度绩效考核报告需要包括评估人对每个 KBI 给予的具体分值。建议保留每个分值的小数点后 4 位，以备区分性分析之用。

如果在该流程中所选 360 度绩效考核软件的系统足够成熟，还要包括 2 份报告：每个人的总结版报告，方便管理者重点了解每个人的评估结果；每个人的可量化和图表化的核心能力报告。

第六步，反馈面谈

反馈面谈是高效沟通闭环环节的具体体现，没有反馈面谈的流程就是没有目的的流程。管理者要根据生成的报告为员工创建行动计划。行动计划应基于报告中确定的改进领域、盲点和技能差距。创建好行动计划后，管理者要通过邮件和会议工具与员工约定反馈面谈的时间，通过仪式感效应让员工重视反馈面谈环节。

反馈面谈至少要进行 45 ～ 60 分钟，建议用 2/3 的时间谈优势，用 1/3 的时间谈改进。最理想的反馈效果是让优秀者有持续的动力，让后进者听到要点，并且在感到压力的同时不至于心灰意冷。这也是对反馈者的绩效管理能力的一种考验。谁说绩效反馈只是考验被反馈者的？提供反馈也是要讲究技巧的。

在进行反馈面谈时，员工刚开始会感到紧张，手脚发凉出汗，这都是很正常的反应，但如果仪式感树立得好，那么当反馈结束时，员工就会一切恢复正常。这就是一个非常好的反馈面谈了。

为了便于操作，我设计了一个简单的绩效反馈面谈流程：

- **准备阶段：**评估督导确保已经阅读了解员工的 360 度绩效考核报告、了解反馈面谈要讨论的重点、准备好讨论的事项。
- **设定会议时间：**给予足够的时间，让员工了解反馈的目的，并提前邮件通知，使其有时间准备。
- **开场：**营造轻松的氛围，重申反馈的目的和期望，提醒员工这是一个双向交流的机会。

- **分享对员工的观察和统计的数据**：提供具体、可衡量的反馈，分享成功和需要改进的地方，以及如何对其提供支持。
- **倾听员工见解**：让员工分享对自己绩效的看法，了解他们的想法、挑战和需求。
- **确立目标和行动计划**：合作制定明确的目标，并确保目标的可测量和可达成，共同制订解决问题或发展机会的行动计划。
- **总结**：总结讨论内容，并确定下一步的跟进措施和时间表，强调会提供支持和资源来共同进步。
- **跟进与支持**：定期跟进进展，并提供支持和指导。

请记住，这个流程的关键在于营造积极、合作的氛围，使员工感到被尊重和支持，以便他们能够做出积极的改变。

第七步，坚信，而不是相信

管理者只有坚定了信念才能坚持把事情做下去。正如前面讨论过的，通过 KBI 来考核一个人的能力，不如通过个人 KPI 的结果来得更直接和更符合直觉，但是也正如我们所阐述的那样，以个人 KPI 论英雄的陷阱效应，是企业难以承受的。

据我观察，一些企业放弃 360 度绩效考核工具的原因之一，是以尝试的心态开展这个考核项目，所以，一旦遇到阻力和反对的声音，就没能坚持在不断优化中继续这个项目。可以肯定地说，很少有企业在一开始使用 360 度绩效考核工具时就是一帆风顺的。一开始就对其赞不绝口的企业也有，但不会太多。

中金公司第一次使用 360 度绩效考核工具时，公司员工也是怨声载道，阻力马上就来了。庆幸的是，管理者并没有讨论是不是该改用其他工具来考核，而是做出了"僵化、优化、再优化、固化"的决定，将这一理念和工具通过优化逐步落地。公司员工看到了管理层坚定的信念，也调整了心态迎接变革的到来。

我当时对这个决定有一个总结:“相信”和“坚信”的区别，只有在关键时刻方显出巨大差异，它们是最能体现管理者水平的两种心态。“相信”是遇到阻力就会动摇的心态，“坚信”是“认死理”的心态。

绩效评级：让考核体系形成闭环

没有员工绩效评级的考核体系，可以说是一个前功尽弃的工程，这是绩效管理体系中至关重要的一个环节。企业在面临生存危机时往往会想到利用这个工具，然而，真正优秀的企业，是那些年复一年始终认真做好这项工作的企业。

什么是员工绩效评级？简而言之，它是一种按照贡献和能力将员工划分出等级的评估方法，旨在为企业管理者提供决策依据，以让其做出有关员工薪酬调整、奖赏、晋升和留任等的重要决定。

通常情况下，绩效等级可以用字母来表示，例如在本书中，我们多次提到的绩效分级是 ABC 3 个等级，对应的占比分别为 20%、70%、10%。另外，也有一些企业采用划分 SABC 4 个等级的方式，其中 S 意为超级出色。无论是三级制还是四级制，都要保留 20%、70%、10% 的占比原则，保证优秀的员工占 20% ～ 25%。例如，可以设定 5% 的员工为 S 级，15% 的员工为 A 级。

除了使用字母，用文字表述的评级方式也比较普遍，比如：

- 超出预期，占 15%。
- 始终如一地达到预期，占 40%。

- 偶尔达到预期，占 40%。
- 需要改进，占 5%。

在这种情况下，1 分的人员可能会面临被裁员或者被纳入企业的个人绩效改进计划（PIP）的困境，去留视规定时间内的改进情况而定。

有一些值得提醒的思考：不要让企业的绩效等级超过 5 个，也不要少于 3 个。等级太多会失去分级的意义，等级太少会让企业管理环境变得过于紧张。

对 A 类人员，可以通过一个清晰的定义让最终的决策变得容易。我曾了解过一些非常好的定义，比如："A 类人员是那些可以成为部门、项目和公司负责人的人。"这个定义是不是要比"超出预期"具体很多？

对于员工的绩效评估，即使有针对性的数据反馈（如 360 度绩效考核或通过平衡计分卡等工具进行考核），最终的绩效等级仍然会受到主观影响。这是一种普遍接受且不可避免的事实。

特别是高度重视人才的企业更可能因认为 20% 的优秀人才是具有荣誉价值的稀缺资源，而偏向考量一些主观因素，例如谁是无可替代的人才。这不仅是对企业管理者能力的一次考验，也需要他们具有一些策略性和灵活性。实事求是地说，一家企业的优秀程度以及对人才的重视程度，往往与在绩效评级决策中考虑的主观因素的多少成正比。如果你对此有疑惑或困惑，那么应该反思的是，你所在的企业是否真正达到了优秀的标准。

有些读者可能会问：我们是否需要公布全员绩效评级的结果？实际上，我不推荐这样做。

首先，绩效评级主要是管理者做出的客观加主观的决定。这个结果可以在一对一的绩效反馈环节与员工分享，让得到高绩效评价的员工受到激励。对于处于平均或以下绩效评级水平的员工来说，此过程将作为一种压力，促使其提高绩效表现。其次，避免公开绩效评级结果，可以为员工提供一个无压力的环境去反思自身的绩效评级结果并寻找改进方法，而不会受到额外的环境压力牵制。最后，不公开绩效评级结果也有助于营造一个包容且支持性强的工作环境，让所有员工都感到自己被尊重和重视，而不会因为绩效评级而产生自我怀疑。

The Art of
Motivation
激励的思考

1．如果你目前所在的企业仍然使用 KPI 考核方法，你是否会考虑在企业内部赋予一个 TSC 职能？如果考虑，你将如何确保它的成功运作？

2．如果你现在所在的企业使用过 360 度绩效考核工具，但出于各种原因停止使用了，你是否考虑重启这一考核工具？如果你所在的企业没有使用过 360 度绩效考核工具，你会如何做以避免“不知所措”？

第 8 章

成果分配：用“三费率”实现均衡分配

第 7 章讨论了结果主张和过程主张的考核方法。在本章，我们要讨论在“一体两翼”可持续激励体系下，优秀企业是如何思考和进行公司层面与个人层面的成果分配的。要做好员工管理和激励，成果分配是永远绕不开的话题。

成果分配涉及股东、公司和员工 3 个利益相关方。他们各有分工，缺一不可。股东通过提供资本获取分红，公司通过提供资源获取现金流，员工通过提供知识和技能获得薪酬。正确的成果分配理念会让这 3 个利益相关方的完美结合达到 1+1 ＞ 3 的协同效果，在各方受益的同时保持企业的可持续激励。

那么，优秀的企业是如何通过“三费率”这个好用的管理工具来均衡股东、公司和员工之间的利益与成果分配的？是如何通过“三费率”科学地产生薪酬池的？又是如何在薪酬池的基础上通过总薪酬的分配理念来激励员工的？

接下来我们先来了解公司层面的成果分配方法，再讨论个人层面的成果分配方法。

过程主张的企业成果分配原则：平等与均衡

读到这里，相信读者已经非常熟悉结果主张和过程主张这两个指导理念了。基于个人 KPI 的结果主张本质上更接近分利，而过程主张本质上是激励。分利强调的是平等，激励强调的是均衡。如果以平等的心态来讨论成果分配，利益相关方就会追求自身利益最大化，化解争持不下的利益最大化问题的工具就是平均分配。如果以均衡的心态来讨论成果分配，利益相关方就会追求整体利益的最优化而不是自身利益的最大化，以让成果分配的结果有利于各方的长远利益和发展，从而保持企业的可持续激励，以达到非零和博弈的结果。

比如，股东、公司和员工三方如果严格按照各 1/3 的比例来分配企业每一个考核年度所创造出来的成果，势必会有一个或两个受损方，进而失去激励动力，制约企业的长期健康发展。皮之不存，毛将焉附？没有了公司这一主体，也就没有了长期讨论成果分配的基础。

在知识密集型企业（如投资银行、咨询公司、律师事务所及高科技公司）中，股东、公司和员工之间的成果分配通常呈现出各自获得大约 1/3 份额的格局。这一分配模式并非简单的平均分配，而是通过综合考量“三费率”来计算得出，而结果恰巧与各占 1/3 比例的情况接近。这类企业往往不需要重复投入大量固定资产，因此用于扩大再生产的资金压力较小，这有利于这种相对均衡的成果分配模式的形成。

然而，这种均衡并非一成不变。例如，在 2008 年金融危机期间，一些投资银行的股东不仅未能获得预期的 1/3 收益，反而需要投入额外资本以支付员工薪酬，从而使某些投资银行的薪酬效能比率（薪酬费用占公司收入之比）超过了正常比例的 2 倍之多。这一情况说明，股东、公司和员工之间的成果分配比例维持一种动态均衡。所以每个部分的均衡是动态的，而不是亘古不变的，根据企业经营的状况会产生新的均衡，不会永远保持 3 个利益相关方各占 1/3 的结果。

激励的法则 The Art of Motivation

追求平等靠的是争取，追求均衡靠的是智慧。有智慧的公司董事会都明白这个道理。均衡通常需要对不同因素进行权衡和综合考虑，以创造一种相对稳定、和谐的状态，这需要智慧、经验和深入的洞察力。

谈论到平等和均衡，我们可以通过一个日常的例子来加深理解。假设一个家庭有两个孩子，父母要在晚餐时公平地分配一块蛋糕给每个孩子。在这种情况下，平等意味着每个孩子无论喜好、胃口或其他因素如何，都会获得相同大小的蛋糕。这是一种强调公平和无差别对待的分配方式。然而，均衡意味着分配的原则是满足每个孩子的需求，而不仅仅是数量上的平等。家长可能会根据孩子的食欲和偏好来分配不同大小的蛋糕，以确保每个孩子都能够吃饱并得到满足。这种分配方式强调的是在不同需求和条件下的公正和平衡。因此，平等强调的是每个人在相同条件下的公平待遇，而均衡强调不同需求和条件下的公正和平衡。

“三费率”：激励成果均衡分配的利器

“三费率”是如何达成激励成果的均衡分配的？在我看来，“三费率”是管理界的一个非常有智慧的发现。发现强调对已有事物或知识的认知和揭示，而发明强调创造新事物、方法或概念。发现是从已有资源中发掘新信息，发明则是在已有或没有的资源中进行创造性创新。

因此，相比于发明，我更倾向于认为“三费率”是管理界的一个发现。就像牛顿通过观察苹果落地的现象提出了著名的万有引力定律，从而革命性地改变了人们对物理世界的认知，而这个定律也成为物理学的基石之一；爱因斯坦通过深入探讨光的性质和物体的运动规律，提出了物理学中极为著名的等价公式：$e = mc^2$，不仅展示了质量与能量之间的转换关系，还奠定了现代物理学的重要基础，对后续的科学研究和理论发展产生了深远的影响，被广泛认为是物理学中最优美的公式之一。

虽然“三费率”无法与执管理界最美公式之牛耳的 $e = mc^2$ 相提并论，但确实也为管理者提供了一个简约而不简单的管理工具。下面便是“三费率”的计算公式：

薪酬效能比率 = 薪酬费用 ÷ 净收入

我们可以用这个结果来检验企业是不是有足够的能力提供符合市场标准的薪酬水平，它反映了企业薪酬水平对人才的吸引力：

企业效能比率 = 非薪酬费用 ÷ 净收入

我们可以用这个结果来检验企业是不是有足够的能力维系企业的可持续发展，其中，非薪酬费用等于总费用减去薪酬费用：

管理效率比率 = 薪酬费用 ÷ 含薪酬费用的税前利润

这个结果可以检验企业的管理效率是否高效、造血能力是否强大。

我们可以通过一个例子来加深对“三费率”这个概念的理解。

假设有两家制造业企业——企业 A 和企业 B，它们生产同类型的产品，业务规模也几乎一样。但是企业 A 的薪酬效能比率为 20%，而企业 B 的薪酬效能比率为 30%。同时，企业 A 的企业效能比率为 60%，低于行业平均水平（65%），而企业 B 的企业效能比率为 70%，高于行业平均水平。另外，企业 A 的管理效能比率为 50%，而企业 B 的管理效能比率为 60%。

通过比较这两家企业的“三费率”，我们可以看出以下情况。

第一，薪酬效能比率：企业 A 低于企业 B。这意味着企业 A 虽然在薪酬方面的开支相对较低，但是在产能上并不低于企业 B。这可能说明企业 A 通过更高的工作效率或者更有效的人力资源管理实现了成本的降低。因此，企业 A 在薪酬资源利用方面更加高效。

第二，企业效能比率：企业 A 低于企业 B，也低于行业平均水平。这意味着企业 A 在非薪酬费用方面相对更高效。换句话说，企业 A 能够以较少的非薪酬费用实现较高的净收入，可能是通过更有效的供应链管理、更高的运营效率或者成本节约等措施实现了成本的降低。

第三，管理效能比率：企业 A 的比率比较低，意味着其在支付薪酬费用时相对更高效。换句话说，企业 A 能够以较少的薪酬费用实现较高的含薪酬费用的税前利润，从而提高了管理效率。具体来说，企业 A 每投入一单位的薪酬费用可以带来更多的含薪酬费用的税前利润。

我们可以用“三费率”来检验企业的管理是否高效率和高效能，也就是说每投入 1 元所产生的收入是否最高效。“三费率”由两个效能公式和一个效率公式组成，不仅为股东、公司和员工三方的成果分配提供了一个非常智慧的最优解，也为企业管理者提供了一个简约而不简单的管理工具。通过利用这一工具，管理者可以一眼了解企业是否高效率和高效能。我们知道，企业的一切活动都是围绕效率和效能展开的，效能好，效率一定高，但是效率高，效能不一定好。比如，行驶车辆少的高速公路的交通效率是高的，但是经济效能就不会太理想，找到高速公路的最佳拥堵率能够检验交通规划者的智慧和管理能力。同理，给行业和企业找到最佳“三费率”，就能够考量管理者的智慧了。

这三个比率会因行业的不同而不同，并不是行业本身使它们不同，而是行业里充满智慧的股东、公司和员工。比如，在知识密集型的金融行业，这些比率区间大致如下：

- 薪酬效能比率（35% ～ 45%）。
- 企业效能比率（30% ～ 35%）。
- 管理效能比率（45% ～ 50%）。

也就是说，如果一家知识密集型企业的"三费率"是在上面的比率区间内，则说明这家企业的效率和效能是较高的。假设企业管理者决定采用30%的薪酬效能比率和35%的企业效能比率，就意味着，企业每赚1元，员工、公司、股东的成果分配比例大约是0.30元、0.35元、0.35元。不熟悉财务的人可能会问：股东分配的0.35元是如何得出的？这里可以进一步解释一下，在"三费率"中，如果三个比率都落在企业所追求的比率区间，我们就可以用一个简单的算式来计算股东的收益：

股东收益 = 净收入 − 薪酬效能比率 − 企业效能比率 − 企业所得税

假设企业的净收入是1元，那么股东的收益的计算公式是1−0.35−0.30，大约是0.35元，为什么是大约呢？因为还要减去所得税才是净利润。

在劳动力密集型的行业，这个比率区间大致如下：

- 薪酬效能比率（20% ～ 22%）。
- 企业效能比率（60% ～ 65%）。
- 管理效率比率（50% ～ 55%）。

如果一家管理优秀的餐饮企业的"三费率"处于以上比率区间内，则说明这家企业的效率和效能是较高的。根据上面的比率，企业每赚1元，员工、公司、股东的成果分配比例大约是 0.20 元、0.60 元、0.20 元。

从这两家企业的“三费率”中可以看出，头部且优秀的企业的股东基本会使自己的收益与员工的收益保持一致，然后根据企业所处行业的特点，决定预留企业的发展资金保持在什么比率更符合企业的长远发展需要。所以均衡（而不是平等）是优秀企业保持各方可持续激励的一个成果分配理念。人类追求权力的平等，企业追求利益的均衡。

表 8-1 和表 8-2 分别呈现了知识密集型企业和劳动力密集型企业典型的“三费率”，有些读者可能会疑惑，为什么劳动力密集型企业的企业效能比率会比知识密集型企业的企业效能比率高出一倍？这是因为劳动力密集型企业大多是资本密集型的生产制造业和大型餐饮连锁业，这些行业里的企业需要更多固定资产投资和提升改造，所以企业的资本留存占大头。我们熟悉的肯德基、麦当劳和大型制造业都属于这个行业。

表 8-1　知识密集型企业典型的“三费率”

各项费用名称	费用（元）	各项比率	比率（%）
薪酬费用	35	薪酬效能比率	35
非薪酬费用	30	企业效能比率	30
税前利润	35	管理效能比率	50
所得税	2.1	所得税 / 税前利润	6
利润	33	利润率	33

注：净收入为 100 元。

表 8-2　劳动力密集型企业典型的“三费率”

各项费用名称	费用（元）	各项比率	比率（%）
薪酬费用	20	薪酬效能比率	20
非薪酬费用	60	企业效能比率	60
税前利润	20	管理效率比率	50
所得税	1.2	所得税 / 税前利润	6
利润	19	利润率	19

注：净收入为 100 元。

再举一个例子，在华为发布的2021年业绩中，我找到了与“三费率”计算有关的数据。华为2021年的总收入是6 368亿元，薪酬费用是1 317亿元、利润是1 137亿元，因为华为没有披露非薪酬费用数据和税前利润数据，所以暂时无法计算华为的管理效能比率和企业效能比率。但是已知的数据已经足够证明我们所说的优秀企业员工与股东的收益基本持平的结论。

我们用华为的薪酬费用1 317亿元除以总收入[①] 6 368亿元，得到薪酬效能比率，即20.68%；用利润1 137亿元除以总收入6 368亿元，得到的比率为17.9%。所以员工所得与股东所得是差不多的，以此类推，华为的企业效能比率大约是60%，也符合华为作为高端制造业企业、资本投资密集型企业的特点。这就是一种均衡。像华为这样的知识密集型的科技公司，薪酬费用占总收入的20.68%似乎不高，但是由于华为有非常健全的内部股权激励制度，所以员工持股比例常常在60%以上，也就是说60%以上的员工都是大大小小的股东，这些股东还可以从17.9%的利润率中获得不少分红收入。

使用增量思维，做收入导向的激励

那么，这里又引出来一个新的问题，就是“三费率”公式的分母为什么是净收入而不是净利润？结果主张的企业会非常自然地将员工的收益与企业的利润而不是收入挂钩。这是因为，对于多数管理者来说，利润是企业生产和存在的主要目的。所以，“企业奖金池 = 企业利润 × 达成约定系数”是最容易被接受的一个激励逻辑。

如果我们转换一下范式，不把利润作为企业生产和存在的目的，而是作为检验企业管理者的管理过程是否有效的指标，那么，建立这个关于“奖金

① 由于并未找到公开净收入数据，此处用总收入数据做粗略计算。

应该等于什么”的公式就变得有意思了。

这个问题的提出涉及一个范式转换的过程，这个范式转换其实不简单。什么叫“范式转换”？就是从根本上将已经被视为真理的认知推翻，不是90度的调整，也不是180度的改变，而是270度的推翻，之后再树立一个360度全新的世界观。人类在每个领域的跨越式发展，都是在范式转换发生之后出现的。

比如，在同一个范式的指导下，用不断更新迭代的MP3是无法打败其他MP3的。苹果公司通过调整音乐销售的范式，运用高维打低维的方法，将iTunes平台与iPod工具完美地结合在一起，打造了世界上第一个正版数字音乐分享平台。这个组合完成了音乐购买的完美闭环，从此以后，再也没有其他MP3可以对iPod产生威胁。这也是苹果公司通过转变智能手机的范式影响了诺基亚功能手机发展的原因。

范式转换后，管理者马上发现，利润导向下的激励其实是存量思维，存量思维的长期杀伤力不可小觑，它会让管理者不自觉地走向两个极端。

第一个极端是成本最小化，因为成本越小，利润率越高，要注意，是利润率高而不是利润高。但是在多数情况下，投入和产出是正相关关系，收入减少使企业最终失去了发展的原动力。第二个极端是成本最大化，这个极端不多见，但也是不少绩效差的企业的管理者无意识进行的管理行为之一。低效管理的代表行为之一就是成本最大化。导致成本最大化的原因之一就是无效的供应链管理，结果就是“肥了他人的田，荒了自家的地”。

与利润导向激励的存量思维不同，收入导向的激励是增量思维。增量思维是开源思维，存量思维是节流思维，在体育竞赛和战场上，对应的就是进攻思维和防守思维。节流的前提是开源，无开源哪来节流之水？高明的管理者很快就发现了这个内在的逻辑，于是会将企业的收入作为员工薪酬池的分母，分母越大，薪酬池越大。细心的读者可能马上会问，将企业利润作为分母，不也是分母越大，薪酬池越大吗？数学公式没错，但是财务公式错了。

收入是盈亏表的第一行数据，是最干净和最难被人为干扰的一条线。从纯财务的技术层面看，将薪酬池与企业收入挂钩更符合逻辑。利润是盈亏表的最后一行数据，所处的这一底层位置就表明了它是“不太干净”的，也是最容易被人为干扰的。把员工的薪酬池挂钩在这条线上应该不是一个好主意。优秀管理者的口头禅通常是盯住收入而不是盯住利润。只有在企业生死攸关的非常时期，企业管理者才会暂时将盯住利润作为短期目标。

另外，“三费率”中前两个费率的分母是“净收入”而不是“收入”。它们的区别在于：“收入”指的是在扣除任何扣除项之前，通过销售货物或提供服务所产生的总收入，代表了企业从正常经营活动中获得的全部金额；“净收入”则是在总收入扣除一定扣除项（例如折扣、退货、减让等）后剩余的收入，代表了企业从核心业务运营中实际获得的收入，不包括与产生该收入直接相关的任何扣除项或费用。净收入提供了一个更清晰的图景，能够帮助管理者更精准地分析企业的经营状况。

最后，细心的读者可能还会问：关于“三费率”的公式为什么没有包括利润分配的计算？答案很简单，如果企业管理者能够找到企业的最佳“三费率”阈值，利润率就自然而然地产生了。这也对应了前文提到的观点，利润不是考核的目标，而是检验企业管理水平的结果指标。另外，“三费率”不属于财务会计范畴，而属于管理会计范畴。我曾就“三费率”问题咨询一些财务专业人士，他们也不能马上想清楚“三费率”的内在逻辑关系，因为多数财务专业人士的企业管理经验也有限。

财务会计关注的是为外部利益相关者（如股东、投资者、监管机构等）准备财务报表，目的在于提供关于公司财务状况和业绩的全面的、准确的信息。管理会计则专注于为公司内部管理层提供信息，帮助制定决策、规划和控制业务活动，从而优化资源分配、降低成本及提高效率和利润。其重点在于内部管理和决策支持，更灵活，针对性也更强。

“三费率”不属于发明，而是一个发现，是我从一些优秀的管理者关于企业管理问题的讨论中归纳出的一个好用的管理工具。对此，我将毫无保留地分享给读者，但是，能否发现它的“美”，需要读者思考更多，并具备一定的管理审美眼光。

激励的法则 The Art of Motivation

做企业的关键之一就是找到本企业和本企业所处行业的最佳“三费率”，然后使两者的“三费率”基本保持一致。管理的本质就是分好工、分好利。“三费率”是分利的好工具。

总薪酬制：“切蛋糕”，而不是“分蛋挞”

前文详细介绍了过程主张的企业是如何使用“三费率”策略在企业层面协调并均衡股东、公司和员工的利益分配的。接下来，我们将讨论过程主张的企业是如何在个人层面进行结果分配的。我将带你了解“总薪酬”这个概念，并深入解析总薪酬是如何影响并确定个人价值的。

过程主张的企业如何进行个人层面的成果分配？企业有两种个人成果分配方式：一种是提成制，另一种是总薪酬制。我们也可以形象地将提成制比喻成“蛋挞”分配法，将总薪酬制比喻成“蛋糕”分配法。两者的区别是，蛋挞做好后无须切割分配，每人一份；而蛋糕需要切割成不同的份额来分配。

我在这里先介绍一下什么是总薪酬。不同的企业对总薪酬的定义不尽相同，我们可以归纳出 3 种常见的定义：

1. 宽口径：底薪 + 奖金 + 股票（如有）+ 法定福利 + 其他福利 + 工作环境 + 培训。
2. 中口径：底薪 + 奖金 + 股票（如有）+ 法定福利 + 其他福利。
3. 窄口径：底薪 + 奖金 + 股票（如有）+ 法定福利。

3 种定义的本质差别是口径越宽，现金率越低。根据“现金为王”定律，窄口径定义的总薪酬对员工最有实际意义的吸引力。优秀企业普遍采用这个定义，来制定总薪酬策略。

激励的法则 The Art of Motivation

结果主张的企业通常采用提成制分配方式，而过程主张的企业采用总薪酬制分配方式。总薪酬制是用来奖励符合企业价值观的行为和胜任力的；提成制不用费时地考虑员工的胜任力行为和价值观，只考虑是否产生了可以分利的结果，所以只专注于短期的行为。

前文已经重点讨论过提成制，现在重点讨论实行总薪酬制要做好哪些步骤。

设立一个有吸引力的薪酬池是实行总薪酬制的第一步。一般来说，这需要解决好 5 个关键问题：

1. 如何确定薪酬池？
2. 如何确定底薪而不是基薪？
3. 如何准确定义底薪和奖金的关系？
4. 如何把薪酬池与企业业绩或部门业绩而不是个人业绩挂钩？
5. 如何把总薪酬与员工的胜任力挂钩？

在薪酬设计上，尽管很多企业投入了非常多的时间和财力去改进薪酬体系，但似乎依然为上面这 5 个问题所困扰。在以上 5 个问题中，“如何确定薪酬池？”应该是最重要的一个，因为它是整个设计步骤的基础。它的设计是否合理，决定了企业的盈利水平、员工薪酬在市场上的竞争力和企业是否能成为行业的标杆。

薪酬池的确定一般有两种方法：静态的预算法和动态的“三费率”法。

预算法至今仍然被不少企业采用。许多企业在年初就会根据历年人工成本及通货膨胀率等数据确定下一年度的薪酬池预算。对这种预算的控制能力，也相应成为考核相关管理人员的 KPI。

采用这种方法的企业，一般在业务上不太积极进取，资源型或垄断型的企业常用此方法。这种预算方法的逻辑就是向后看，根据以往的数据预测未来的数据。这种方法的主要缺点在于，将薪酬池人为限制在一个固定范围内，而这可能会限制企业吸引顶尖人才的能力。对于任何一家企业而言，人才都是最宝贵的资源和不竭的动力。企业把人才投入哪里，哪里就必然成为最影响企业业绩的驱动器。很难想象封顶薪酬的企业会吸引这些人才的加入。

通过全面预算制形成的年复一年的薪酬池，对企业吸引核心人才会产生非常大的阻力。因为“根据预算，我们今年没有钱来破格奖励或招聘某人”这种话，会成为企业不发奖励和不能吸引核心人才加入的借口。但是，凡事都有利弊。用静态预算法来确定薪酬池有两个主要优点：

- **薪酬资源分配和控制**：预算法可以帮助企业有效地规划和分配薪酬资源。通过设定薪酬预算，企业可以明确资源使用的方向和范围，确保薪酬资源的合理利用，以支持企业的战略目标。
- **目标设定和绩效评估**：预算可以作为设定目标和评估绩效的依据。设定具体的预算目标可以激励员工，促进团队努力，同时也能作为评估业绩的标准。预算执行情况可以帮助评估业务部门或整个企业在实现目标方面的表现。

然而有利必有弊，如前文所提到的，用预算法确定薪酬池会很难吸引非常优秀的人才，这一方法还有以下缺点：

- **刚性和局限性。**预算法可能会限制薪酬池的灵活性，因为一旦设定了薪酬预算，就可能难以应对突发情况或变化。刚性的预算可能会导致难以调整薪酬资源分配，阻碍企业对新机会或变化的迅速响应。
- **可能引发行为问题。**部分情况下，员工可能会为了达到预算目标而采取一些不当手段，如过度削减支出或夸大收入，以达到薪酬预算要求。这种行为可能会导致出现不良的决策和不正当的业务操作，损害企业的长期利益。
- **难以激励员工提高绩效。**封顶的薪酬池可能会使企业难以激励员工提高绩效，因为企业的薪酬池总量不受员工贡献的影响。无论员工贡献多少，薪酬池都已经形成。

"三费率"法很好地解决了预算法面临的难题。企业根据"三费率"进行薪酬池的动态管理，强调员工和企业根据市场竞争情况和绩效，动态地分享经营成果。企业收入的动态特点决定了基于"三费率"设立薪酬池的动态特点。

使用"三费率"法的关键，是如何科学和艺术地设立合理的薪酬效能比率。比率设立的原则要考虑以下三方面：

- 企业所处行业的标准薪酬效能比率是多少？充分考虑行业竞争、劳动力市场状况和行业惯例。
- 董事会给企业制定的高维 KPI 是什么？比如，权益净利率是多少，销售额增长率是多少，税前利润率是多少，市场份额是多少，等等。确定薪酬池与这些高维 KPI 之间的关系，以激励员工实现企业目标。

- 员工与企业共享企业收益的理念是什么？充分考虑员工的贡献、价值和企业的整体财务状况。

第一个问题很重要，我们在这里讨论一下。对于不同行业的企业，薪酬费用与净收入之比有很大不同。前文讨论过，劳动密集型企业的薪酬效能比率为 20% ～ 22%，知识密集型企业的薪酬效能比率为 35% ～ 45%。比率越小，说明企业的实业特点越强，实业属于资本密集型产业，固定资产投入大，会占有薪酬资源。

将薪酬池跟企业的净收入挂钩，它随着企业绩效表现而波动，它的优越性主要表现在，它不是提前预算好的，这个盘子到底有多大，取决于企业的增量，也就是收入有多高。这就为更高的激励提供了一个基本没有上限的薪酬池。这也为非公式化的自由裁量奖金制提供了一个使用场景。所以，不同于静态的预算制，“三费率”法让薪酬池与企业的收入形成了水涨船高的动态关系。

总薪酬、固薪、奖金如何互动

再来回顾一下总薪酬和年薪的定义：

总薪酬 = 固薪 + 奖金 + 股票（如有）+ 法定福利

年薪 = 底薪 ×12+ 数月的绩效奖金

根据定义，总薪酬是固薪、奖金、股票（如有）、法定福利的总和。追求自身价格和价值的最佳匹配是人的自然欲望，也是管理者追求的管理目标之一。满足这种欲望是薪酬发挥激励作用的关键。总薪酬的最大特点就是，最大限度地体现了价值规律，使价值和价格总是在最大限度地不断趋同。总薪酬是一个集合，包括固薪、奖金、股票（如有）等，那么它们是如何互动并产生可持续激励的？在以固薪作为主要激励手段的企业中，常见的奖金分配方式是，奖金等于固薪乘以一个固定比例：

奖金 = 数月的固薪 × 绩效系数

按照这一公式，个人获得的总薪酬与固薪的多少是强关联的，这会导致员工的注意力过多地向固薪倾斜。不少企业也有年薪制的做法，但是所谓年薪制的重心还是固薪，年薪以月薪的简单相加为主。所以，年薪制不等于总薪酬制，这是一个需要纠正的概念。如果用总薪酬，而不是固薪或者奖金来衡量一个人的价值，那情况会发生根本性的改变。奖金的计算公式就会调整为：

奖金 = 总薪酬 − 固薪

这一公式降低了固薪的作用和价值，使企业和个人将关注的重点，从固薪和奖金转变为总薪酬，总薪酬越高，奖金越多。进一步来说，企业和个人对薪酬的关注点，会转移到总薪酬以及企业和个人的绩效能力表现上。因为总薪酬是通过薪酬池跟企业的业绩和个人的能力直接挂钩的。

把握五项原则，确定个人总薪酬

个人的总薪酬要怎么确定呢？就像普适的个人 KBI 考核体系（包含“3+14”核心胜任力）一样，决定一个人的总薪酬也有一套普适的五项原则：

- 个人岗位的市场价格。
- 个人胜任力、潜能和业绩。
- 个人 KBI 考核结果。
- 个人责任的大小。
- 管理者自由裁量权。

我将具体描述一下这五项原则该如何运用自如。

企业每年都会进行市场薪酬调查，收集目标企业中每个职位的第 25 个百分位数、中位数和第 75 个百分位数的薪酬数据。这一环节很关键，因为过程主张的企业给员工的定价理念是以市场原则为主。什么是市场原则？这些企业认为，员工首先是市场的人，然后才是企业的人。企业与员工是契约关系，而不是从属关系。员工无论多么能干，能拿到的总薪酬都不会过分偏离市场对员工岗位的定价，否则很难吸引和保留市场上最优秀的人才。但是薪酬也是成本，企业有时也许会对优秀人才支付超过 75 分位的岗位价格，但是一般不会超过 90 分位。我们称这种基于市场原则的岗位定价方法为对标市场（Mark to market，MTM）原则。

让我们以一家软件开发公司为例说明如何使用 MTM 原则。软件工程师 Sarah 在公司工作了三年。她的技能和专业知识得到了提升，她也承担了更多的责任。为了评估她目前的薪酬是否与她的经验和技能水平相符，公司人力资源部门对与 Sarah 在技能、经验和责任方面相似的软件工程师进行了市值评估。评估显示，在市场上具有相似技能和经验的软件工程师的平均薪酬比 Sarah 目前的薪酬高出 20%。基于这种市场比较的市值核算方法，公司决定将 Sarah 的薪酬提高 20%，以确保她的薪酬与行业内类似职位的市场平均水平相匹配。调整后，现在 Sarah 的薪酬水平与市场水平保持了一致，这确保了她的薪酬基于行业标准，反映了她的技能和经验与同类职位相比的市场价值。

这个示例展示了如何利用对标市场方法评估和调整员工的薪酬水平。企业通过与同类职位的市场水平进行比较，确保能够基于行业标准提供公平和有竞争力的薪酬。

如果企业按照市场最高原则定了价，也不会担心员工离职，因为员工已经拿到市场最高价位了，即使离职去新的企业，拿到的总薪酬也相差无几，因为做得比较好的企业都或多或少会采用这五个普适的人才定价原则。然后，企业会根据 KBI 考核结果，按照 20%、70%、10% 分配原则的指引，将员工分出 ABC 3 个类别。注意，我这里说的是“指引”，而不是“规定”，这就为艺术化而不是科学化提供了操作空间。ABC 分类一般会遵循一个“1 次科学 +2 次艺术”的流程展开，就是在尊重考核系统产生的个人客观分值的基础上（科学），通过部门管理者的讨论（艺术），将部门人员的 ABC 分类确定下来，然后再由企业管理者做最后的确定（艺术）。

近几年，国内外优秀企业管理者经常提到“灰度管理”的概念。这个概念是由小约瑟夫·巴达拉克教授在《灰度决策》（*Managing in the Gray*）一书中提出的，而灰度管理在中国企业的普及，则源于任正非先生。

激励的法则
The Art of Motivation

定义员工的能力、价值和价格（也就是薪酬），不是非黑即白的科学讨论，而是从人性的角度出发，寻找个体和组织在可持续激励方面的和谐，也就是灰度。这就是为什么在优秀企业里，个人总薪酬的多少，不是由非黑即白的、无法指证计算错误的公式决定的，而是基于 MTM 原则和个人 KBI 考核结果得出的事实和分析，加上带有人文特点的灰度决策来确定的。

在前文提到的如何确立个人总薪酬的五个原则中，个人岗位的市场价格、个人 KBI 考核结果，就是事实和分析；个人胜任力、个人责任的大小以及管理者自由裁量权，就属于带有人文特点的灰度决策。针对灰度问题的解决方法是，在五个原则的基础上，根据具体的情况做出最优选择。

之前提到，总薪酬制是做大蛋糕的成果分配理念。企业有了市场薪酬数据和员工 ABC 分类，管理者就可以根据企业当年的薪酬指引，使用自由裁量权来决定每位员工的总薪酬。具体的做法是，事实和分析的部分来自市场薪酬报告、年度 360 度绩效考核以及其他客观考核工具所提供的数据和行为描述；而行使自由裁量权的部分，是管理者在事实和分析的基础上，结合符合激励人性和企业的发展目标，运用灰度决策确定出来的。可以说，自由裁量权就是一个灰度管理工具。

比如，薪酬指引是这样规定的：对于 A 类员工，按照市场 75 分位支付总薪酬；对于 B 类员工，按照市场 50 分位支付总薪酬；对于 C 类员工，按照市场 25 分位支付总薪酬或零奖金。由于这属于指引，所以管理者可以用自由裁量权、市场薪酬数据和员工历史薪酬数据，决定每位员工的最终总薪酬。我曾在职场生涯中见过一种情况，经过管理者的深思熟虑，对于某些 B 类员工，企业也按照市场 75 分位支付了总薪酬。

为了帮助你更好地理解这个概念，我做了一个流程图（见图 8-1）。通过这个流程图，你可以清楚地了解个人层面的成果分配是如何通过挂钩 KBI 考核结果进行的。这种相对具象的图，可以帮助我们将上面讨论的方法理解得更透彻。

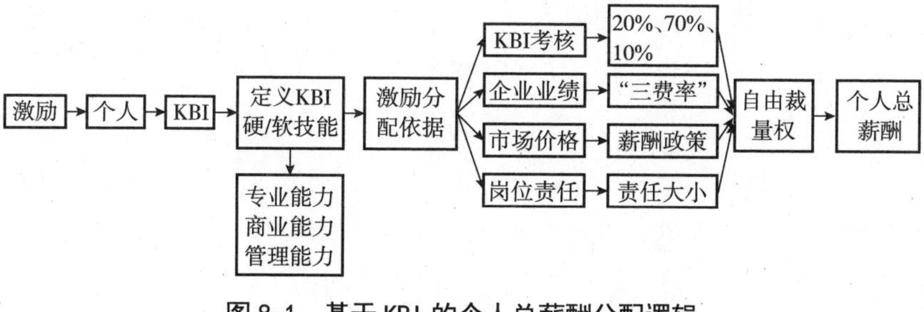

图 8-1　基于 KBI 的个人总薪酬分配逻辑

另外，在决定总薪酬的过程中，要充分考虑到每个人的感受，以及薪酬决定所产生的离职风险等因素。在很多情况下，董事会或管理层在决定一个人的总薪酬时，真正思考的问题不是给他多少薪酬，而是如果他因为薪酬的问题离开企业，那么这个人是不可替换，还是不可替代？如果是后者，那么他的离开给企业带来的损失就是无法弥补的。所以，决定这种不可被替代者资源的薪酬时，就要考虑得格外周全。

“不可替代性”和“不可替换性”的区别有时候并不会让人注意，但是在企业管理层面，它们的细微区别是优秀企业管理者讨论关键人才时常用的概念。不可替代性指某物是独一无二的，无法与其他同等价值的物品进行一对一交换，强调独有性。不可替换性是指某物不容易被替换，要替换就要付出一定的代价。

在企业人才的评价体系里，不可替代性意味着某位员工具有某些独特技能和专业知识，这些技能和知识比较稀有，在市场上难以找到，在组织内很难复制。他们的贡献或价值不容易被另一个人替代。无论是不可替代，还是不可替换，只要某位员工被列入这样的讨论，就是企业重要的人才资源了。比如，某位员工掌握了一种罕见的编程语言，或者熟知某一部分极少人了解的特别复杂的代码。他的这项技能在同类的编程人员中独树一帜，几乎无法找到有相同技能的其他人。这就显示出了他的“不可替代性”。再如，企业中还有一位资深程序员，他可能并非最擅长或最了解某计算机语言，但他熟悉企业的所有项目，他的经验和对企业业务的理解让他能够迅速找到编程错误并进行修复，或优化现有代码，以提高效率。他的能力对于团队其他成员来说很难复制。即使企业可以雇用一位技术性更强的程序员，但也可能需要很长时间才能达到那位资深程序员对企业项目的理解程度和工作效率。那么，这位资深程序员便是不可替换的。

以特斯拉公司为例，在董事会的眼里，埃隆·马斯克就是一个不可替代的人才资源。因此他是一位被董事会批准获得过 5.9 亿美元年薪的 CEO，他的年薪在全球CEO的年薪中排名第一。所以决定重要岗位人员的薪酬，不只是一个数字问题，更是一个哲学问题。同理，乔布斯在苹果公司也被视为不可替代的人物，毫不夸张地说，没有乔布斯就没有苹果公司。

企业和董事会的重要使命之一，就是为企业吸引和保留尽可能多的“不可替换”和“不可替代”型人才。用好成果分配的方法论，从人性的角度决定这类人才的市场价格——总薪酬。

The Art of Motivation 激励的思考

1. 请与你所在企业的财务人员一起计算出你所在企业的“三费率”，然后与管理者一起讨论一下本企业的最佳“三费率”应该是多少。请将你的方法有条理地罗列出来。

2. 了解总薪酬制的优点后，你认为它给你的最大启发是什么？

第 9 章

固薪设计：吸引、激励并留住优秀人才的关键

在“一体两翼”可持续激励体系中，固薪设计是财务维度的最后一个关键要素。本章将从固薪的种类切入，讨论几个经常被多数管理者忽略的关键问题：固薪设计的理念是什么？设计出有吸引力的固薪的玄机是什么？低固薪的挑战是什么？高固薪的挑战是什么？什么是高固薪陷阱？

固薪是因，奖金是果

福特曾说：“每日工作 8 小时和支付员工 5 美元的日薪是我们做出的最漂亮的成本削减措施。”我非常喜欢讨论固薪这个话题，因为企业吸引人才的最关键要素之一是固薪而不是奖金。奖金其实是被固薪吸引而加入企业的人才所创造出来的结果。有吸引力的固薪是因，丰厚的奖金是果，而不是相反。

企业吸引的人才越优秀，奖金池也就越丰富，而反过来用一个低固薪、高浮动的奖金比例来吸引人才是不现实的。优秀企业在录用通知里关于奖金的常见描述是：“你的自由裁量奖金将会根据企业的业绩、部门的业绩和你个人的业绩能力来决定。”奖金的定语是“自由裁量”，没有公式，也就没

了封顶的感觉。企业不会用“你的奖金相当于多少个月的底薪”或“你的奖金相当于你的底薪的多少”这些公式化的语言来描述，因为这样描述会让人有奖金封顶或保底的感觉。有保障的奖金保底会让人马上产生满足感和满意感，如果这个数字兑现了，员工获得了预期的奖金，可能就会感到满足和满意，因为他们觉得这是他们应得的奖励。然而，如果这个数字没有完全兑现，员工很可能会感到不满意，甚至可能产生负面的激励效果。因此，基于公式化的奖金制度可能会导致员工的情感在满意与不满意之间波动，要使员工有积极态度和高效表现，这种制度需要谨慎设计和执行。

亲身经历并思考过优秀企业的激励体系后，我发现，固薪在优秀企业的激励体系中的作用举足轻重。其实在所有其他企业里，固薪的重要性何尝不是如此呢？比如，面对员工谈离职的情况，企业想留人，就可能会提升固薪，而不会在提高奖金上浪费时间。这方面做得比较干脆的是硅谷科技公司奈飞。根据《奈飞文化手册》[①]一书，奈飞鼓励离职的员工把下一家企业的录用通知知会奈飞，然后会马上以同等数额的薪酬与员工进行谈判。诚然，这种做法在企业不断壮大的时候是否可取仍有待商榷。

我对优秀企业的做法有一个总结：如果企业想提高对新人的吸引力，就从增加固薪方面入手，即使奖金总额没有太多变化，也会起到很好的吸引新人加入的作用。

那么，固薪有哪些种类呢？一般来说，固薪分为三类：第一类被称为基薪，第二类被称为底薪，第三类被称为计件工资。

前两个概念都是舶来品，基薪是“基本”的意思，是保障基本的日常现金流；底薪是“基石”的意思，指有一定“基石作用”的日常现金流。孰重

① 由奈飞前 CHO 帕蒂·麦考德所著，麦考德在书中归纳出 8 条奈飞文化准则，并从多个角度揭示奈飞为什么要对传统的企业文化理念发起冲击。该书中文简体字版已由湛庐引进、浙江教育出版社于 2018 年出版。——编者注

孰轻孰重就无须赘述，但是它们往往被不太清楚固薪设计概念的企业混合使用。重视“引凤入巢”的企业深谙固薪设计的理念，因此都将底薪作为员工薪酬架构中的重要部分。大多数企业同样知道这一理念，但遗憾的是，它们在制定固薪政策时还是将底薪设计成了基薪，成为薪酬架构中的一个陪衬。

不少以基薪为薪酬架构特点的国内企业在与以底薪为薪酬架构特点的外资企业进行人才竞争时，往往处于劣势地位。从市场数据来看，在同行业、同岗位竞争的中外资企业中，外资企业的固薪平均是国内企业固薪的 2 倍左右。

在人力资源管理中，低固薪可能只是表面的节约，其本质往往是奢侈的。每一份低薪，都是在积累隐形的成本与失去的风险。有吸引力的底薪不仅是奖励，更是企业与员工共同成长的基石。

计件工资是基薪和底薪的“前辈”。根据马克斯·韦伯的《新教伦理与资本主义精神》（*The Protestant Ethic and the Spirit of Capitalism*）一书的描述，计件工资的发明和运用，成功地将工业化前夜的农民从土地上吸引到了工厂里，为工业革命释放了大量的劳动力，同时也提高了员工工作效率。所以，计件工资对人类的工业革命也起到了不可估量的激励作用。

了解计件工资的简单历史，可以帮助我们更深切地体会基薪和底薪的作用。为什么工业革命早期的工厂在初创时不一步到位，用固薪来吸引农民加入？因为当时的农民对土地的依赖心理依然强烈，担心离开土地后自己无法维持正常生计，而计件工资可以很好地照顾到农民的这种心理，使其在工厂获得一天的计件工资后可以回到农舍，获得高度安全感。当计件工资变成相对稳定的收入时，农民彻底离开土地的趋势就形成了。是否能满足安全感需求，是固薪设计的重要一环，本书之后会进行详细讨论。

计件工资已经完成了它的历史使命，淡出了薪酬体系的讨论范畴。现在，如何设计有竞争力和吸引力的固薪，已经成为现代企业管理者思考的命题之一。固薪的设计是需要理念支撑的，我们需要讨论一下其中的理念思考，尽快摆脱理念迷失。

固薪设计理念：从岗本主张到人本主张

“在21世纪，对企业最重要的资产是它的知识工作者以及他们的生产力。”我们从德鲁克关于“知识工作者”的表述开始，来理解本节讨论的观点。

固薪设计也有两种主张：一种是岗本主张，另一种是人本主张。我们可以这样理解两个主张的区别：岗位的形状是方形的；而因知识、技能和能力不同，人的形状是不规则的。以岗本主张为主的企业倾向于调整人来适应岗位，典型的表述就是“以岗定薪，人岗匹配”。倡导人本主张的企业会尽量为人、岗找到最佳契合点，有的企业会因人设岗。因人设岗并不是给每个不同的人设立独特的岗位，而是淡化或取消每个岗位的岗位描述（JD），取而代之的是职位描述（PD）。两者的区别主要有以下4方面：

- 岗位描述规定了每个岗位的工作内容，从岗者严格按照岗位要求工作和被考核；职位描述规定每个职位的关键要求，如学历、软硬技能和胜任力等。
- 岗位描述关注“是否能胜任”这个岗位，旨在寻找做事的人；职位描述关注“是否能胜任”这个职位，旨在寻找做事的知识和知识转化的能力。
- 岗位描述用于岗位分类和岗位审核；职位描述用于管理绩效。
- 岗位描述由拥有该岗位的部门管理；职位描述由人力资源部门和用人部门共同管理。

虽然一些企业会把岗位描述和职位描述当成同一个概念，但是两者还是有关键区别的。这些区别在某种程度上反映了企业“岗本主张”和“人本主张”的理念。我们以投资银行分析师为例进一步说明岗位描述和职位描述的一些关键区别（见表 9–1）。

表 9-1 分析师的岗位描述与职位描述对比

描述类型	相关描述
岗位描述	工作内容： 1. 提供估值分析，包括折现现金流量、相对估值、资产估值、可比公司估值和交易倍数 2. 准备客户会议的推介书，包括并购和杠杆收购的推介书 3. 快速准备财务模型并进行财务分析 4. 协助高管和团队准备客户服务方案 5. 监测行业的最新事件、估值和重要财务信息 6. 同时负责指导和监督初级分析师 7. 与客户协调财务数据和分析 8. 出差参加客户会议和行业研究
职位描述	1. 概述： 投资银行分析师与投资银行团队一起合作工作，分析工作包括为不同的项目（如基础设施项目）建立经济模型 2. 能力要求： • 强大的定性和定量分析能力 • 出色的口头和书面沟通能力 • 熟练运用 PowerPoint、精通 Excel 和 VBA 技能，擅长使用 VBA 分析市场数据和进行财务建模 • 能够在极端压力和紧迫期限下工作 • 具备会计知识及财务报表分析等技能 • 熟悉 Python 或其他编程语言是加分项 3. 学历要求： • 拥有著名学府的本科或研究生学历 • 最好是 STEM① 专业 • 通过特许金融分析师（CFA）考试（至少通过 CFA Leve Ⅱ）

可以看出，岗位描述以工作内容描述为主，职位描述以能力和胜任力要求描述为主。当然，人力资源部也可以将岗位描述和职位描述合二为一，有些企业已经这样操作了。

---

① 即 Science（科学）、Technology（技术）、Engineer（工程师）、Mathmetics（数学）的缩写。

观念转变后，“人岗匹配、岗得其人、人适其岗”变成“人尽其才、才得其用”，大大柔化了岗位的棱角。

经常有人津津乐道地讨论阿里巴巴的P序列、华为的“13～23级”序列和华尔街投资银行的董事总经理职级序列。这些序列就是指职位，而不是指岗位。这些人本主张理念浓厚的企业，给职位序列赋予了内部的胜任力要求和价值。

比如，华为总共有23级，从13级开始属于知识型工作者；18级是一个坎，如果员工经过一段时间依然无法跨越这个坎，就要离开；19级以上是领导者和专家。在华为内部，每个人会根据级别而不是岗位获得不同的股份，华为是一家非常典型的人本主张的企业。正所谓“岗本主张：塑造人，适应岗位；人本主张：塑造岗位，适应人”，人本主张的设计理念让企业关注固薪的竞争性，还关注固薪的吸引力，让固薪不仅可以满足员工的基本生活需求，还能使其体面地生活。人本主张的企业聘用新人的时候，会确保录用通知上的薪酬比他之前所在企业给出的薪酬更具吸引力。

在知识密集型企业中，人本主张的固薪设计理念已经占据主导地位，而在劳动力密集型的制造业企业中，以岗位为核心的固薪设计理念仍然居于主流。然而，随着制造业企业越来越重视塑造“新质生产力”，更多的岗位固薪理念也开始向人本主张靠拢，尤其体现在研发部门、信息部门和关键核心岗位的招聘环节。这种理念让员工的薪酬不再受岗位价格的限制。

新质生产力是传统生产力的升级版本。它不仅着眼于资本和劳动力这些传统生产要素，更注重在数字化、网络化和智能化的背景下，通过创新技术和模式实现新的生产和经济增长。新质生产力强调新的生产要素，包括对信息技术、人工智能、大数据和物联网等新兴技术的广泛运用和整合，旨在提高员工生产效率，创新企业价值，推动经济发展。

人们普遍认为制造业属于成本敏感型行业，应采用岗本主张的固薪理念，这个想法没错，但是随着制造业不断拥抱新质生产力，许多制造业与科技企业的界限开始变得非常模糊，管理者的薪酬理念也要相应调整。比如，特斯拉是科技企业还是制造企业？华为是科技企业还是制造企业？

岗本主张的设计理念让企业重点关注岗位固薪的竞争力而不是吸引力，对薪酬成本的控制强于对薪酬吸引力的考量，让固薪仅仅满足员工的基本生活需求。岗本主张的企业在聘用新人的时候，会确保录用通知上的薪酬符合本企业的岗位价格，不会在薪酬吸引力方面下功夫。根据人本主张设计的固薪是底薪，根据岗本主张设计的固薪是基薪或不太有吸引力的底薪。

激励的法则
The Art of
Motivation

底薪是用来吸引人才的，因此员工薪酬结构中使用底薪的企业在招聘环节会非常严谨，确保物有所值。底薪也是用来保留人才、激励人才加入后创造奖金池的。底薪的高低在某种程度上决定了企业人才的密度和优秀率。基薪是用来招聘人员的，因此使用基薪的企业在招聘环节往往不太严谨，因为人力成本不高。基薪是用来不断轮换新人的，它鼓励新人加入企业后努力创造业绩，跟企业分成。用一句话来总结，将固薪设计成基薪的结果是企业与员工分利，将固薪设计成底薪的结果是企业获得更优秀的员工。

底薪设计的玄机：获得体面

底薪设计的玄机就是让员工觉得体面。那么，底薪满足哪些条件会让员工觉得体面？我认为这个问题可以参考马斯洛需求层次论，只要底薪能够满足前 3 个需求（生理、安全和基本社交需求），就可以称其符合“体面底薪”的定义了。

多数人一生中要签署两类重要的合同：一类是收入类合同，如劳动合同等；另一类是支出类合同，如贷款合同等。如果你的底薪除去日常消费，还有剩余经费用于社交活动，那这样的底薪应该是比较体面的了，如果剩余经费还能贷款买车或其他大件，那就祝贺你获得了一份有竞争力和吸引力的底薪合同，但代价是你要拼命地提升自己的 KBI，否则你很快就会失去这份合同。

我在这里给大家介绍一下管理界比较有名的 X 理论和 Y 理论。该理论是由麻省理工学院斯隆管理学院教授道格拉斯·麦格雷戈（Douglas McGregor）在《企业的人性面》（*The Human Side of Enterprise*）[①] 一书中提出的。他将管理者对员工的臆断分为两类，分别称之为“X 理论”和“Y 理论”。这两个理论对固薪设计也非常有参考价值。

认同 X 理论的管理者认为，人生来就厌恶工作，管理者的任务就是设法让“懒鬼们”付出些努力，这就需要行使权威，进行控制。X 理论非常看重薪酬在激励中的作用，管理者可以通过是否给予薪酬来奖惩员工。X 理论认为：“工作就是获得工资的代价。”

麦格雷戈更赞同 Y 理论，该理论对员工的看法要乐观许多。Y 理论的假设前提是人们都愿意努力工作，而既然员工致力于实现企业目标，管理者就无须发号施令。该理论也认为，薪酬过低或不公平会打击员工的工作积极性，但一旦员工的收入足以满足他们的基本需求，就会产生其他动力来源。在这一点上，麦格雷戈是马斯洛的追随者。马斯洛提出的 5 个需求层次中，底层是员工能吃饱饭（生存需要）和有安全感（安全需要），再往上是更高层次的需要，如情感需要、自尊需要和自我实现需要。

---

① 《企业的人性面》中提出了管理领域的终极问题：人到底是创造价值的机器，还是可以根据需要削减的成本？作者在书中强化了研究人性假设的重要性，告诫实践者成功管理的首要能力莫过于拥有前瞻性和控制人性的行为。——编者注

在这里，我将提供两种方法，供人力资源从业者参考，从而设计一份有吸引力的底薪。

第一种方法是行业头部企业对标法。这是一个非常好的、给“本我”释放激励动力的方法。具体做法是，企业可以通过第三方薪酬调查公司，获得对标企业底薪数据的25分位、50分位和75分位，然后根据自身的支付实力，设立一个当前支付分位数和一个目标支付分位数。接着，设立一个与对标企业完全对标的年限目标，这个年限目标就可以成为激励本企业的持续动力。

第二种方法是恩格尔系数法。恩格尔系数是19世纪德国统计学家恩格尔发明的。他根据统计资料总结的消费结构变化的规律，用来统计一个家庭或个人用以购买食物的支出所占收入的比例。比例越小，收入状况越好，反之越差。我国将小康家庭的恩格尔系数定为40%～50%。对于喜欢思考的人力资源从业者来说，这是一个可以分析员工恩格尔系数的方法。

举例来说，假设某企业想评估员工的薪酬水平是否合理，可以参考恩格尔系数法。他们可以参考政府公布的企业所处地区的食物支出数据，将这个数据与员工的收入进行比较分析。如果员工的恩格尔系数为40%～50%，便符合我国定义的小康家庭标准。这种分析有助于企业更好地制定有竞争力的薪酬福利政策。

为了更好地理解底薪设计的玄机，我们还可以通过类比企业的经营活动来加深对底薪和基薪的关键区别的理解。

企业的一切活动都是为了获得三股现金流：一是通过融资获得的融资性现金流，类似于输血；二是通过经营活动获得的经营性现金流，类似于造血；三是通过投资活动获得的投资性现金流，也是造血的一种方式，但是投资活动需要企业在有足够的剩余现金流的基础上才能开展。

员工在某种程度上也是一种创造和消耗现金流的经营单位，其一切活动也是围绕着获得这三种现金流展开的。比如，一个人通过一份商业计划书（也就是个人简历）和讲故事（也就是参加企业面试），获得了企业的融资性现金流（也就是固薪）。他的“商业计划书”和“故事”的吸引程度决定了他所获得的是基薪还是底薪。之后，他通过展示自己的绩效、胜任力和过往经历，获得了经营性现金流（也就是奖金）。如果他获得的是底薪，这将激励他全力以赴提升自己的能力和经历的含金量，从而获得经营性现金流（也就是奖金）；等有足够的融资性现金流后，他便开始做理财投资活动从而获得投资性现金流。

融资性现金流让企业得以开展正常的经营活动，这种现金流越丰富，经营活动开展得越游刃有余，企业成功的可能性越大。同理，底薪，而不是基薪，让个人得以游刃有余地发挥自己的潜能，从而为企业创造更大的奖金池。

固薪是职场人士完成本职工作所得的报酬，奖金则是对他们在完成日常工作期间提出有益建议的额外奖励。例如，准时完成月度财务报表属于财务经理的职责范畴，然而，如果他能够在报表完成过程中识别潜在问题，向管理层提出改进措施并得到采纳，这就是他的额外价值。奖金青睐那些能够提升价值的行为和建议。

避免低固薪陷阱：人是资产，而非成本

如同 KPI 激励一样，企业阶段论是许多企业管理者说服自己不得不使用“基薪 + 提成制”激励的最主要理由之一，对于这种观点，我不敢苟同。

我们可以看看有“创业者家园”之称的国家以色列，它拥有 6 000 多家科技初创企业，平均每家企业有 1 300 人，这个人均数字高于美国硅谷，位居全球第一。2015 年的时候，我参加了一个由以色列股权投资平台

OurCrowd 发起的、全球约 5 000 人参加的投资者大会。在会上，我了解到一个事实：以色列所有初创企业实行的都是典型的大型成功企业的薪酬激励体系，即“总薪酬=有竞争力的固薪+奖金+股票（如有）”的薪酬激励体系。

在这些初创企业里，多数员工的固薪与浮动薪酬（奖金）之比占大头。为什么这样安排？了解更深层的原因，要回到马斯洛需求层次论。生存需求、安全需求、情感需求、自尊需求和自我实现需求，依次由较低层级到较高层级排列。倡导“基薪 + 提成制”激励的管理者普遍会将员工的固薪按照第一层级的生存需求和第二层级的安全需求来设计。

基薪的设计基于“最缺钱的员工才最拼命”的前提假设，这个激励理念的逻辑乍听起来没错，但是这个理念最终达到的激励结果往往事与愿违。在这个理念指导下的企业很难吸引优秀者加入，导致企业在“劣币驱逐良币”的逆向淘汰人才的环境下，进入中等规模的死循环。另外，如果员工工作的动力之一，就是创造收益后与企业分成，那么他们就会将自己的分利最大化。他们会拒绝与企业和团队分享商业和客户信息，将客户私有化。拒绝团队合作成为了此类员工的共识。更糟糕的是，如果其他企业有更高的提成比例，员工是有动机将商业机会进行体外操作的，也就是做出所谓“飞单”行为。

杰克·韦尔奇（Jack Welch）说：“工资最高的时候成本最低。因为我们只考虑到会计成本，没有考虑到机会成本，没有考虑到人的成本。”这个机会成本就是指，企业由于无法吸引优秀人才加入而陷入低生产力、低人效和高离职率的“两低一高”的恶性循环。

在《人与绩效》（*People and Performance*）一书中，德鲁克生动地描绘了福特汽车公司是如何通过彻底转变员工薪资观念，使公司产生翻天覆地的命运变化的故事。在第一次世界大战前几年，美国经历了激烈的劳资冲突，劳动群众生活困难，员工失业率极高。技能熟练的工人的时薪一度低至 15

美分。然而，在这样的背景下，福特汽车公司于1913年底宣布，每位工人将获得5美元的日薪，这一金额是当时市场标准的2～3倍。这一方案由公司总经理詹姆斯·考森斯（James Couzens）向合作伙伴福特提出。考森斯认识到，工人的生活非常艰难，企业只有通过明显而激烈的行动才能有效地改变员工薪资观念。他还预计，尽管公司的工资支出会上涨为原来的3倍，但公司的实际劳动成本将大大降低。事实证明，他的预计是正确的。

不到一年，员工流动率"几乎完全消失了"，劳动率上涨了40%～70%。预备招募的工人数量由53 000名降到2 000名。在1914年至1916年间，福特汽车公司的利润实现翻番，由3 000万美元增长至6 000万美元。在1910年至1919年间，福特汽车公司Model-T汽车的价格由大约800美元降到350美元，巩固了其作为世界最大的汽车制造商的地位，也让创始人福特成为亿万富翁。高工资所节约的劳动力成本使福特汽车公司占据了市场的统治地位。同时，其行动也从根本上改变了美国的工业社会，将美国工人确立为社会的中间阶层。

福特后来说出了本章节开头的那句话："每日工作8小时和支付员工5美元的日薪是我们做出的最漂亮的削减成本措施。"低固薪其实是企业最昂贵的人力成本。把这个自相矛盾的论点想清楚很关键。

德鲁克还在书中描述，同一时期IBM也采取了与福特汽车公司类似的行动。在20世纪20年代经济大萧条的岁月里，IBM只是一家规模很小、没什么知名度的公司，所以，它的行动无法产生20年前福特汽车公司将工人日薪提高到5美元那样的轰动效应。但IBM为工人提供了就业保障，以月薪制代替时薪制，其勇敢和创新程度丝毫不亚于福特。IBM的行动还以帮助解决当时的一项重大社会问题为目标，即大萧条带给美国工人的恐惧、不安和尊严的丧失。它同样将社会弊病变成了商业机会。正是这一举措，为IBM的迅速发展提供了人事上的潜力，10年后，IBM借此积极挺进全新的计算机技术领域。

管理者要清楚地认识到，不同于他们的先辈，现代企业的雇员已经离开了有安全感的土地。如果企业提供的固薪无法满足他们最基本的生存、安全和情感需求，那么高流动率、“飞单”行为等就难以避免。这些行为是他们获得生活安全感的方式之一。

倡导“总薪酬＝有竞争力的固薪＋奖金＋股权（如有）”激励体系的管理者，会将固薪按照满足员工的生存、安全和情感需要来设计。这就是我们现在经常听到的所谓“体面薪酬”的需求层面的解释。目前，成熟市场的创业企业基本是按照体面薪酬来设计激励。国内一些获得较好的融资性现金流的企业，也能在初创期支付起体面薪酬。这样的设计传达的是平衡和可持续的激励理念，而不是短时间的强激励。

如果企业现金流不足以支付这样的体面薪酬，管理层就要更多地去提高融资能力和经营能力。让企业获得现金流（尤其是融资性现金流）的压力始终压在管理层肩上，这能有效避免提成制的管理缺陷。

既然底薪如此重要，它是否越高越好？答案是否定的。薪酬跟劳动力（尤其是有效劳动力）一样，都是资源。是资源就会稀缺，资源不是取之不尽，用之不竭的。所以底薪不是越高越好，否则会提高企业盈亏点的门槛。

但是，多少算高？多少算低？这就要看优秀管理者和专业人力资源从业者的本事了。

在成熟的知识密集型的行业里，如咨询、金融和科技公司，底薪架构会比较简单。底薪就是底薪，每个职级对应的底薪数字是一个基本能够反映相应职级和岗位市场价值的数字，这个数字不会再附带其他各种非现金津贴。这样做的目的，就是让薪酬管理变得简单。人才加入企业后，不会因过多地去思考房租、电话费、交通费等支出而分散工作注意力。所以，如果你所在的是一家知识密集型的企业，一定要避免将底薪按照基薪的理念来设计。企业管理（尤其是知识密集型企业的企业管理）的最大成本之一就是以基薪来招聘人才。

即使在劳动力密集型企业中，企业的管理者也会千方百计地让本企业的基薪处在本行业内有竞争力的水平。比如，美国仓储式零售商好市多（Costco）有 800 多家实体店和 1.13 亿名会员分布在全球各地，是美国第 3 大、全球第 9 大零售商。即便在疫情期间，好市多仍获得了创纪录的销售和利润成果。是什么原因令消费者如此沉迷于在好市多购物呢？

根据一份美国房地产调查报告，有八大因素是消费者在好市多“沉迷不悟”地消费的原因，这八大因素是：

- 好市多的自有品牌科克兰（Kirkland Signature）产品比其他商店出售的大多数杂牌产品价格更便宜。
- 有美食广场。
- 退货政策好。
- 有只有会员才能购买的低价汽油。
- 有 4.99 美元一只的烤鸡。
- 只有会员才能免费试吃。
- 库存稳定，价格低廉。
- 薪酬水准高于同行，员工工作稳定。

你看，员工的薪酬水准竟然是持续吸引消费者的八大因素之一。关于薪酬水准有这样一个描述：好市多以向员工支付高薪而著称，这样能使其员工离职率保持在较低水平。好市多每小时 16 美元的起薪高于沃尔玛提供的 12 美元和塔吉特（Target）提供的 15 美元，但低于亚马逊提供的 18 美元。不过，好市多的大多数员工都会工作足够长时间，以获得一两次加薪。超过 60% 的美国员工在好市多工作了 5 年或更长时间，平均时薪约为 24 美元。有满意的员工就有满意的客户。

避免高固薪陷阱：不让凤巢被乌居

说完低固薪的陷阱和挑战，我们再来看看高固薪的陷阱是什么。一个脱口而出的回答就是高固定成本，它不利于企业突破盈亏点。如果企业选择有竞争性的固薪来吸引人才，就要学会使用各种管理手段，以确保高固薪获得者的“性价比”处在最合理的区间。企业可以通过比较比率法来评估高固薪获得者的“性价比”。我在这里先简单介绍一下这个方法。

所谓“比较比率法”，是一个比较常用的方法，薪酬专业人员通常用它来评估企业员工的固薪水平是否达到对内公平和对外有竞争力的标准。为便于大家理解，我在这里也简单介绍一下这个比较比率的计算方法：

$$\text{比较比率}=\frac{\text{企业实际职级固薪的中位数}}{\text{对标市场职级固薪的中位数}}\times 100\%$$

这个公式的逻辑很简单，企业通过改变分母就可以评估企业固薪对内是否公平、对外是否有竞争力。比如，把分母改成企业内部实际固薪数据的中位数，就可以判断企业每一个职级的固薪水平在企业内部是否有公平性。

除了计算职级固薪比较比率，我们还可以套用这个公式的逻辑来计算其他与固薪相关的比较比率，如：

- 每位员工固薪的对内和对外比较比率。
- 每个部门固薪的对内和对外比较比率。
- 企业平均固薪的对外比较比率。

在薪酬管理到位的企业里，每个职级都有一个固薪范围，分为最低分位（Q1）、中位数（M）和最高分位（Q3），分别是25分位、50分位和75分位。用企业中某个岗位的中位数与对标市场同样岗位的中位数进行对比测算，如果比较比率是 1，则意味着该岗位的固薪水平与对标市场该岗位的固薪平均水平完全相同；如果结果是 0.9，则意味着该岗位的固薪水平比行业平均水平低 10%，说明该岗位有员工跳槽的风险；如果结果是 1.10，则意味着该岗位的固薪水平高于对标市场平均固薪水平的 10%。通过表 9–2，你能够获得更直观的理解。

表 9–2　薪酬比较比率说明

职级	企业固薪中位数	对标市场固薪中位数	比较比率	结论
P1	89 500	89 500	1.00	持平
P2	160 000	160 000	1.00	持平
P3	202 500	225 000	0.90	低 10%
P4	308 000	280 000	1.10	高 10%
P5	385 000	350 000	1.10	高 10%

企业管理者如果认为企业的业绩可以支撑高于对标市场的岗位固薪水平，那就可以继续保持这样的支付水平。如果企业对这样的支付感到有压力或认为没有必要，完全可以逐步将比较比率调整到一个可以接受的范围，因为薪酬毕竟也是一种稀缺资源，要妥善使用。

企业管理者了解本企业与对标市场的比较比率后，可以通过使用一些管理手段来提升企业的竞争力，后面的章节会详细讨论这些管理手段，如价值观、晋升管理、“公司一体化”组织架构等，它们都属于管理手段的范畴。

高固薪可以吸引凤凰入巢，但也会出现凤巢乌居，即把建设好的凤巢让给了乌鸦。如果没有坚实的管理手段，企业就会落入高固薪陷阱，让吸引来的凤凰变乌鸦。以一家企业经常出现的高固薪陷阱为例，这个陷阱的具体表现是下面这样的。

有些企业也想通过高固薪来吸引人才，但是由于企业本身还没有非常明确的商业模式、沉淀的忠诚客户群以及深入人心的品牌知名度，再加上管理者只会“管”不会“引”，以管控代替授权和赋权，也不善于使用 KBI 管理企业员工的招聘、激励、培养和晋升，没有高维 KPI 和个人 KBI，只有低维 KPI，所以员工的固薪与产能比脱离正常的效比区间，固薪无法覆盖产出所需成本，从而落入高固薪陷阱，导致人力成本居高不下。

落入陷阱后，这些企业的常见做法是重新与员工签署合同，将过高的固薪进行三七开或者四六开划分，减少固薪部分，增加浮动部分。结果可想而知，劳资关系矛盾激化了，负激励效应产生了。

激励的法则
The Art of Motivation

不是说不能采取降薪的方法来减少固定成本，降薪是可以的，但是最好要根据岗位和职级的不同进行集体降薪。降薪前要做好充分的沟通，说明等业务好转时，再集体恢复原来的薪酬，这样可以有效地增进劳资的信任度。企业的人才管理越到位，集体降薪的效果越好。

总薪酬制贯彻于优秀的企业。企业可以通过降低总薪酬来代替底薪调整，这是优秀企业降低人力成本的常见做法，因为调整底薪是比较有挑战性的，有“动了我的奶酪”的感觉。由于底薪与奖金、社保挂钩，调整时还要顾及当地的劳动法规。

调整总薪酬会让员工更能接受，但是前提是企业已经实现了真正意义上的总薪酬制，即固薪设计采取底薪而不是基薪的设计理念。企业只需要调整总薪酬即可有效降低人力成本。

根据总薪酬的公式可得，奖金 = 总薪酬 − 固薪。比如，好年景时，员工 A 的总薪酬是 100 万元 / 年，底薪是 60 万元 / 年，那么，奖金是 40 万元 / 年（100 万元 − 60 万元）。年景不好时，员工 A 的总薪酬调整为 80 万

元 / 年，底薪还是 60 万元 / 年，奖金就是 20 万元 / 年（80 万元－ 60 万元）。这又一次体现了总薪酬的优势。

The Art of Motivation
激励的思考

1. 相信你已经了解了固薪设计的两个指导性理念，请结合你的理解，分析一下你所在企业的固薪设计目前采用的是基薪还是底薪？如果是底薪，是人本主张还是岗本主张？

2. 请根据本章介绍的固薪比较比率法，检测一下你所在企业的固薪水平与对标市场的固薪水平相比是否有竞争力？如果没有竞争力，你会如何做？

The Art of
Motivation

第四部分

激励体系的“非财务之翼”：三大内驱要素

人力不是资源，而是资本。与资源不同，资本的属性，是逐利与流动。

导 读

第三部分已经详细探讨了“一体两翼”可持续激励体系中的“财务维度之翼”，它通过设置明确的经济手段来激发员工积极工作并提升绩效。从第四部分开始，我们将转向另一“翼”——非财务维度的激励机制。

相比之下，非财务维度更加注重管理和文化层面的建设，它不直接触及经济奖励，而是通过基于企业使命的价值观来塑造企业文化、优化组织结构以及规划晋升管理等，间接但持续地影响员工的行为和态度。这种管理方式虽然更加难以度量，却能深入企业行为的每一个细胞，解决“冰山隐藏在水下部分”的激励难题。如果说财务维度是通过经济手段对员工进行管理，那么非财务维度则是考验管理者的管理能力和对企业日常管理的投入度。

非财务维度包括三个关键要素：

- 价值观。
- “公司一体化”组织架构。
- 晋升管理。

首先，价值观作为非财务维度的核心元素之一，是企业文化的基石。企业的价值观应当被清晰地传达给所有员工，它不仅定义了企业的行为准则，还影响着员工的决策和行为模式。一个强有力的价值观系统能够自然地吸引那些在价值观上与之相符的员工，同时淘汰那些不符合这些价值观的人。通过常态化的培训、内部宣导、日常管理等多种方式，企业可以不断地强化这些价值观，使其成为员工内心深处的驱动力。

其次，“公司一体化”组织架构可以明晰责任分工，提高组织效率，增强团队合作。在现代企业管理中，高效的纵向和横向沟通变得尤为重要。这样的组织架构不仅能够促进信息的流通和资源的最优配置，还能加强各部门之间的协作，使企业能够更快速地响应市场变化，满足客户需求。此外，“公司一体化”组织架构还能够确保所有员工都能明确自己的职位与职责，以及如何通过自己的努力为企业整体目标的达成贡献力量。

最后，晋升管理是非财务维度中不可或缺的部分。透明和公正的晋升机制能够激发员工的职业发展动力，得到员工的长期承诺。企业应当建立一套明确的晋升机制和评价标准，这些标准不仅注重业绩的表现，也更加注重员工的潜力、职业态度和团队合作能力。通过定期的绩效评估、职业发展规划和潜力开发，企业可以帮助员工明确自己的职业目标，同时识别并培养未来的领导者。

在第四部分，我们将通过深入探讨价值观、“公司一体化”组织架构和晋升管理这三个方面，更全面地理解如何通过非财务手段来激发员工的内在动力，增强团队精神，并最终推动企业向着既定目标稳步前进。“一体两翼”可持续激励体系的全景在这三个关键要素的相互作用下逐渐显现。

第 10 章

价值观：实现愿景与使命的行为标准

了解企业的可持续激励体系除了从财务维度入手，还要上升到能够代表更高激励层面的非财务维度，即价值观、“公司一体化”组织架构和晋升管理。

你可能听说过双因素理论，即“激励－保健理论”，这一理论由美国心理学家弗雷德里克·赫茨伯格（Frederick Herzberg）在 20 世纪 50 年代末提出。赫茨伯格认为，产生激励的因素有挑战性工作、成就、增加工作责任、赏识等，这些因素被赫茨伯格命名为激励因子（motivation factor）。

然而，倘若下面这些事情企业规划不到位，便可能引发员工强烈的负激励效应，包括工资、福利、晋升政策、规章制度、人际关系、工作条件、地位和安全等，这些方面被赫茨伯格命名为保健因子（hygiene factor）。虽然当前中文通常将其译为“保健因子”，但我认为这一翻译尚不够精准，因为“保健”并不涵盖“清洁”的意思，因此，我更倾向于将其直译为“卫生因子”，以保留其原始含义。所谓卫生因子，指的是企业要确保这些方面的极致“清洁”和“干净”，以此预防员工负面激励效应的出现。例如，企业的政策和规定若能更加明确和透明，则更有助于避免负面激励效应的出现。企业规章制度便是一个典型的卫生因子例证。

“一体两翼”可持续激励体系包含两个关键的维度：财务维度和非财务维度。财务维度是从经济的角度审视管理者如何源源不断地提供奖励，如何设定合理的个人考核标准，以及如何公平地分配成果，这些财务维度方面的因素属于卫生因子，以确保员工对工作的满意度。非财务维度是从价值观、“公司一体化”组织架构和晋升管理等非物质角度出发，关注如何最大限度地激发员工的工作热情和积极性，这是激励因子的意义所在。

简而言之，财务维度带来的是外在刺激，触动员工的物质欲望，非财务维度带来的是内在动力，激发员工的精神追求。等我们完成对非财务维度激励作用的全部讨论时，前面提到的从激励考核方案到激励考核体系的全貌将会清晰呈现。

无论是普通企业还是优秀企业，其激励管理架构里都或多或少地存在着价值观、“公司一体化”组织架构和晋升管理这三个非财务维度要素。但还是那句话，指导这三个要素的理念也许非常不同，方法和工具也因此大相径庭。比如，在抗击疫情的过程中全球都使用核酸检测试剂、隔离服、口罩等工具，但是国与国之间的抗疫理念不同，导致工具的使用方法也不同。“动态清零”是一个理念，“病毒共存”也是一个理念，不同的抗疫理念就会影响抗疫方法和工具的使用。

在这一章，我将首先探讨一个关键的非财务维度要素——价值观，随后深入阐述价值观在构建企业激励管理体系中的关键作用，并重点讨论以下问题：为何有三个特定的价值观会成为众多优秀企业选择的核心价值观？这三个核心价值观分别是什么？它们是如何助力构建高效率的团队的？

优秀企业的价值观“不约而同”

提到价值观，很多人会认为它太务虚，难以落地。如果没有具体的分析，确实会让人有这样的感觉，但是不用担心，本书的一大特点就是将抽象的管理概念具象化，抽丝剥茧，让你有所裨益。

在出场顺序上，价值观往往排在愿景、使命之后。有了愿景和使命，企业创立者或管理者就要认真思考企业的核心价值观是什么，以及怎样的价值观更能适应企业的长期发展。在思考具体的价值观之前，不妨先花些时间想清楚价值观的作用是什么。

简单来说，愿景是用来憧憬和实现的，回答的是“为什么”的问题，即企业为什么做这件事；使命是用来达成的，回答的是“是什么”的问题，即企业的目标是什么；价值观是用来规范实现愿景和达成使命的行为标准、理念和信仰的，回答的是“怎么做”的问题，即企业实现愿景和达成使命的过程中该有何行为。我们知道，考核只要涉及行为，就属于过程主张指导理念的范畴了。

以华为为例，来看愿景、使命和价值观是如何关联的：

- **愿景**：华为的愿景是“让世界各地的人们都能享受到数字世界的便利和乐趣”。这解释了华为为什么存在，为什么要做现在所做的事情。
- **使命**：华为的使命是“把数字世界带入每个人、每个家庭、每个组织，构建万物互联的智能世界”。这更加具体地解释了华为要做什么，以达成他们的愿景。
- **价值观**：华为的核心价值观可以总结为“以客户为中心，以协作为本，长期积累深耕”等。这些价值观回答了他们应该如何实现愿景和达成使命，设定了他们日常工作的行为指南。

我们可以看到，愿景是宏大的理想，使命是实现这个理想的途径，价值观则是细化的行为准则，指导员工走向目标。

iHire 公司的 2020 年职场核心价值观调查报告显示，62% 的企业有一套自己的核心价值观。这个数据给我的第一感觉是，具有一套自己的核心价值观的企业，数量比我想象的要少许多，这说明，还有很多企业不重视核心价值观的建设。作为对照，超过 75% 的受访者表示，在拥有一套核心价值观的企业中工作“非常重要”，可见员工所想与企业所为之间还有需要填补的鸿沟。

你可能没有注意到，尽管不同企业的愿景、使命和企业文化各具特点，很少有雷同之处，但是，几乎所有优秀的企业都拥有高度相似的价值观，就如同企业化文化高度相似一样。且一家企业的核心价值观通常不会超过 10 个，多数企业的核心价值观数量为 5 ～ 6 个，这会使员工更快地记住并内化这些价值观。

无论企业选择多少个核心价值观，诚信、团队合作以及沟通这三个价值观几乎总会出现在许多优秀企业的价值观列表中。让我们分别探讨一下这三个价值观是如何为企业的持续存在和发展服务的：

- **诚信**：企业最为基础的价值观之一，意味着员工要诚实并保持行为的一致性。在企业环境中，它要求员工做出正确的事情，即使在没有人监督的情况下也是如此。诚信不仅关乎个人行为的一致性，还体现在企业的决策、产品和服务的质量以及对客户的承诺上。一个以诚信为核心价值观的企业会赢得客户、合作伙伴和员工的信任，这对企业的长期发展至关重要。
- **团队合作**：企业的成功往往依赖于内部成员之间高效、紧密的合作。团队精神鼓励员工共同努力，利用各自的长处和技能共同达成目标。这种精神不仅能够加快问题的解决速度，还能在组织中建立强有力的支持网络，促进思维的创新和创造。通过团队合作，企业能够实现组织的协同效应，将个人才能汇集成更大的集体成就。

- **沟通**：无论企业规模大小，有效的沟通都是其成功的关键。良好的沟通能够确保信息在组织中准确无误地流动，有助于防止误解和冲突的发生，同时提高决策过程和问题解决策略的透明度。开放的沟通文化还能鼓励员工分享想法和意见，这对于激发员工的创意、提升员工的参与度和维持员工的高积极性都至关重要。

这三个核心价值观之所以能在众多优秀企业中广泛存在，是因为它们共同构建了一个坚实的基础，促进了企业文化的发展，提高了团队的凝聚力，增强了企业对内外部利益相关者的吸引力。这三个价值观表面上看不出明显的直接相关性，但是细想起来，它们所要达到的目的是一样的：更好地维系企业的存在和发展。

什么是企业？“企业”的英文 company 有“陪伴”的意思，引申到商业领域就是“个体抱团”共同抵御经营风险。个体抱团组成的“企业”，只有当个体之和大于整体的时候，才有“陪伴”的意义。在个体之和大于整体的过程中，个体之间的高效沟通和个体沟通内容的高度一致性就显得尤其重要，否则很难形成优秀、高效的团队。没有团队精神的企业一定是个体之和小于整体的企业。当个体之和大于整体的时候，企业就诞生了，同样，当个体之和小于整体的时候，企业就没有存在的必要了。

为了更好地证明这三个核心价值观确实是优秀企业的必选项，在写作的时候，我在网上搜索了一下几家优秀企业的核心价值观。

华为的核心价值观是：

成就客户	艰苦奋斗	自我批判
开放进取	至诚守信	团队合作

其中就有团队合作和至诚守信，至诚守信就对应着诚信。

腾讯的核心价值观是：

正直　　尽责
合作　　创新

正直对应着诚信，合作对应着团队合作。

奈飞的管理理念在硅谷有“管理圣经”之称，其核心价值观是：

判断力　　沟通力　　影响力
好奇心　　创新　　勇气
热情　　诚实　　无私

沟通和诚信果然在其中。

一家叫 The Muse 的招聘公司曾根据公司市值排列出美国最大的 7 家科技公司，然后将这些公司的核心价值观罗列了出来。其中“沟通”“团队合作”“诚信”全部上榜。这 7 家公司是：苹果、微软、谷歌、亚马逊、Facebook、甲骨文和 IBM。由于商业环境的快速变化，这 7 家公司的市值排名会高度波动，当中有些公司甚至会出局，还会有新的公司加入。比如，随着 2023 年成为 AI 的元年，给 AI 提供算力产品的英伟达公司的市值于 2024 年 2 月 13 日和 14 日分别超过亚马逊和谷歌，成为美国第三大市值公司，仅次于苹果和微软。

这些公司并没有一起商量应该用什么核心价值观来指导本公司的行为，但是其选用的核心价值观都不约而同地高度一致，这从另一个方面来说，也验证了那句话：“优秀企业的管理逻辑都是相似的，普通企业各有各的管理逻辑。”所以这三个核心价值观对形成优秀和高效的团队起到了非常具体的作用。读到这里，你是不是感觉到务虚的价值观其实还是挺务实的？

为什么要痴迷于打造团队精神

说完核心价值观的作用，我们接下来要单独强调一下团队精神，为什么优秀企业如此痴迷于打造团队精神呢？

你是否还记得前文讨论过的五种激励层次的企业特点？当激励层次从 L1 上升到 L3 的时候，企业就会开始不断强调团队合作了，因为企业发现没有团队合作就很难有效地扩大业务规模，业务无法规模化会使企业落入中等规模陷阱。

激励的法则
The Art of Motivation

通过团队精神打造的团队合作可以最高效地形成一个个体之和大于整体的行动单位。如果个体之和远远大于整体，企业就有存在的意义，否则不如解散了之。让个体之和大于整体，就是价值观要做的事。过程主张的指导理念，就是通过 KBI 考核方法，让每位员工的行为符合企业所倡导的个体之和大于整体的核心价值观。高效团队的定义就是 1+1 ＞ 3，这是所有企业管理者追求的最高目标之一。

关于团队合作，我曾听到的最有力量的一句话是："绝不允许跟你共事的人失败。"细想一下，如果企业里每个人都是赢家，那这个企业是不是很优秀？但是，在践行这句有力量的话之前，要确保企业招聘是严格按照岗位胜任力和企业的 3+14 核心胜任力来选择人才的。只有在每个人的核心胜任力都达到甚至超出岗位要求的前提下，团队才能越来越优秀和高效。因为这个时候的优秀 + 优秀 ≠ 两个优秀，而是优秀的 n 次方。如果团队人员的胜任力参差不齐，那这个团队理念就不一定有效了，因为优秀 + 普通 = 优秀和普通的平均。

著名的木桶理论（或短板理论）就说明了这个道理。该理论的核心观念是：在一个系统中，制约系统效能的总是最弱的一环，就像一只木桶盛水的时候，最短的木板（短板）决定了桶的容量。该理论常常用来解释如何通过改进系统中的短板（弱点或瓶颈）来提升整个系统的效能或效果。这同样被广泛应用在了企业管理、产品设计、项目管理等多个领域中。

美国海军陆战队奉行的是优中选优的团队合作，在战场上他们的职责之一就是不让身边的队友失败，他们的口号之一“绝不落下每一位队友”指的就是这一理念。体育竞赛也常用这一团队理念。我们很难想象一个足球队或篮球队里的成员在比赛的时候会希望队友失误。

然而，在职场上，这个“绝不允许跟你共事的人失败”的团队理念比较难落地，甚至有人认为它有点反人性，因为多数人对职场环境的理解就是既竞争又合作。为什么不允许他人失败？如果每个人都赢，那我如何获得稀缺的晋升机会和加薪资源？存在这样的想法也不难理解，因为目前能够做好优中选优的企业并不是很多，还有一个重要的原因——多数企业并没有把职场按照战场和赛场的方式来打造。

有一家优秀企业对团队合作的定义也非常简练，且朗朗上口，以至于员工第一次听到的时候，在被震撼的同时也都强烈地认同。据媒体报道，在创业初期，华为最响亮的口号竟然是“胜则举杯相庆，败则拼死相救”。从这个口号中不难看出，华为初创期时任正非就已经把“不允许同事失败”的团队合作精神作为华为的核心价值观之一了。

了解了核心价值观后，我们再来看看优秀企业是如何通过具体的考核工具（如360度绩效考核工具）将企业的价值观作为考核维度来检验每个人的。但凡强调沟通、团队合作、诚信等核心价值观的企业，其指导理念必须是注重行为考核的过程主张，激励方法一定是采用能够将合作精神最大化的奖金制而不是提成制，否则很难使这样的核心价值观落地。

举一个真实的案例，这个案例是哈佛商学院MBA课程的经典管理案例之一，说的是20世纪80年代末，摩根士丹利经历从“明星”到“群星”、从“生产者”到“领导者”的管理理念变革时发生的事情。

年轻银行家A加入了摩根士丹利资本市场服务部门，负责极具挑战性的客户服务工作，他的上级是高级董事总经理B。A很优秀，两年后，通过他的努力，摩根士丹利的资本市场部从第10位升至第3位，该部门的市场份额从2%扩大到了12.5%。因为他的杰出表现和充满活力的态度，B答应晋升他为董事总经理。

遗憾的是，360度绩效考核反馈得出的结论为：A不是一个很好的团队合作者，也不是摩根士丹利所定义的领导者，因为他未能与同事和下属建立良好的合作关系，未能花时间培养下属，而这对公司又非常重要。

在摩根士丹利，团队合作比个人英雄主义重要得多。摩根士丹利不允许员工以违反公司价值观为代价来实现个人的目标。在这种情况下，A被视为“打破了太多的企业文化规则”以实现目标者，这极大地影响了他与同事的合作关系。

面对A的360度绩效考核结果，B开始对是否晋升A犹豫不决。摩根士丹利实施的360度绩效考核程序由上级、同事和下属对专业人员进行评估，尽管A在为公司资本市场部排名提升方面做得很好，但与同事和下属的团队合作关系很差。在他的绩效评估过程中，每个人都对其给予了负面评价。A的行为和素质不符合摩根士丹利新的使命和价值观。在自我评估的过程中，他也承认自己并不完全适合公司的文化，需要花费一些时间才能完全适应。

这个事件后来成为摩根士丹利领导力培训的必备案例，当时的CEO约翰·麦克（John Mack）要求公司每一位副总裁以上的专业人员都必须了解这个案例并有所反思，从而清楚地了解公司所倡导的企业文化和价值观。这个案例也成为哈佛商学院 MBA 课程的经典管理案例之一。

你可能很想知道，A 后来怎么样了？据说他没能成功晋升，但是得到了很多奖金。这符合有核心价值观企业的管理逻辑。具有核心价值观的企业一般会将晋升和奖金的激励作用区分开来。虽然对员工来说，二者都有很好的激励作用，但是它们的激励后果是不同的。

奖金属于赫茨伯格所描述的卫生因子范畴，它可以解决个人的满意度问题，但是解决不了全体人员的满意度问题。因为薪酬信息一旦公开，就会形成几家欢乐几家愁的局面。到目前为止还没有哪家企业能发明出完美的用薪酬公平地激励所有员工的方法，所以薪酬信息到目前为止，还是只能按保密原则处理。

晋升本身是激励因子，它是对一个人的能力和成就的认可，既可以解决个人在工作中积极向上的动力问题，也可以解决全体人员在工作中积极向上的动力问题，因为榜样的力量是无穷的！但是获得晋升的标准和流程属于卫生因子范畴，即必须公平、公正和符合企业倡导的价值观，以确保流程和标准的“卫生和干净”。

晋升必须广而告之，而薪酬必须保密。职场有一句名言：晋升就是沟通交流。用社交媒体来比喻，晋升更像微博，不管是朋友还是陌生人，都会收到信息；而奖金更像微信，如果你不选择广而告之，就没人知道，其有一定的圈层。在上述案例中，如果摩根士丹利晋升了 A，那么大家就会开始质疑：公司所倡导的团队合作的价值观是不是认真的？于是大家会对管理者的言行不一有失落感。所以这个不晋升的决定，也从另一个侧面反映出公司倡导的“一致性”的价值观没有动摇，即使是面对一个“明星”员工。

读到这里，我们发现，价值观并不抽象，它是企业管理者和员工都要坚守的原则和信念。坚守到位的价值观，可以起到持续激励每个人的作用。

价值观考核的步骤与方法

越来越多的企业将核心价值观纳入员工年度绩效考核范畴，以确保员工的行为符合企业倡导的价值观。价值观定义企业人的行为标准，自然就会落入 KBI 的考核范畴。它的考核方法如下。

首先，定义核心价值观。定义好核心价值观对于初创企业和正在扩大规模的企业至关重要。这之所以对初创企业重要，是因为初创企业往往忙于确保生存，而尚未有机会深入思考和建立自己的核心价值观。而对于正在扩大规模的企业来说，这一步也显得尤为关键，因为它们开始意识到，为了维持一致性和高效运作，必须制定一套所有成员都要遵循的行为准则。

其次，给每一个价值观定义 KBI，将抽象的价值观行为化。我们用“诚信”这个价值观举例说明，如何将价值观行为化。诚信的行为化描述（KBI）：

- 始终说实话，即使在遇到困难或不方便的时候。
- 不夸大、捏造或隐瞒重要信息。
- 对自己的言行负责，即使犯错。
- 在个人和职业交往中保持透明。

值得一提的是，行为化描述不是千篇一律的，企业可以根据自身想要形成的行为进行描述。下面从另一个角度将诚信进行行为化描述：

- 在所有形式的交流中，无论是书面还是口头，都要确保信息的真实性和完整性。

- 总是能及时、主动分享对决策有重大影响的信息。
- 一旦做出承诺，无论情况多么困难，都要全力以赴去实现，若出现无法履行承诺的情况，要及时与相关方沟通并寻求解决方案。
- 出现错误时，能主动承认并对错误负责，而不是试图掩盖或归咎于他人，并且积极寻求纠正错误的方法，以减少其对他人造成的不利影响。

最后，分值化。KBI 是一种非量化的指标，通常表示为文字或描述性语言。为了能够在评估中进行量化比较，我们需要将定性的 KBI 转化为分值化的定量指标。转化方法之一是将定性表述转化为可以量化的标准。例如打分，5 分为“非常同意”，4 分为“同意”，3 分为“基本同意”，2 分为“不同意”，1 分为“非常不同意”。

有的企业将价值观单拎出来考核，比如谷歌、阿里巴巴等；有的企业将价值观与企业的核心胜任力融合起来考核，比如投资银行等。

我们以阿里巴巴考核核心价值观的方式为例进行说明。如前所述，管理者坚信价值观对企业业绩长期增长的价值，因此将价值观考核与业绩考核的比重定为各 50%。有关文献显示，阿里巴巴价值观考核分为三个步骤和四个环节。

第一个步骤是定义核心价值观：

- 客户第一，员工第二，股东第三。
- 因为信任，所以简单。
- 唯一不变的是变化。
- 今天最好的表现是明天最低的要求。
- 此时此刻，非我莫属。
- 认真生活，快乐工作。

第二个步骤是制定KBI。为每个价值观制定具体的KBI，并通过这些具体KBI让员工了解如何通过日常行为来体现这些价值观。接下来我们来了解一下上面5个核心价值观的KBI是怎样的。

阿里巴巴价值观“客户第一，员工第二，股东第三”的行为化描述：

- 心怀感恩，尊重客户，保持谦和。
- 在与客户交流的过程中出现问题时，即使不是自己的责任，也不推诿。
- 站在客户立场思考问题，把客户价值当成我们最重要的KPI。
- 洞察客户需求，探索创新机会。

阿里巴巴价值观“因为信任，所以简单”的行为化描述：

- 诚实正直，言行一致，真实不欺。
- 不唯上欺下，不抢功抛锅，不能只报喜不报忧。
- 善于倾听，尊重不同意见，决策前充分表达，决策后坚决执行。
- 敢于把自己的后背交给伙伴，也能赢得伙伴的信任。

阿里巴巴价值观“唯一不变的是变化”的行为化描述：

- 面对变化不抱怨，充分沟通，全力配合。
- 对变化产生的困难和挫折，能自我调整，并正面影响和带动同事。
- 在工作中有前瞻意识，建立新方法、新思路。
- 创造变化，带来突破性的结果。

阿里巴巴价值观“今天最好的表现是明天最低的要求”的行为化描述：

- 认真踏实，完成本职工作。
- 保持好奇，持续学习，学以致用。
- 不为失败找借口，只为成功找方法，全力以赴拿结果。
- 不满足现状，不自我设限，打破“不可能”的边界。

阿里巴巴价值观“此时此刻，非我莫属”的行为化描述：

- 独立思考，独立判断，不随波逐流。
- 工作中敢于做取舍，敢于担责。
- 打破边界，主动补位，坚持做正确的事。
- 在需要的时候，不计较个人得失，挺身而出，勇于担当。

最后一个价值观“认真生活，快乐工作”没有列入考核指标：

- 对质量问题零容忍。遇到质量问题，能够从多方面入手展开分析，提出解决方案。
- 善于从生产和检验的细节出发，找出问题产生的原因。
- 在质量管理工作中有前瞻意识，建立新方法、新思路。
- 善于学习质量管理的新知识，熟练掌握质量管理的检验设备。

第三个步骤是行为分值化。阿里巴巴采用“符合 / 不符合”二进制打分法来考核价值观。这种考核方法说明阿里巴巴对不符合价值观的行为持零容忍的态度。比如，上面提到的五个核心价值观中每个价值观都有四个 KBI 描述，应对其采用“符合 / 不符合”二进制打分法，符合给 1 分，不符合给 0 分，总共 20 分。

阿里巴巴的价值观考核方法由四个环节组成：

- **自我评估：**员工定期进行自我评估，根据价值观 KBI 衡量自己的表现。

- **360 度绩效考核**：从同事、上级和其他利益相关者那里收集反馈，以获得对员工价值观表现的外部视角。
- **绩效对话**：上级与员工进行绩效对话，讨论员工的价值观表现，并提供指导和反馈。
- **绩效评级**：根据员工的自我评估、360 度绩效考核和绩效对话，上级对员工的价值观表现进行评级。

阿里巴巴是一个创新进取的企业，非常注重企业文化的建设和完善。它曾经常对价值观进行重新定义和修正，定期审查和更新其价值观考核流程，以确保公司的价值观与战略和文化相一致。阿里巴巴还提供培训和发展机会，以帮助员工提高价值观表现能力。其他企业可以参考阿里巴巴的这三个步骤和四个环节来考核本企业的价值观。

如果企业选择将价值观融入核心胜任力来对员工考核，一般采用 1 ～ 5 分评分法。比如，企业可以这样考核“团队合作、沟通和诚信”这三个价值观。

团队合作：

- 很少或没有团队合作精神，经常独来独往。
- 有时参与团队合作，但贡献有限。
- 积极参与团队合作，但有时会表现出以自我为中心的行为。
- 始终积极参与团队合作，并做出有效的贡献。
- 是一位出色的团队合作者，始终以团队目标为先，并支持团队成员。

沟通：

- 沟通能力差，难以清晰有效地表达自己的想法。

- 沟通能力一般，有时会误解他人或被误解。
- 沟通能力良好，能够清晰、有效地表达自己的想法。
- 沟通能力优秀，能够有效地与他人沟通，并建立融洽的关系。
- 沟通能力出色，能够清晰、简洁、有说服力地表达自己的想法，并能积极倾听他人的想法。

诚信：

- 经常表现出不诚实或不道德的行为。
- 有时表现出不诚实或不道德的行为。
- 一般来说是诚实和有道德的，但偶尔会做出有问题的决定。
- 始终是诚实和有道德的，即使在遇到困难的情况下也是如此。
- 是一个高度诚实的人，始终坚持道德准则，并以身作则。

The Art of Motivation 激励的思考

都说企业文化与价值观是灵与肉的关系，请先用简单的文字将你所感觉到的企业文化描述一下，再将企业的价值观罗列出来，然后看看企业的价值观是否与企业文化吻合。通过这个练习，你会加深对价值观的理解。

第 11 章

“公司一体化”：把巴掌型组织捏成拳头型组织

关于“公司一体化”，麦肯锡高级合伙人斯科特·凯勒（Scott Keller）认为：“‘公司一体化’运营是有价值的。采用‘公司一体化’模式的企业，也就是那些践行协调决策、团队合作并强调‘我们’和‘我们的’的企业，有 2 ～ 3 倍的可能性进入高绩效组织的前 1/4。”

一个在管理界很少被讨论但是优秀企业都在使用的管理体系是什么？就是“公司一体化”。本章将开始讨论这个组织管理概念。这也是我非常喜欢讨论的话题之一，因为我发现它确实具有让企业变强大的作用。无论国内或国外的优秀企业和行业头部企业，采用的都是“公司一体化”组织架构。

我们会谈到什么是“公司一体化”，为什么它会成为“一体两翼”可持续激励体系非财务维度的要素之一，“公司一体化”管理体系的特点是什么，以及“公司一体化”企业是如何通过组织架构产生压力和动力的。

“军阀割据的巴掌”与“一体化的拳头”

为了能更直观地理解，我们可以通过一个通俗的比喻来解释什么是“公司一体化”。所谓“公司一体化”，就是把一个巴掌型运作的企业变成一个拳头型运作的企业。拳头比巴掌更有力量，这是常识。具体来说，就是把企业中各自为政的山头或利润中心，变成一个力出一孔的统一利润中心，将员工之间和团队之间的内部竞争变为内部合作，把内部“赛马”从同一个赛道的竞争变成不同赛道的竞争。后文将围绕如何“把巴掌变成拳头”展开讨论。

前文提到，“公司一体化”管理体系的讨论在管理文献中并不多见。目前可查阅到的最早的关于“公司一体化”的文章，刊登在 1985 年的《斯隆管理评论》(*Sloan Management Review*) 上。文章作者是哈佛商学院教授大卫·梅斯特 (David Maister)。梅斯特在文中列举了当时他认为最典型的 5 家实行“公司一体化”管理体系的企业：麦肯锡、高盛、翰威特、安达信和瑞生国际律师事务所。

如今，除安达信之外的 4 家企业目前仍然是各自行业的翘楚。这足以说明，“公司一体化”对保持企业长期优秀的作用有多么强大。

梅斯特在那篇文章中除了重点讨论“公司一体化”的概念，也提出了一个与之对立的企业管理体系——“军阀割据制”企业，我们不妨把它称为巴掌型企业，巴掌上的每一根手指代表一个“军阀领地”。我们来看梅斯特是如何阐述这两种管理体系的特点的。梅斯特认为，“公司一体化”组织要具备以下 5 个主要特点：

- 企业的一切活动基于团队合作，没有团队精神的企业不能被称为“公司一体化”组织。
- 以团队努力和团队精神作为衡量企业和个人成功的标准。
- 在重要管理决策方面，采用集中式决策过程，而不是各自为政、眷顾私利的决策过程。
- 在业务方面，强调跨部门销售和打破部门间的壁垒。
- 在人才培养方面，重视纵向招聘而不是横向招聘，也就是校园招聘优于经验招聘，这样可以最大限度地确保企业文化和价值观的完整传承性和不可稀释性。

通过理解梅斯特对“公司一体化”的描述，并结合我对优秀企业管理体系的体会和思考，我增加了“公司一体化”组织要具备的4个特点：

- 企业只有一个统一的盈亏中心，全部资源都要确保这个盈亏中心的收益最大化。
- 企业采用过程主张指导理念和基于个人KBI的考核方法，因为只有这样的理念和方法才能完全鼓励团队合作，产生团队精神。
- 企业拥有的是一个与企业收入直接挂钩的薪酬池，而不是多个与各自业务部门挂钩的薪酬池，因为只有共同做大一个蛋糕，才能集中优势资源，力出一孔。
- 企业采用统一的客户关系管理或企业资源计划系统，来管理客户资源和销售订单。因为只有当客户是企业的资源而不是个人的资源时，企业才能最大限度地为客户创造价值，保持客户对公司的忠诚度。

梅斯特对“军阀割据制”企业主要特点的描述如下：

- 采用“明星制”或“军阀割据制”管理方式，让企业资源跟着“明星”走。
- 以内部竞争、个人英雄主义和多个独立的利润中心作为衡量企业和个人成功的标准。
- 在决策方面，采用分散的决策过程，以独立的业务单位决策独立推动各自业务计划的制订。
- 企业文化和价值观方面，有业绩能力的成员如鱼得水，常以明星或首长的身份管理自己的领地，以忠诚而不是能力提拔下属和招聘新人。

在梅斯特的描述的基础上，我增加了“军阀割据制”企业的2个特点：

- 每个独立的部门实行结果主张的指导理念，同时采用基于个人KPI的考核方法。因为只关注结果，就会忽视对其他人的团队义务。
- 企业没有统一的客户关系管理系统，客户资源存在于员工个人的电脑里，有多少员工，就有多少信息孤岛。员工流失就意味着客户流失。

大家可以根据以上特点描述，思考自己所在的企业更靠近“公司一体化”还是“军阀割据制”。这个对比有利于管理者思考自己所在企业的管理方向，把握好可控性和灵活性的最佳均衡点。

在古代中国也可以找到类似“公司一体化”的概念。春秋时期的齐相管仲在《管子·国蓄》中提出其治国理念：“利出于一孔者，其国无敌。”也就是说，国家可以通过建立统一的管理体制，来垄断所有资源，从而获得无敌的地位。管仲“利出一孔”的治国方略有利于封建君主的统治，不一定适用于现代管理理念，但他表达的战略思维对于我们是有借鉴意义的，任正非据此将“利出一孔”中利益的“利”，改成了力量的“力”，提出了华为的管理方略：“力出一孔。”他这样写道①：

> 水和空气是世界上最温柔的东西，因此人们常常赞美水性、轻风。但大家又都知道，同样是温柔的东西，火箭是空气推动的，火箭燃烧后的高速气体，通过一个叫拉法尔喷管的小孔，扩散出来的气流，产生巨大的推力，可以把人类推向宇宙。像美人一样的水，一旦在高压下从一个小孔中喷出来，就可以用于切割钢板。可见力出一孔，其威力之大。15万人的能量如果在一个单孔里去努力，

① 出自任正非在2012年底发表的新年贺词《力出一孔，利出一孔》。

大家的利益都在这个单孔里去获取。如果华为能坚持“力出一孔，利出一孔”，下一个倒下的就不会是华为……有个物理学常识，叫受力点越小，压强越大，就是说的“区域攻坚”。

《华为工作法》第 40 条也规定：“华为将始终是一个整体。这要求我们在任何涉及华为标识的合作形式中保持控制权。”

“公司一体化”的定义、缘起与发展

了解了“公司一体化”的来由之后，你可能会有疑问，为什么“公司一体化”管理体系没有被学术界大量地讨论，却依然被优秀企业践行呢？我认为原因之一就是，这个概念太常识化了，属于一个基本“不用过脑”的问题。这个常识就是：拳头一定比巴掌更有力量。

我们再做一个常识性的讨论。假设你所在的企业有 3 个销售区域：A 区、B 区和 C 区。你有 2 种方式来管理这 3 个区域：

- 不给销售人员划分区域，鼓励他们在不同销售区域内自由竞争。
- 将销售人员按区域划分，让每个销售人员负责一个独立的区域，即 A 区的销售人员负责 A 区的业务，B 区的销售人员负责 B 区的业务，C 区的销售人员负责 C 区的业务。

你会采取哪一种区域管理方式？答案是显而易见的。如果按照第一种方式来管理，销售人员会在不同区域内争夺相同的客户资源。这种情况下，销售人员之间的竞争会非常激烈，可能导致内部合作不足，甚至引发争斗和冲突。如果按照第二种方式来管理，销售人员之间从无序竞争变成了有序竞争，从内部人员之间的竞争（同一个赛道）转移到了不同的销售区域之间的竞争（不同赛道）。现在，每个销售人员不再直接与其他销售人员竞争，而是与自己负责的区域内的竞争对手竞争。这样一来，销售人员更倾向于与同一区域内的同事合作，分享资源和经验，共同提高该区域的销售业绩。

第二种方式是不是更像一个拳头？更容易集中企业的优势资源？企业内部的竞争从不分赛道转变为按赛道竞争，从而使内部竞争变得更加协调和有序。通过这种方式，销售人员之间的合作关系得到加强，他们可以互相学习和支持，同时能够更好地满足各自销售区域的客户需求。

另外，以有序分工取代无序分工，可以有效增加不同区域销售人员之间的竞争压力，激发他们的潜力和动力，提高企业整体销售绩效。这种有序竞争可以推动销售人员不断努力，追求更高的销售业绩，并通过相互之间的竞争刺激来不断提高自己的能力和技巧水平。

比较遗憾的是，当常识与现实发生冲突时，按照第一种方式来管理资源的企业不在少数。这其中包括一些曾经成绩优秀的企业。这些企业为了达成短期绩效目标，稍不留神就会重新落入"军阀割据制"管理模式，使企业发展退化。

微软是大家熟悉的老牌科技公司。自从创始人比尔·盖茨退出 CEO 的位置以后，微软就开始走下坡路，2014 年萨提亚·纳德拉（Satya Nadella）成为 CEO，给微软的战略转变带来了显著变化。在这之前，微软已在移动互联网时代落伍了，在完成了"让每一个桌面都有一个 window"的使命后，没有与时俱进，出现了内卷，其市值一度掉到 3 000 亿美元左右。

2014 年纳德拉接任微软 CEO，开始了一系列反内卷调整。经过 5 年的变革，在 2019 年 6 月 9 日，微软的股票价格报收 131.40 美元，市值突破万亿美元大关，比当时的亚马逊和苹果公司的市值高出 1 000 多亿美元，稳坐万亿市值俱乐部第一把交椅。

微软是怎么做到的？在纳德拉的书《刷新》里，我们可以看到他重新定义了公司的使命和文化，也看到了强调“公司一体化”的浓重一笔。纳德拉这样总结道：

> 最后，我们是一个公司、一个微软，而不是各自为政的联邦。创新和竞争并不尊重我们的封地、我们的组织边界，所以我们必须学会打破这些壁垒。我们是一个由许多个体组成的大家庭，有着共同的使命。

书中多次提到“一个公司”和“一个微软”，它们是一对高频词。

还有一种方法可以帮助你以非学术的方式了解“公司一体化”的概念。试想一下，企业是你或与几个合伙人共同出资创建的，你一定不希望它失控。所以你一定不希望存在重要的决策不透明、企业山头割据、员工各自为政、员工各有各的价值观等情况。

有人可能会问，企业员工是自由人，拥有自己的价值观和信念有什么错？在普通的企业中，管理者可能并不介意员工是否持有自己的信念和价值观，只要这些信念和价值观不会对工作和企业造成负面影响就是可以接受的。这些企业通常更关注员工的绩效和工作成果，而不会过多关注员工的个人信念和价值观。

然而，在一些优秀企业中，员工的信念和价值观可能会受到更多的重视。这些企业需要保持秩序和效率，确保员工的行为符合企业的目标和价值观。所以，员工可能需要在工作场所中遵守一些规章制度，并将个人信念和价值观与工作分开。这些企业认识到，让员工的信念和价值观高度匹配企业倡导的价值观，可以对工作产生积极的影响，激发员工的创造力和动力。这并不意味着企业不尊重员工的个人观点，而是企业要求员工在工作场所中专注于工作任务，并遵守规章制度。

追根溯源，现代企业管理采纳的“公司一体化”的管理理念和实践，来自合伙制企业。我们知道，典型的合伙制企业的合伙人都是将资金投入自己的企业中，并承担无限责任。因此，在这样的情形下，确保企业管理可控、稳健和发展可持续是至关重要的。经营管理的实践使智慧型的合伙人发现，最能保持企业稳健和可持续发展的管理架构，就是“公司一体化”组织架构。

“公司一体化”除了在组织架构上通过直线汇报管理来反映各个业务和职能部门的责任与问责，还非常强调一些关键的组织行为，比如高效沟通、商业信息的及时分享、由下至上的合伙人共识决策、高度的团队合作精神，以及甄选和吸引优秀的人才等。

合伙人认为，这些组织行为决定了合伙制企业是否能后继有人，以及后人能否养活和养好老一辈合伙人。只有遵守这些组织行为的个体才能在这样的组织中生存和发展。这在无形中就给忠诚于这个组织的个体注入了不断提升的压力和动力。比如，比尔·盖茨成功的选人策略，让他即使退居二线，仍然能与他人轮流坐享全球首富的头把交椅。

目前，“公司一体化”管理理念已经走出合伙制企业体系，被其他体制的优秀企业和头部企业普遍采用，成为这些企业发展的不二法门。无论是新成立的合伙制企业还是股份制企业，无论是私营还是上市企业，优秀的企业，都是“公司一体化”管理理念的践行者。比如，梅斯特列举的高盛、麦肯锡、翰威特等一直是“公司一体化”管理理念的践行者。

从20世纪90年代初开始，摩根士丹利开始非常彻底和全面地推行“公司一体化”管理方略，从“明星”向“群星”转变、从“生产者”向“领导者”转变、从完美的“独唱”向响亮的“合唱”转变，强力推行个人KBI考核体系，从专业维度、商业维度和管理维度甄选、激励、提拔、留任和奖励符合企业价值观的员工。

也是在 20 世纪 90 年代，郭士纳对 IBM 进行了改造，这个改造就建立在将跨业务合作为“一个 IBM”的原则上，从而让这只大象重新起舞。福特汽车公司发展过程大起大落。进入 21 世纪后，CEO 艾伦 · 穆拉利（Alan Mulally）对公司的扭亏为盈也是基于“一个福特”计划。这一计划被其称为“从 8 个人掌舵、1 个人划船到 8 个人划船、1 个人掌舵”计划。

2023 年麦肯锡咨询公司对全球 2 000 多家企业进行了关于“公司一体化”的调研，并在网站上发表了一篇文章，题为《把握“公司一体化”的价值》。这应该是迄今为止关于“公司一体化”研究的最新文章之一。文章用副标题对这次调研结果做了一个高度概括：物有所值的企业经营之道——公司一体化。

图 11-1 是这篇文章中所展示的一张非常具有代表性的图，其中横轴表示协调性阈值，主要衡量组织在运营模式、战略、流程和文化等方面的一致性和协调性程度。协调性阈值取值范围一般在 0 ～ 1，数值越高，表示组织的内外部系统越连贯，战略执行越协调。图 11-1 中标注的 0.85 是一个“阈值门槛”（threshold），表示达到这一水平后，采用“公司一体化”的组织在健康和高绩效方面的表现会显著提升。

纵轴表示健康和高绩效组织占比，表示协调性阈值对应的组织中，处于健康和高绩效组织的比例，数值越高，表示越多组织在健康和高绩效方面处于领先地位。图 11-1 中浅灰色曲线和深灰色曲线的对比显示出“公司一体化”对组织表现的显著影响。我们通过图 11-1 可以得出结论：采用“公司一体化”的组织在协调性阈值超过 0.85 之后，其高绩效表现的比例快速上升，最终达到未采用“公司一体化”的组织的 2.3 倍。后者在不同协调性水平上的表现相对较低且波动较小。

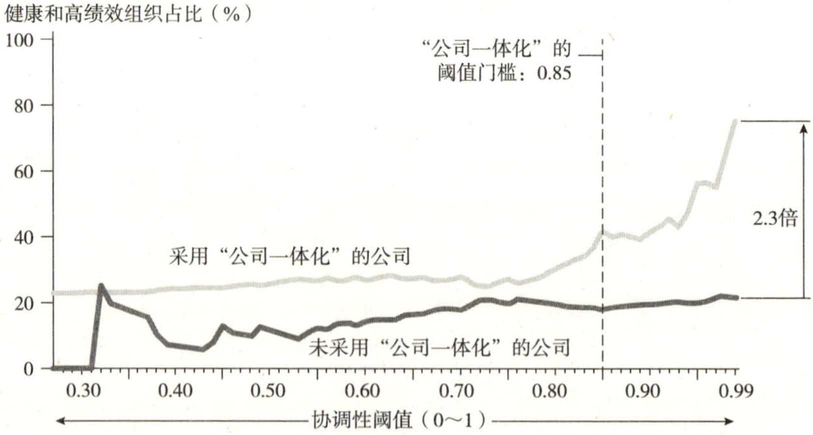

图 11-1　采用"公司一体化"的公司 vs. 未采用"公司一体化"的公司

资料来源：https://www.mckinsey.com/capabilities/strategy-and-corporate-finance/our-insights/capturing-the-value-of-one-firm。

协调性阈值这个概念也许有些晦涩，为易于理解，我来举一个相似的例子。想象你正在组建一支乐队，打算一起参加音乐节。乐队有不同的成员：吉他手、鼓手、贝斯手、主唱等。

协调性指的就是乐队成员之间的配合程度。配合得越好，音乐就越和谐，演出效果越好。我们可以用"协调性阈值"来描述什么时候乐队的配合达到了最佳，足以吸引观众。

在低协调性（低于阈值）的情况下，乐队成员各自练习自己的部分，但排练时没有统一节奏，也没有明确的主旋律，大家各弹各的。结果是观众听到的音乐是乱糟糟的，没人愿意留在现场听完整首歌。我们对此的解释是，此时乐队的协调性没有达到阈值门槛，缺乏协作和一致性。

在高协调性（达到或超过阈值）的情况下，乐队通过多次排练，成员之间明确了各自的角色，知道什么时候突出主唱，什么时候强调鼓点，每个人都遵循统一的节奏和旋律。结果是观众能够听到一场精彩的演出，该乐队被认为是音乐节的亮点之一。我们对此的解释是此时乐队的协调性达到了阈值门槛，协作和一致性让整体表现出色。

如果我们把这个概念应用到组织或企业，那么在企业中，协调性阈值指的是部门之间、流程之间、文化和战略之间的协调程度。只有达到一定的协调水平（比如图中的0.85），整个组织才能表现出色，就像一支配合完美的乐队一样。

麦肯锡的文章中起死回生的企业，都是股份制企业，这看似偶然的现象蕴藏着必然的结果。股份制企业的最大优势之一是筹资能力强，可以通过向公众出售股票来筹集大量资金，以开展大型项目和扩张企业规模。人类历史上创立时间最早且规模最大的股份制企业是成立于1600年的英国东印度公司（BEIC）和成立于1602年的荷兰东印度公司（VOC）。前者是由215名商人和投资者组成的股东团体管理。后者没有确切的股东数量，但荷兰东印度公司的股份是公开交易的，可以由公众购买，这使它成为世界上第一家股份有限公司，它还在阿姆斯特丹创立了世界上第一家证券交易所。

股份制企业难以解决的问题：一是控制权问题，在大型股份制企业中，股东可能对业务的日常运营没有发言权，控制权由董事会掌握，董事会由股东选举产生；二是代理人问题，在大型股份制企业中，股东和管理者之间可能存在利益冲突，管理者可能会做出对股东不利的决策，以增加自己的薪酬或增强自己的权力，管理者为了个人的短期利益最大化，会牺牲企业的长期利益而采用各自为政的经营管理理念。通过前面几章的讨论，我们已经清楚，各自为政就是将已经升维的KPI重新降维，从企业层面下沉到部门，然后从部门到团队，再到个人，重新形成巴掌型企业。

反观合伙制企业，股份制企业的优点正是其缺点，比如筹资能力差；其优点正是股份制企业的缺点，比如容易实行"公司一体化"管理理念等。由于企业普遍追求规模化战略，所以融资能力成为关键成功因素之一，于是越来越多的企业开始采用股份制。

激励的法则 The Art of Motivation

作为管理者，了解“公司一体化”的管理理念的来源和重要性是很关键的。确实，合伙制企业天然地具备“公司一体化”的特征，因为合伙制企业通常由合作伙伴共同经营和共享责任。这种合作伙伴之间的互动和紧密合作有助于建立共同的目标和价值观，促进团队协作和整体性经营。

股份制企业的管理结构通常更为复杂，涉及股东、董事会和高管层等多个利益相关方。在这种情况下，确保实行“公司一体化”管理理念，需要更多的努力和明确的引导。董事会和高管层在推动“公司一体化”方面扮演着重要角色，需要积极强调和践行“公司一体化”管理理念，以确保企业整体朝着共同的目标努力，并形成紧密的协作和协调。

2019 年，我在处女作《人力资源其实很简单》中讨论了“公司一体化”的概念，这在国内管理界应该是首次。我第一次听到这个概念是在 1996 年。“公司一体化”是当时中金公司的董事会和管理层的各种会议上的一个高频词。在中金公司工作时，我对这个概念的理解并不深刻，直到在咨询和顾问中大量接触其他企业后，才逐渐领悟到它的价值。我发现多数企业采用的都是巴掌型的经营方式，部门各自为政，组织架构基本没有按照产品业务、区域和客户原则来设立，而且这些企业的管理者的共同抱怨是员工职责不清，缺乏压力和工作的主动性，用一句大白话表述就是“眼里没活儿”。

“眼里没活儿”的主要原因之一是部门各自为政的工作方式。在没有部门壁垒的一体化企业里，每个人的工作输出就是其他人的工作输入，工作既是主动创造，也是他人的输入，只要有责任心，加班就是常态。加班不是管理者的要求，而是工作流程的要求。正如企业一旦给每条流水线制定了生产时间，流水线上的工人的工作时间将由流水线的流动性来决定。在非一体化的企业里，多数人的工作输出也许就到此为止，没有成为他人的输入，所以不会形成“眼里有活儿”和加班文化。

这与企业的组织架构是否符合“公司一体化”管理理念有着密不可分的关系，但凡脱离了一体化管理理念的组织架构或业务架构，工作强度不减小，员工的压力也立即减轻了许多。

与“公司一体化”一致的组织结构和系统

“公司一体化”是结构与系统的有效配合。结构侧重于框架搭建，包括组织架构、职责分工、沟通渠道等，为明确的组织体系和工作流程提供支持。系统强调各关键元素之间的相互关联和互动，确保整体的协调运作。

事实上，万物基本都由结构和系统组成。例如，昆虫具有外骨骼，由几丁质构成，提供支撑和保护；脊椎动物具有内骨骼，位于体内，同样起到支撑和保护作用。这种外骨骼和内骨骼就类似于公司的结构。除了结构，昆虫和脊椎动物还有循环、呼吸、神经、消化和排泄等关键系统。昆虫与脊椎动物虽然具有功能相同的系统，但结构上有很大不同。昆虫没有内骨骼支撑，因此无法长大。由此，公司没有好的结构也无法成长。

结构就像建筑物的框架，提供基本形状和支撑，但本身不能发挥作用。内部的各种系统（如电气、水管、通信系统等），以电气系统为例，包括电线、插座和灯具等组件，为建筑物提供电力和照明。电气系统依赖于建筑物的结构，但也是一个独立的、具有自身功能的系统。

结构提供基础和支撑，系统提供功能和实用性。结构是系统存在的框架，系统是使结构发挥作用的动态部分。

巴掌型企业与拳头型企业的本质区别之一就是结构不同，前者是分散结构，后者是集中结构。它们可能有相似的系统（比如营销系统、研发系统、生产系统、财务系统、信息系统、绩效考核系统和公司治理系统等），但如同昆虫和脊椎动物的区别一样，这些系统在两类企业中的功能、循环方式和复杂度可能不一样。

搭建企业结构，并配合相应功能系统，是确保企业发展活力和可持续性的重要因素。这决定了企业是巴掌型还是拳头型。

梅斯特教授在关于“公司一体化”的讨论中，没有明确地指出企业组织架构与一体化的关系，更多的是从组织文化（也就是系统）的角度来论述“公司一体化”的特点。我会根据过往的工作经历和后来进行企业咨询期间的体会与观察，讨论一下采用“公司一体化”的组织架构一般具备哪几个特点：

- 以集中式架构为基础，随着跨国业务增加，在集中式架构的基础上横向引入矩阵式架构。
- 在强调企业整体性的同时，方便跨部门协同作战，共享价值观、企业文化和商业信息。
- 对内部和外部客户的服务型导向，这种服务型导向架构会清晰表述企业的业务是什么、产品是什么和客户在哪里。
- 强调扁平化管理，减少层级，提高沟通能力和决策效率，增强组织的灵活性和快速响应能力。

接下来，我们开始针对每一个特点进行深入的讨论。“公司一体化”不失为一个经实践有效果的企业经营之道，它与组织架构有非常紧密的联系。“公司一体化”管理理念的成功实施，一定要“寄生”在一个适合它生长的组织架构内。什么样的组织架构适合“公司一体化”管理理念的落地？在回答这个问题之前，我们先看看传统智慧对组织架构的分类是怎样的。然后找出问题的答案。根据传统教科书的描述，企业的组织架构形式大概有以下三种：集中式组织架构、矩阵式组织架构和平行式组织架构。

什么是集中式组织架构？这是一个无须思考的问题，就是企业的全部决策由管理者决定，权利和资源的分配全部是纵向关系，在组织架构上表现为实线关系。它的主要挑战是：如何在垂直的架构里，让企业的可控性和灵活性处于最佳的均衡点，让强调扁平、合作、共赢、沟通、效率和敏捷的团队理性战胜强调等级和官僚的决策流程。

矩阵式组织架构是在保留集中式组织架构纵向关系的同时，衍生出的一个横向的管理关系。跨国企业和有区域业务的国内企业都采用这样的组织架构。在矩阵式组织架构里，位于区域的各个子部门与总部的母部门的汇报关系、决策权利和资源分配纵横在总部与区域之间。如何正确地使用矩阵式组织架构是有讲究的，不能断章取义，简单地理解和执行。

在总部和区域的关系里，区域各子部门与总部母部门的汇报关系是实线关系，区域子部门与所在区域管理层的汇报关系是虚线关系。因此，用来决策的信息来自区域和总部，但决策权来自总部。在盛行邮件沟通文化的企业里，这些看似复杂的纵横关系都能得到很好的解决。采用邮件这个沟通工具，可以很容易地将讨论事项在组织的纵横维度上同时呈现，但其他沟通工具比较难实现这个效果。

在优秀企业的矩阵式组织架构里，资源分配权也来自纵向，且客户信息统一由所属总部的业务部门管理，人事招聘、考核、晋升、奖励和任命权在参考了横向意见后，由纵向关系决定。这一点非常重要，人事招聘、晋升等属于卫生因子，要非常“清洁”和“干净”，否则会产生强大的负激励效应。

抽象的说法就是，总部对各部门享有问责权利，区域对所在区域的部门享有负责权利。比如，一家总部在美国的企业，对中国区的业务实行实线管理，中国区的总经理配合总部完成中国区的业务目标，比如推荐客户及维护客户关系和其他利益相关者的关系等。

矩阵式组织架构的运行相对复杂许多，要有一个坚实的“公司一体化”文化来支撑它的正常运转。在这样的组织架构里，员工之间必须以合作代替竞争。员工的成熟度非常重要，尤其是在企业的高速发展期。在《奈飞文化手册》这本书中，“我们只招成年人”高频出现就是这个道理。许多企业如果缺乏这方面的管理经验，就会落入区域绑架陷阱，即总部被逐步架空。

说完了集中式组织架构和矩阵式组织架构，现在我们来看平行式组织架构。平行式组织架构基本就是各自为政的管理架构，决策来自基层，客户归属基层，资源自行解决和自行分配。前文列举的采用“不给销售人员划分区域，鼓励他们在不同销售区域内自由竞争”方式来管理销售人员的企业用的就是这一类型的组织架构。

这一组织架构多为长尾企业所采用。它的优点是灵活，但是缺点很多，它是让企业成为巴掌型的典型架构。采用平行式组织架构一般都是企业管理者管理能力不达标时的无奈选择，在这里就不展开讨论了。

总的来说，矩阵式组织架构的出现是为了平衡集中式组织架构决策太官僚的问题，它是由 NASA 研究员约翰·麦卡锡（John F.McCarthy）提出的。在 1967 年的一篇文章中，麦卡锡首次提到了“矩阵式组织”。这种组织形式在 NASA 的阿波罗登月计划的实施中得到了尝试和应用。平行式组织架构是矩阵式组织架构矫枉过正和运作不正确而产生的不可逆后果。在平行式组织架构中，企业中的各个部门或团队形成了相对独立的平行结构，导致信息无法跨部门流通、跨部门合作意愿弱等问题。

打造集中式组织架构和矩阵式组织架构的最优结合

激励的法则
The Art of Motivation

"公司一体化"管理理念最适合的土壤，是集中式组织架构与矩阵式组织架构的最优结合，而不是矩阵式组织架构与平行式组织架构的结合。这种最优结合以集中式组织架构为基础，发挥矩阵式组织架构的灵活性。不具备集中式特点的平行式组织架构，是不适合"公司一体化"管理理念的，因为会滋生山头割据文化。

前文提到过，集中式组织架构的缺点是容易滋生官僚主义，但是最大的优点是可控性强。结合"公司一体化"的企业文化，可以最大限度地平衡好企业的可控性、高效性和灵敏度。"公司一体化"就是在强调智慧和信息来自前线和基层的过程中，将集中式组织架构和矩阵式组织架构最优化的解决方案。

还是在《刷新》这本书里，微软 CEO 纳德拉反复提到会议讨论的重要性，并强调没有一个人是信息孤岛，信息要充分地分享。在每次会议上，员工不只要听，还要尽可能地让其他人去表达他们的想法。他认为包容性会帮助员工清楚地认识到自身的偏见，并会帮助改变员工的行为，这样才能够汇聚并发挥出微软众人的力量。他们不仅尊重差异，还寻求差异，更展开双臂拥抱差异。因为只有这样，才能产生更好的创意、推出更好的产品，并且更好地服务客户。所以，寻求个人差异化可以有效地修正集中式组织架构的缺点。在这样的文化氛围内，员工无论职级高低，都有机会参与重要的决策过程，从而产生强烈的内部激励的动力。

有的企业不喜欢集中式或矩阵式组织架构，是担心滋生官僚主义和使员工之间有层级感，不利于高效沟通和自由畅享。这种担心有道理，因为物理层级确实会导致心理层级，比如，高管在高层办公、高管有专门餐厅等。但是，企业可以通过打造平等的文化，配合关注沟通和团队合作的 KBI 考核，有效地消除这种担心。比如，互联网企业强调自由的工作环境，在称呼上去“总”化，提倡上下级直呼其名（不过，简单地去“总”化不一定能清除官僚作风，打造开放和平等的企业文化才是硬核）；工作场所去手机化，强行规定所有商业活动必须通过邮件沟通。

在所有沟通工具中，手机是最具甲方思维的工具，这是由它一对一的沟通特点决定的。比如，上下级总是以打电话的方式来布置任务（上级）或汇报工作进展（下属）。无论是上级还是下属，只要谁首先通过电话进行一对一的沟通，就会产生另一方在电话沟通完成后记录要点的行为，对那些工作认真负责的上级和下属来说更是如此。这个后续的行为，无形中给记录者增加了一项工作，占有了时间，从而也就增加了投入与产出的时间分母，结果就是生产力下降。大家都用邮件沟通时，虽然写邮件占用了时间，但是单位时间的产出质量是好的，比如信息更有逻辑、清晰、直达无歧义，最终会提高效率。更何况，在不清楚对方在做什么事的时候就直接打电话，是不太礼貌的。

除了强调集中式组织架构和矩阵式组织架构的最优结合，在“公司一体化”管理理念下，企业里的部门在搭建各自组织架构的时候还会强调服务属性，而不是功能属性。比较常见的部门组织架构有两种：一是功能型组织架构，二是服务型组织架构。

功能型组织架构确实是向内看的，其主要关注点是满足本企业内部人员的需求。各个部门按照职能划分，旨在实现内部工作的分工和专业化。服务对象主要是企业内部的员工，各个部门之间的合作和协调是为了支持企业内部的运作和业务需求。

相比之下，服务型组织架构则是向外看的，其关注点不仅是满足本企业内部人员的需求，还包括为外部客户或企业内其他部门提供服务。这种架构强调企业与外部环境的互动和合作，通过与客户和其他部门的接触，提供了解本企业的机会，从而促进知识共享和跨部门协作。如在第 1 章提到的华为组织架构。

功能型组织架构会让内部人员清楚地知道自己的岗位职责和企业内的从属关系，但是不会清楚阐述每一个岗位的协作关系、客户关系和业务流程。而服务型组织架构可以做到这几点。从图 11-2 中可以直观地了解两种组织架构的特点。

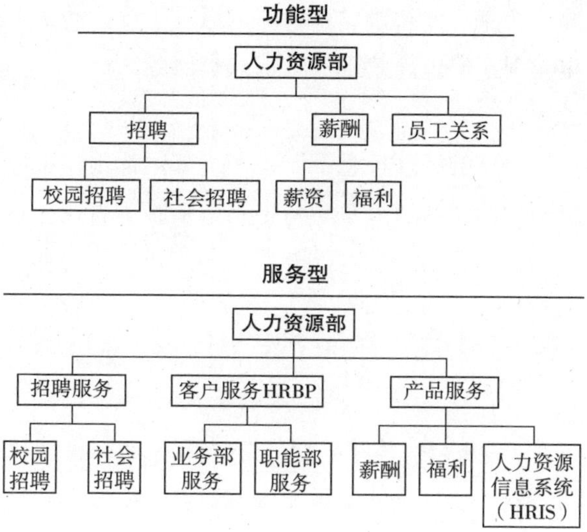

图 11-2　功能型和服务型组织架构的特点

由图 11-2 可知，功能型组织架构是从思考每一个岗位的功能入手，比如，按照招聘、薪酬和员工关系这些功能来设计该部门的组织架构。在这个架构中，人力资源部的员工非常清楚自己的责任，但是当内部客户遇到需要人力资源部解决的问题时，就不太清楚找谁来负责，所以会出现凡事找人力资源总监的现象。

服务型组织架构是从思考如何服务内外部客户来搭建的。比如，在人力资源部组织架构中，安排一个人力资源业务合作伙伴的岗位，就可以很好地把人力资源部和内部客户连接起来。把薪酬、福利和人力资源业务合作伙伴作为人力资源部的产品放到产品服务的框架下，这样就使人力资源部组织架构具备了服务导向的特点。

随着企业规模逐步壮大到 5 000 人以上，企业会在人力资源业务合作伙伴的基础上，又增加两个服务型职能：产品中心（COE）和共享服务中心（SSC）。人力资源业务合作伙伴与业务部门紧密合作，将人力资源策略与业务目标相结合；产品中心提供专业的人力资源支持和服务，专注于某个特定的领域和该部门产品，如薪酬、福利、派遣政策等；共享服务中心通过集中管理和标准化流程，提供高效且一致的共享服务。

在“公司一体化”的管理理念下，每一个部门都是以服务导向的逻辑来设计各自的组织架构的。

一体化再造业务架构，促进整体性经营

在服务导向下，“公司一体化”组织架构的设计，将从权利和管控导向过渡到客户和服务导向，这是非常重要的标志性转变之一。这样做的结果就是，企业开始淡化组织架构，取而代之的是业务架构。组织架构和业务架构的区别在于，组织架构回答企业的董事会是谁、管理者是谁、组织如何分工的问题；业务架构回答企业的业务是什么、产品是什么、客户是谁、业务在哪里展开等问题。

设立业务架构一般遵循以下 4 个原则：

- 业务原则：组织要有业务单位的概念，也就是我们所说的业

务部。

- **产品原则**：要将每一个业务部门的产品，按照大的类别放在每一个业务部门的下面。
- **行业原则**：每一个业务部门必须要把客户按照所处的行业进行分类。
- **区域原则**：要将跨国或跨区域的业务活动，按照纵实横虚的矩阵架构来呈现。

这 4 个原则都服务于一个最高的商业目标——客户！

那么，根据“公司一体化”管理理念设计的业务架构能解决企业的什么问题？最直接的答案就是，它能很有效地明确每位员工的目标，从而增加他们达成目标的压力和动力。设计到位的业务架构能让员工晚上睡觉和早上起床前都清楚地知道下一步要做什么。我们来举例说明一下，如何理解睡觉和早起都想着业务这句话的意思。

以医药公司为例做两幅业务架构图，一幅是各自为政业务架构，另一幅是“公司一体化”业务架构，尝试讨论一下它们的关键不同。

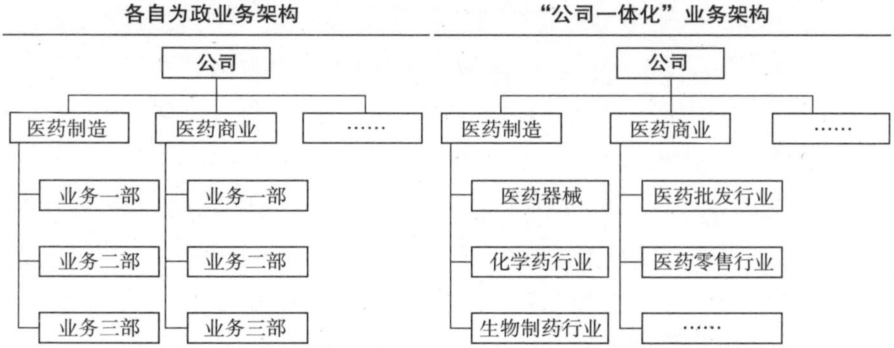

图 11-3　各自为政业务架构 vs.“公司一体化”业务架构

根据业务架构的 4 个原则可知，这两个架构都设立了不同的业务部，用来区分每位员工的责任和义务，每个业务部也按照产品分类设立了业务团队。但是，在各自为政业务架构里，企业没有给每一个业务团队按照客户进行行业分类，而是以“业务一部”“业务二部”……这样的方式来组建业务团队。就是这样一个设计，使业务人员的压力一下子就释放了不少。

没有了行业压力，业务人员就不用想办法去深入了解行业特点和深度挖掘客户，仅凭显而易见的公开信息，就可以轻松地找到客户了。因为企业并没有刻意要求所有业务人员只能开发被指定行业的客户，而不能跨行业做业务。在这样的架构里，业务人员没有非常明确的业务目标，经常在业务拜访中出现“撞车现象”，两个或更多的业务团队为了争夺同一个优质客户而相互竞争。这些业务人员都扛着 KPI 的压力，而且没有客户行业的分工。比较典型的现象是，一个企业的 A 销售人员和 B 销售人员同时争抢一个客户，这个客户恰巧也认识两个销售人员的老板，便征求他们老板的意见——业务给谁做。老板也很为难。

反观“公司一体化”业务架构，业务人员在按产品进行客户分类的同时，也将客户按照所处的行业进行分类。别小看行业分类，它至少有以下 3 个作用：

- 能够马上增强业务人员的动力而非压力，因为按行业分类客户，业务分工非常明确，如同物理上受力面积减小，压强增大。
- 这样的行业细分，可以激励业务人员努力钻研行业知识，深入了解客户的特点和需求，从而增加了业务人员的专业性，能让业务人员越来越职业化和专家化，既增加了个人的内在价值，也增加了企业的价值，自然也就提高了个人的市场价格。
- 客户如果发现服务他们的业务人员是他们所处行业的专家，会更放心地把业务委托给这些业务人员。

这样精细化的分工，避免了前面提到的业务人员在业务拜访中出现“撞车现象”。

比较遗憾的是，在各自为政业务架构的企业里，管理者把这种“撞车现象”冠以“内部赛马”的美名。内部赛马可以有，但是要分好赛道，不分赛道的赛马就是争抢企业资源的比赛，精明的马会使出花招将其他马匹绊倒。

让马在不同的赛道比赛，能更加高效、公平地使用企业资源。按客户行业分配业务人员，就是区分赛道的做法之一。将业务人员按照客户所处的行业进行分工，让每位业务人员聚焦于各自的客户，物理学上称之为“受力面积越小压强越大”。

每一个组织都有某种潜在的架构，选择具体哪一种组织架构的关键，是澄清各种业务关系、权限和沟通方式，以便为组织或企业的客户提供最佳服务。

“公司一体化”组织架构和集中式组织架构尽管在组织凝聚力和决策方面可能有一些相似之处，但它们并不相同。“公司一体化”这个术语强调整体性、共享价值观以及整个企业的统一方法，它侧重于在不同部门或单位间建立统一的企业文化、共同的目标和战略。在集中式组织架构中，决策权集中在层级顶端，权力自上而下传递。虽然前者强调统一和共享，但并不一定决定组织内部决策或权力结构的形式。一家企业可以采用“公司一体化”组织架构，但仍然可具有分权决策结构，权力在不同部门或单位之间分布。

两种组织架构根本的区别在于对统一性和决策权的强调。“公司一体化”组织架构突出了统一性，而集中式组织架构侧重于决策权的集中。这两种概念可以独立存在或重叠，具体取决于组织的结构和运作方式。

我将用图 11-4 对如何落地“公司一体化”进行高度概括。

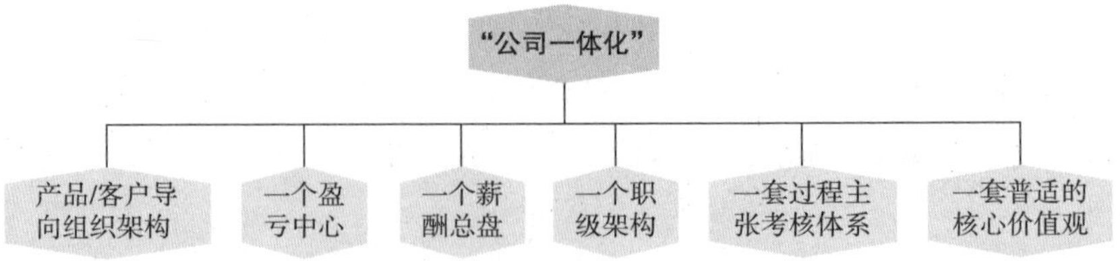

图 11-4　"公司一体化"落地框架

如何理解这幅图？我们从图的左边开始讨论。

我们可以从组织架构说起。如果企业目前还没采用"公司一体化"的管理理念，也不用急于求成，可以先思考，然后发现和决定现有体系如何与新体系形成微妙平衡。可以成立焦点小组来讨论和定期回顾一体化项目的进展情况。

有了"公司一体化"的组织架构，自然就会将分散的，以部门、项目和个人为中心的盈亏中心划归到一个统一的盈亏中心。需要注意的是，将分散的盈亏中心划归到一个统一的盈亏中心需要一定的时间和资源，并可能涉及结构调整和人员变动。因此，在操作过程中，需要与相关部门和人员进行充分的沟通和协商，以确保划归过程顺利实施和达成共识。同时，也要考虑到企业文化和员工动机等因素，以确保各方的积极参与和支持。有了统一的盈亏中心，企业可以根据"三费率"管理工具，形成一个薪酬总盘，让做大蛋糕不只是一个响亮的口号。

同时，企业要开始制定统一的职级架构，避免出现一个企业多个职级架构的局面，这样可以让管理趋向简单，为"公司一体化"提供一个"基础设施"。我们将会在第 12 章关于晋升管理部分讨论这个基础设施的作用。

对"公司一体化"提供最有力支持的考核体系，就是基于过程主张的考核体系。过程主张强调个人核心胜任力和 KBI 胜于短期的个人 KPI，这非常有利于践行"公司一体化"所倡导的团队合作、沟通等核心价值观。

最后，企业管理者要向全员宣讲普适的核心价值观和 KBI 的真正含义，用 360 度绩效考核工具，年复一年地考核和纠正每位员工的 KBI。说到这里，我想强调一点，目前，国内不少企业对 OKR 兴趣不减，大有将其代替 KPI 之势，但是部分先行者已经准备放弃 OKR 了，放弃的原因之一是它们把 OKR 考核结果与个人薪酬直接挂钩，从而得出 OKR 也不是那么神奇的结论。

那为什么谷歌、英特尔、微软和字节跳动使用 OKR 会取得好的效果？这是因为，这些企业都没有将 OKR 结果与个人薪酬直接挂钩，而是给 OKR 打了一个大大的“补丁”，就是在 OKR 季度考核的基础上，有一个年度的 360 度绩效考核和一对一的反馈面谈流程。员工的薪酬只是与 OKR 和 360 度绩效考核所形成的绩效等级 ABC 直接挂钩。在所有关于 OKR 的文章和书籍中，都没有重点提及 360 度绩效考核这个大“补丁”，在某种程度上，它才是全面绩效管理的关键工具之一。

作为总结，以下是一些管理者可以采取的措施，以强调和促进“公司一体化”的形成：

- **设定明确的企业愿景和核心价值观**：确保所有员工都理解和共享企业的愿景和价值观，并将其作为行为指导原则。
- **建立跨部门协作机制**：鼓励不同部门之间的合作和信息共享，打破部门之间的壁垒，促进整体性的经营。
- **建立有效的沟通渠道**：确保企业内部的沟通渠道畅通无阻，信息能够及时传递和共享，促进员工之间的交流和协作。
- **建立共同的绩效评估指标**：确保绩效评估指标既考虑个人业绩，也考虑团队和整体业绩，激励员工共同努力。
- **培养共同的企业文化**：通过培训、活动和共享经验等方式，塑造共同的企业文化，让员工有归属感和认同感。
- **强调领导者的角色**：领导者需要以身作则，展示“公司一体化”

管理理念的重要性，并在行动中示范和引领团队。

通过这些措施，管理者可以帮助公司建立和强化“公司一体化”的管理理念，促进整体性的经营，提高企业的绩效和竞争力。

The Art of Motivation 激励的思考

1. 根据本章对“公司一体化”的讨论，请你对标一下你所在的企业，思考一下你的企业在哪些方面已经做到了一体化？在哪些方面可能还存在各自为政的“军阀割据制”？对此你有什么具体的想法可以跟管理者沟通？

2. 通过这一章的学习，请根据你对“公司一体化”的理解，思考一下你所在的企业是否有一个基于行业、客户和产品线的业务架构？如果有，可以举例说明一下。如果没有，你是否考虑设计这样的业务架构？

第 12 章

晋升管理：
设计强激励的职级架构体系

晋升管理属于非财务维度，它与财务维度的奖金一样，都是很好的激励要素，那它们在本质上有什么不同？读到这里，相信你已经不会被这个问题难倒了。根据赫茨伯格的双因素理论，晋升是激励因子（但获得晋升的标准和流程属于卫生因子），奖金是卫生因子。也就是说，聚焦非财务维度的激励方法属于激励因子范畴，聚焦财务维度的激励方法属于卫生因子范畴。一个是内在的激发，另一个是外在的激励。

优秀企业和普通企业对待晋升管理的最大不同点是什么？晋升管理的目的是什么？晋升管理的基础设施是什么？职级和年限如何配比？晋升管理的五个原则是什么？企业要如何运用这五个原则产生强激励？这些是本章要讨论的主要内容。

以提高人才密度与优秀率为目的

晋升管理的目的是什么？很简单，就是激励优秀者，挤出落后者，提高企业的人才优秀率和人才密度。晋升管理流程能够达成这个目的，企业管理者就相当于给企业注入了一个非常强大的非财务维度的激励因子。

人才优秀率的提高能够给企业带来多重益处。首先，优秀的人才会吸引更多同等水平的人才加入企业，形成所谓的“马太效应”。许多企业都经历过由于行业大拿的加盟，吸引来更多顶尖人才加入的情况。其次，提高人才优秀率还能够通过优秀激励优秀的方式，增强员工工作的内在动力，这种激励主要源于成就感、相互欣赏和高度认同，能进一步提高企业整体的竞争力。

大家有没有想过，为什么在人才供应充足的美国华尔街、硅谷和我国北上广深这样的地方，从来没有因为人才供给增加而导致人才价格下降和人才流失？原因主要有两个。

第一，这些地区的企业倾向于把人力资源当作人力资本来看待。这类为企业创造显著价值的人力资本也具备了金融资本的一些特性：“流动性”使他们可以快速响应市场需求进行灵活调整；“逐利性”使他们在选择时常向薪酬待遇更高的方向偏移；“扎堆性”使他们倾向于聚集在人才需求强烈的地方；“趋优性”使他们聚焦于自身最优秀的部分进行发展；“稀缺性”则意味着优秀人才的数量相对有限。

第二，企业对人才的追求，往往倾向于质量而非数量。企业追求的是高质量的人力资源，即便数量较少，也能创造出巨大的价值。这种对人才优秀率的持续追求，使优秀人才在市场中日益稀缺，从而导致人才价格的持续上涨。因此，人才市场的这种现象并不能用经济学上的简单供需关系理论来解释，而需要从人力资本的角度去理解。

说到人才优秀率，很多人可能会自然地将其与智商联系起来，认为 IQ 越高的人越优秀。毫无疑问，优秀的人一定有正常甚至高的 IQ，但是有正常 IQ 的人不一定就优秀，人才优秀率和 IQ 没有正相关关系。我们也许可以通过两个统计学分布图来理解 IQ 与人才优秀率的区别，一个是正态分布（见图 12-1），一个是幂律分布（见图 12-2）。

人的 IQ 接近正态分布，也就是说，大多数人的 IQ 位于平均值附近（大约 95% 的人的 IQ 为 70 ～ 130），有较高和较低 IQ 的人则比较少，大多数人的 IQ 都围绕着均值对称分布。

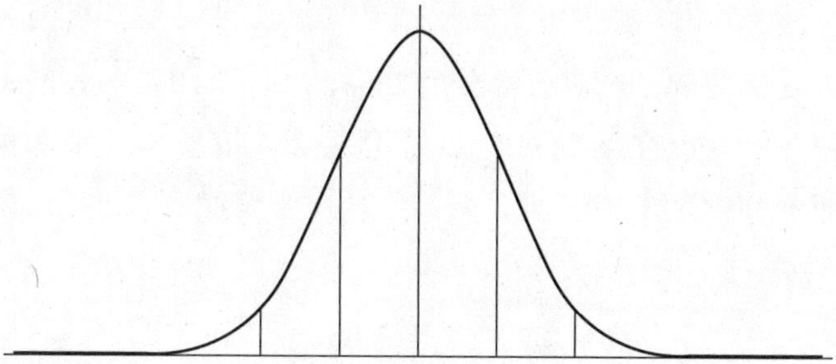

图 12-1　正态分布示意

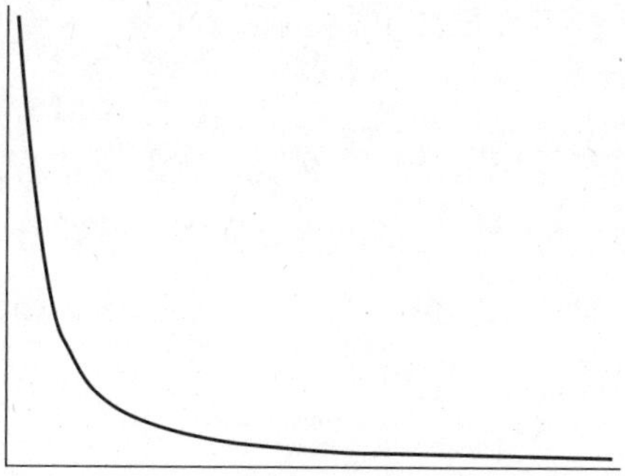

图 12-2　幂律分布示意

但人才优秀率可能更符合幂律分布（也叫长尾分布）的特点。虽然统计学家并没有把人才优秀率像财富分布那样盖棺定论为幂律分布，比如每个亿万富翁的身后会有至少几亿个穷人，但是人才优秀率的幂律分布特点是很明显的，因为人类不会有很多的牛顿、爱因斯坦、马化腾和马斯克等。IQ 属于认知能力范畴，但是优秀的人除了正常的认知能力，还具备非凡的非认知能力，如直觉、常识、冒险和抗压能力等，这些非认知能力往往决定了人才的优秀度和稀缺度。

再举一个更常见的例子来理解幂律分布：在一个拥有 300 人以上的活跃度高的微信群里，每天发消息的人一般不会超过 5 个，因此整个微信群的活跃度不会超过 1.7%，这 5 个人是"头部"活跃人，剩余 295 人都是"长尾"人。这么看来，微信群的活跃度也符合幂律分布。

谈到人才优秀率，企业通常会用 20%、70%、10% 的分配原则将人员分成 3 个部分，这也符合二八定律，也就是 20% 的人对企业的贡献相当于中间和末尾共 80% 的人对企业的贡献。从这个角度看，也可以得知人才优秀率在 20% 左右。

其实人才优秀率比我们想象的要低得多。一般来说，能在华尔街投资银行领取百万美元年薪的就属于非常优秀的员工，按这个标准来计算，几家投资银行的人员优秀率都不会超过 1%。

总的来说，人才优秀率可能在 2% 左右，企业对人才优秀率的执着追求是人才越集中的地方人才价格越高的主要原因。所以管理者要把人才优秀率了解清楚，了解人力资本如同金融资本，都是趋优、逐利和扎堆的，以优秀来吸引优秀才是解决之道。

我发现，不少企业管理者都清楚人才优秀率和人才密度的重要性，为了吸引优秀人才竭尽全力，但是由于不了解人力资本的特点，企业管理者为实现企业高人才优秀率所用的方式并不高效。他们往往先大量招聘新人，然后利用试用期对其进行筛选，希望通过 3 ～ 6 个月的时间完成优胜劣汰，但结果往往事与愿违。这是因为，在企业进行所谓优胜劣汰的过程中，企业已经完成了"劣才驱逐良才"的过程。

到此，读者可能会对人才优秀率产生一个误解，认为人才优秀率仅跟所谓高端岗位有关系。其实不然，每个岗位都有人才优秀率的存在，比如医生这个职业中有 2% 的人才优秀率，护士中也有类似的人才优秀率；科学家这个被认为最聪明的群体也符合 2% 人才优秀率的幂律分布；餐厅服务员当中也有 2% 的人才优秀率；等等。人才优秀率存在于任何岗位中。

了解人才优秀率并不意味着企业只能把资源向这不到 2% 的人倾斜，毕竟不是每一个岗位都需要爱因斯坦。但将人员按照 20%、70%、10% 的比例分成 ABC 3 类，仍然不失为一个有效的人员管理模式。职场不是赛场和战场，也不需要每个人都是“超人”，相对平滑的人员分类有利于最大程度地调动多数人的积极性。在人类还没有完全被 AI 代替的时候，我们可能还要按照这个比例来照顾每个人的喜怒哀乐。

在管理 ABC 3 类人员方面，我们要有时间投入的选择，优秀企业管理者会将 80% 的时间用来激发 A 类人员，让他们的潜能最大化，从而让 20% 的人对企业做出 80% 的贡献。而普通企业管理者一般会将 80% 的时间用来培训和提高 C 类人员，结果就是，这 10% 的人将 90% 的人的平均能力水平拉低，所谓“平均”就是将企业优秀人员能力水平往下拉的过程。

企业里的人员按照 ABC 分类后就形成了资产和负债两个“人财”科目，A 是优质资产，B 是资产，C 就是负债。注意此处是负债（liability）而不是债务（debt），其区别在于债务是已经借入的资金，负债是企业在未来要履行的经济责任和偿还义务。按照这个定义，C 类人员只要在花名册上，企业对他们就有管理上、财务上的责任和义务，比如要给他们发工资、提供福利等，即使他们的产出已经不能覆盖他们的边际成本。有的企业实行末位淘汰制，就是想及时地减持这部分负债，这与企业要经常进行财务坏账清零是一样的道理。因此，可以得出这样的结论：没有经历过裁员的企业还算不上一个真正意义上的企业。

虽然，企业管理者经常把“人是我们最宝贵的资产”挂在嘴边，但实际的情况是，企业管理者心里都会有一个清晰的“资产人”和“负债人”的分类。资产人就是能够给企业带来经济收益的人，负债人则是把这些经济收益的平均水平拉低的那部分人。这种观点可能反映了一些纯粹结果主张的企业管理者的思维方式——注重企业的利润和效益。然而，要想实现长期可持续的发展，企业需要注重员工的发展和福祉，而不仅仅是把员工简单地看作资产或负债。一个积极、发展良好的员工团队是企业成功的关键因素之一。理想情况下，企业应该重视人才的培养和发展，将培训视为投资而不是费用，为员工提供良好的工作环境和发展机会，以激励他们发挥潜力，共同实现个人和企业的目标。注重过程主张指导理念的企业管理者会比较有效地解决好这方面的问题。

职级架构是做好晋升管理的基础设施

优秀企业非常清楚如何通过有章法的晋升管理流程来提高企业人才密度与人才优秀率，晋升管理的基础设施就是其中之一。我们先了解一下做好晋升管理的基础设施是什么。

职级架构就是晋升管理的基础设施。基础设施的重要性不言而喻，没有配套的基础设施跟进，再好的东西也无法实现价值最大化。比如，19 世纪末，几个发明家几乎在同一时间发明了电灯泡，但只有爱迪生通过设计必要的基础设施（如电线和发电机），使电灯泡能够在实际生活中得到应用，从而开创了一个新的行业。

同理，就算企业管理者明白晋升管理是激励的源泉之一，但如果没有与晋升管理配套的基础设施，也很难让晋升发挥激励作用。职级架构就是晋升管理的重要基础设施之一。搭建什么样的职级架构是有讲究的，除了要简单易用，一般还要具备三个主要功能。

第一个功能，要能清晰地体现企业内部人员的层级关系，不会产生歧义。虽然在互联网刚刚兴起的时代，有一些海外的企业提倡无层级企业组织架构，提出了“全体共治”（holacracy）的组织概念，但是后来的管理实践证明，无层级企业组织架构还有不少需要弥补的短板，为了扁平而扁平也不是克服官僚低效问题的良方。关于这一问题，后文还会讨论。

全体共治是由“角色”来承担工作的管理系统。一项工作被看作一个“角色”，同一个人可以选择不同“角色”，和其他人配合完成工作，按照角色分配权力。全体共治将公司组织架构去中心化，将由人定义工作角色转变为围绕工作来定义角色，并且可以经常更新。

全体共治是对传统组织架构的颠覆。我们在第 11 章中讨论的集中式、矩阵式和平行式组织架构，在全体共治倡导者眼里都属于传统组织架构。在全体共治中，团队通过以下步骤进行决策：

1. 提出提案：团队成员可以提出任何与团队目标相关的事项的提案。
2. 澄清和讨论：团队成员讨论提案、澄清问题并分享观点。
3. 征求反馈：团队成员从利益相关者和受影响的个人那里征求反馈。
4. 修改提案：根据反馈，团队成员可以修改提案。
5. 表决：团队使用同意 / 反对或达成共识的方式对提案进行表决。
6. 做出决定：如果提案获得必要数量的同意票（通常是团队成员总数的 80% 或更多），则该提案将通过；如果提案未获得必要数量的同意票，则将被否决。

需要注意的是，在全体共治中，决策权在团队层面而不在个人层面（在传统组织架构中决策权是在个人层面）。这意味着团队成员不能单独做出决策，必须共同努力达成共识或获得必要数量的同意票。

然而，在企业场景中，这样的决策过程是否高效依然存在争议。我认为，相对于社会组织来说，企业所有决策并不需要都按照完全民主的流程进行。这是因为企业的所有权归属于少数股东而不是每个人，管理者是股东选出的代理人。因此，在企业场景中，管理者的决策全部按照民主流程进行可能过于天真，并且也会显著降低决策效率。从信息对称的角度来看，相较于员工，管理者获取的信息更为丰富和关键。而信息正是决策准确性的关键要素之一。

21 世纪初，有些企业开始尝试全体共治的组织概念。比如，根据快公司（Fast Company）网站的介绍，从 2015 年开始，先后有几家互联网平台化的企业开始尝试全体共治的组织概念，如互联网媒体 Medium、软件公司维尔福（Valve）、华人创办的网站 Zappos，还有社交媒体公司 Buffer 等。

但是现在看来，这种全体共治的管理效果不是很明显，至于今后能否通过不断优化这个组织概念以取得成功，让我们拭目以待。当然，没有一种组织架构是完美的，最佳的组织架构将取决于组织的具体需求和目标。

我认为，企业还是要有职级架构的。职级架构的清晰化可以有效地提升个体的成就动机，产生财务目标以外的非财务目标。职级架构这个基础设施属于卫生因子，晋升属于激励因子，所以企业管理者要清楚地定义和完善职级架构，否则再好的激励因子因执行不好也会产生负激励效应。

第二个功能，要能清晰地体现每一层级所表示的专业化和能力水平。这很关键，它能为有效的固薪设计和晋升管理提供一个良好的基础。比如在互联网科技公司，你说某人是 P5 或 P8 层级，大家马上就能知道他的专业水准属于哪一个级别。在金融企业，你说某人是助理，大家马上就能清楚知道他是毕业于常春藤、拥有 0 ～ 3 年的工作经验；你说某人是董事长经理层级，大家也能立马知道他已经达到了企业内部最高级别，其专业水平也达到了行业的天花板。所以好的职级架构是能传递信息和生物特征的。

第三个功能，要能有效地产生激励压力和动力，成为员工追求成就感的动力之一。人类发展基本就是沿着马斯洛需求层次，不断从基本需求向自我实现需求提升的。把握好晋升管理路径，就能有效激发员工的进取动力。

构建最能产生激励压力和动力的职级架构

那么，企业的职级架构该如何设计？换言之，该架构需要多少层级才能产生合适的激励压力和动力？常识告诉我们，层级越少，压力越大。试想一个这样的场景：在只有一个层级的企业，全体人员必须在规定的时间内达到该级别，否则会面临被辞退的风险，这几乎是不可能完成的管理挑战，也是一个不现实的设计。但是，如果该企业有 20 个层级，压力马上就得到稀释了，但代价是出现很多的“躺平”人员，因为停摆的挂钟一天也能正确两次。在层级多、激励不到位的企业，“躺平”的风险要小于忙碌的风险。

那么，职级架构有多少层级最能平衡压力、动力，保持企业的人才优秀率呢？答案是：5 ～ 8 个层级比较适合。虽然层级越少员工压力越大，但职级架构的层级最好不要低于 5 级，也不要超过 8 级。每个层级之间的时间跨度不超过 3 年。也就是说，在一家有 5 个层级的企业里，员工从最低到最高的层级大约需要 12 年时间。

层级也是企业的资源，并不是越多越好，层级越多，压力越小，人才优秀率也就越低，所以多层级制不利于企业的人才密度培育。虽然有些科技互联网企业有 13 个层级（P1 ～ P13），但是它们对真正的专业人员的定级是从 P5 开始的，比如通过严格校园招聘流程的应届生的初始级别是 P5，而 P5 ～ P13 是 8 个层级。华为有 23 个层级，但是 12 级及以下是针对普通员工的，从 13 级开始才是专业人员的职级，这些人在华为被称为“知识型工作者”。

总体来说，北美企业的层级偏少，美国企业尤甚，它们一般都设定5～6个层级，这也是在北美企业工作压力比较大的原因之一。东亚企业的层级偏多，企业对劳资关系的定位是和谐重于冲突和竞争，而多层级制比较容易达成这种和谐目标。

接下来的一个问题是：职级和年限该如何配比？

观察优秀企业会发现它们的职级架构和年限一般都是5+14配比逻辑。什么是5+14配比逻辑？就是5个职级+14年左右的年限历程，平均每个级别有2～3年的规定年限。这样的配比可以比较合理地达成激励优秀者、淘汰落后者的晋升管理目的。比如，华尔街投资银行的职级架构基本如图12-3所示，总共5个层级，每层级的配比年限是2～3年。

为什么优秀企业的职级架构大都采取5+14年限配比逻辑？这是因为职级也是资源，是资源就会稀缺，稀缺的资源要留给同样稀缺的优秀人才。在这样的晋升理念下，员工的激励压力就自然产生了。

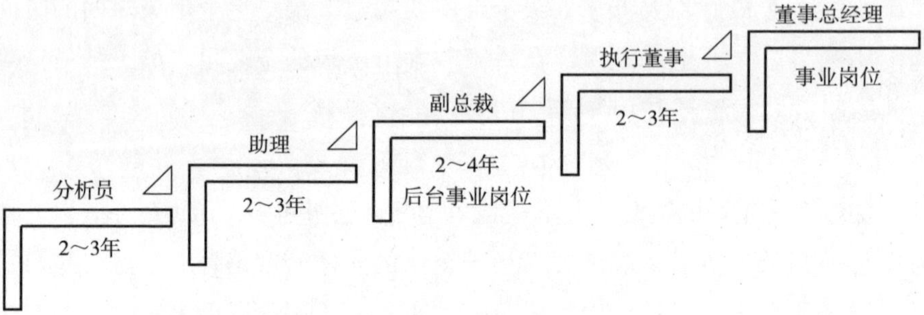

图12-3　投资银行的典型职级架构

但并不是职级和年限越少越好，比如，如果企业实行4+8年限配比逻辑，就会给管理带来巨大的挑战，让管理者和员工过多关注晋升而忽略了其他同样重要的管理工作，增加了管理的复杂性和人与人之间关系的紧张感，得不偿失。

5级制似乎是一个黄金比例，如果一个人能在少于12年的时间里走完5个层级，那说明他是一个快途晋升者（fast tracker），这样的人一定是非常优秀的A类人员；如果能在14年内走完5个层级，那说明他是一个在途晋升者（on tracker），也属于优秀人员；如果在16年或更长时间里踉踉跄跄地走完5个层级，那说明他是一个离途晋升者（off tracker）。离途晋升者也属于优秀人员（至少是B类人员），因为他们毕竟爬升到了企业的最高专业职级。

大概只有20%的人能够顺利走完晋升路径，不少人会在中途选择主动离开或者被动离开。不论以哪种方式离开，都非常普遍，离开的人里也不乏优秀者。被动离开（无论当事人愿意与否）在管理上被称为“管理出局”。优秀企业一般不会采用末位淘汰制来去“莠”，而是采用管理出局的方式来达到激励优秀者、挤出落后者的目的。

管理出局是过程主张的做法，末位淘汰制更像是结果主张的做法。企业设计清晰的职级架构和对应每个层级的年限就是一个管理出局的做法。在规定的年限内，员工没能成功地晋升到下一层级就会产生巨大的压力。在这样的压力下，有些人就会选择离开，这就是管理出局的一个应用场景。有些企业会采用末位淘汰的做法，我觉得这种淘汰方法过于集中在一个时间段发生，这样会使员工关系比较紧张，而管理出局是随时发生的事，员工关系相对缓和，润物无声。

另外，我们也要区分一下企业职级和业务职级的区别。企业职级是用来管理晋升的，与薪酬或某些福利挂钩，是内部的职级。业务职级更多的是为了业务的需要而设计的，是对外的。企业职级与员工的专业能力相关，业务职级与员工所从事的工作相关。比如，销售部一位员工的业务职级是销售经理，而他的企业职级可能是13级；人力资源部一位员工的业务职级是招聘经理，而他的企业职级可能也是13级；等等。从激励的角度看，员工比较看重企业职级，因为它与薪酬或某些福利直接关联。当然，业务职级也有激励作用，因为它是给客户和企业外部人员看的。响亮的业务职级也使员工自信，不是吗？

业务职级是用来任命的。比如，在大学里，教授是大学职级的顶端，系主任是行政或业务职级的顶端。同理，初级销售、中级销售、高级销售、销售总监是销售部门的业务职级而不是企业职级，是销售部门的对外头衔。

激励的法则 The Art of Motivation

职级要简单明了，易于落地。面对企业职级和业务职级两种选择，优秀企业一般会将企业职级和业务职级合二为一，只保留一个全体人员都使用的企业职级，这也是能将“公司一体化”管理理念运用得好的诀窍之一，如图 12-3 所描述的投资银行职级序列，以及阿里巴巴的 P 序列和华为的 13 ～ 23 级序列，它们都涵盖了企业职级和业务职级的功能。

正确运用晋升管理五原则，激发员工的动力

探讨了晋升管理的目的、晋升管理的基础设施、职级和年限如何配比、企业职级和业务职级的区别等问题后，我们来看看优秀企业是如何管理员工晋升的，以及其管理方式是如何产生强烈的激励效果的。职场上有一句管理套话：“适当的不舒服可以产生极强的动力。”让晋升变成挑战就会产生某种程度的不舒服。

通常，企业可以遵循五个原则来管理复杂且敏感的晋升流程。原则可能给人一种刻板和僵化的印象，但晋升实际上是涉及人性的管理。企业可以参考前面提到的巴达拉科的“灰度管理”概念，借鉴他提出的灰度问题解决方法来优化晋升管理，这一方式的特点可被概括为：科学客观性 + 艺术 + 人性化。

这就意味着，在解决像晋升这样的灰度管理问题时，一个推荐的路径就是先通过实证数据进行分析，然后借助人性的理解和直觉来做出最佳决策。我们所讨论的晋升管理五原则，包含了科学客观、艺术和人性化的元素，这是优秀企业在使用的晋升管理策略。

以下就是晋升管理五原则：

- 岗位年限原则。
- 能力合格原则。
- 岗位责任原则。
- 职级比例原则。
- （前 / 后台人员的）事业职级原则。

将这五个原则对照灰度问题解决公式，我们会发现岗位年限原则和职级比例原则属于科学客观的事实，能力合格原则、岗位责任原则和（前 / 后台人员的）事业职级原则属于艺术和人性化的范畴。

根据前面讨论的双因素理论，我们知道晋升属于激励因子，但是晋升管理或流程属于卫生因子，需要非常“干净”，才不至于出现负激励效应。优秀企业会在这方面做足功夫，晋升管理五原则就是让晋升管理或流程保持“干净”的方法论，企业可以遵循这五个原则顺序，来思考和决策每一个员工的晋升。

岗位年限原则，也叫作“扳机”原则，就是员工到了职级规定的最低工作年限，晋升流程的扳机才能扣动。这个原则是让每位员工清楚地知道自己什么时候可能会被考虑晋升，如果到时间没有被列入晋升名单，就有必要看看其他出路了。这就是管理出局的一个做法之一，所以在这样的晋升体系里，员工的激励和成就动机是随时都会被激发的。

能力合格原则，也叫作“一级漏斗”原则，即对到岗位晋升年限的候选人做进一步的漏斗式优选，因为并不是每个到年限的员工都符合岗位能力要求的。这个环节类似体育竞赛的资格赛。

岗位责任原则，也叫作“二级漏斗”原则，即对符合年限和岗位能力的晋升人员从责任的大小上做进一步限定，限定的目的是确保企业不会出现头重脚轻的高固定成本现象。比如，部门的责任有大有小、人员有多有少，并不是每个部门都需要一个高级别的管理者。职级是与固薪挂钩的，高级别意味着高固定成本。这一环节类似体育资格赛后的小组赛。

职级比例原则，也叫作“三级漏斗”原则，这是一个非常聪明的激励优秀者、挤出落后者的原则，怎么理解呢？就是即使符合了之前所有的原则，由于晋升比例有限，还是有人员无法晋升。这个原则的使用一般是在企业出现发展瓶颈的时候。这一环节类似小组赛里无论多少人参加竞争，都只能让第一、第二名队员进入半决赛或决赛。

（前/后台人员的）事业职级原则是优秀企业的一个聪明做法，专门针对那些被企业认为非常优秀但又不想被管理出局的人员而设立的机制。这个原则会为中后台人员在5层级的职级架构里设立一个“事业职级”机制，企业会根据部门的责任大小规定部门的封顶职级。到达封顶职级的人员只要被企业认为优秀且他本人也认同企业的价值观，就可以长时间停留在这个职级上。

为了加深各位读者对以上晋升管理五原则的理解，我举例说明一下这个流程。

比如某企业在年底开始走晋升流程，根据要求，每个部门向人力资源部上报本部门的晋升候选人名单若干，假设一共20人。

收到上报名单后，人力资源部会先根据岗位年限原则，对候选人进行第一轮筛选：对他们在各自岗位上所工作的时间进行核对，如果每个岗位的年限要求是至少工作 2 年，那不符合这一原则的候选人即被筛除，同时人力资源部会通知相关部门负责人筛掉这些候选人的原因。相关部门负责人当然可以提出“申诉”，因为如前所述，晋升是灰度管理问题，不能一刀切，要给真正优秀的人才快速上升的空间。

假设以岗位年限原则筛掉了 5 人，剩下的 15 人便进入第二轮筛选。这个时候候选人就要接受能力合格原则的筛选。谁来操作这个步骤呢？对中等级别以下的候选人的筛选，只要通过部门晋升委员会的讨论即可，委员会成员包括但不限于部门主要负责人和人力资源业务合作伙伴。他们的任务就是根据能力合格原则、岗位责任原则、职级比例原则来进一步筛选出最终名单。对高级别候选人的筛选，就要通过企业层面的晋升委员会的讨论，该委员会成员包括但不限于 C 级人员、主要部门负责人和人力资源总监或首席人力资源官。

如果某些候选人的 KBI 或 KPI 考核结果出现过 C，那么这些人基本就被一票否决了，如果历史考核结果全是 A，自然就入选了。如果候选人通过了能力合格原则的考核，但是他的岗位责任不大，不需要一个更高级别的人来承担，也就没有提拔他的必要了，因为晋升就是固定成本的增加。如果岗位责任没问题，但是企业本次准备提升的职级人员严重超标，那他也会有落选的可能性。但是，如果管理者认为他比其他同级别的人优秀很多，就要淘汰那些比下有余、比上不足的人了。人才密度就是这样一点点地增加的。

现实中也有这样的情况发生：有的候选人非常优秀，顺利通过了前面 4 个原则的筛选，理应得以晋升，但是出于岗位责任原则的原因而不能晋升，在这时，为了保留人才，可以给这个岗位设立一个事业职级来减少因为候选人没有被晋升而出现负激励的可能性。

The Art of Motivation 激励的思考

1．你所在企业的职级架构有多少层级？每一层级的晋升年限是多久？如果需要优化你所在企业的职级管理，你会如何做？

2．请根据晋升管理五原则，分享一下你所在企业的晋升管理是如何进行的。

结　语

用长期主义的精神塑造可持续的激励

终于完成了我多年的心愿：将实践中激励效果显著的企业可持续激励体系以图书的形式介绍给企业家、管理者以及对企业激励管理感兴趣的读者。我所有的思考都融会到“一体两翼”可持续激励体系中，它展示了如何在正确的激励考核指导理念下，有效地将财务维度和非财务维度结合起来，以促进企业激励管理持续改进绩效考核。非常欢迎对企业管理感兴趣的读者与我沟通和交流这方面的经验和洞见，共同完善中国企业可持续激励的理念、方法和工具。

任何企业都有机会显著改善自身的激励管理体系，但企业家和管理者先要做到理念的升维，把企业的激励理念从单一的结果主张过渡到过程主张，从单纯考核个人 KPI 过渡到考核个人 KBI 和企业 KPI。在做好激励考核财务维度的同时，还要不遗余力地增加非财务维度在激励考核中的比重。

基于过程主张指导理念的“一体两翼”可持续激励体系的搭建不是一蹴而就的。管理者要坚持长期主义，落地过程可以采用“先僵化—再优化—后固化”的方式方法。根据我总结的实践经验，一贯采用结果主张的企业要准备至少 3 年的时间来优化激励理念、考核方法和结果分配。在这一过程中，企业需要逐步调整和适应新的激励体系，在初期的僵化阶段，企业要通过一系列系统的培训和宣导，让全体员工逐步了解和接受新的激励考核理念（这一步非常重要，很多很好的变革项目失败的原因之一就是没有做好充分的培训和宣导）。接着，企业需要在实际操作中不断优化每次考核，根据管理者和员工反馈的实践效果，逐步完善激励考核体系，最后通过制度化和规范化将新的激励考核体系固化，形成企业文化的一部分。

符合过程主张指导理念的考核方法和工具会让你所在的企业不再是一家普通的企业，而有很大的机会成为行业翘楚。在这个过程中，你会发现管理者学会了如何进行过程管理，企业年复一年地讨论如何激励和考核员工的情况越来越少，但是员工的工作热情不减，如风火轮一般持续旋转，大大提高了生产效率。由此，企业成为同行羡慕的对象。

企业激励理念的转变经历了 3 个阶段，显示了企业在激励机制上从单一的结果主张向综合考量行为能力和结果的全面评价体系的转变：

- **绩效 1.0 阶段：**采用结果主张的考核方式，通过提成形式发放奖励，并与个人 KPI 直接挂钩，强调结果的重要性。没有薪酬池的概念。
- **绩效 2.0 阶段：**在维持结果主张的基础上，引入了过程主张。此阶段的考核维度结合了个人 KPI 和 KBI，确保个人行为和成果双重考核，通过奖金的形式进行奖励。开始形成薪酬池。
- **绩效 3.0 阶段：**全面推行过程主张的指导理念。在这一阶段，个人的奖金通过薪酬池的方式与企业 KPI 紧密相连，通过将个人 KBI 评估结果与薪酬池挂钩，确保员工行为与企业目标一致。开始建立薪酬池。

这时侯，企业会尽全力推进过程管理必备的、真正全面的绩效考核工具——360 度绩效考核。在这种评价体系中，员工不仅要向上级展示自己的工作成效，还要得到同事和下属的认可。这种多方面的反馈使每位员工都能清楚地看到自己在团队中的角色和对他人工作的影响。因此，员工开始自觉加班或调整工作时间，以确保他们的工作质量和效率能够满足团队、项目和客户的需求。人人开始为他人和自己的结果负责，这种行为转变是基于对个人表现的全面认识和对团队成功的深刻承诺。

你会发现，企业通过这样的调整，可以彻底摧毁“部门墙”和“团队墙”，使团队协同作用大幅提升。你会强烈地感觉到，你所在的企业与心目中所有做得比较好的企业越来越相似，都废除了佣金制，改成奖金制或者总薪酬制；你所在的企业的年度 KPI 也升维到企业层面，成为管理者的共同目标，而不是员工个人的考核指标。你所在的企业虽然在使用时髦的管理工具（如 OKR），但是你非常清楚，它只是企业过程管理的工具之一，而不是决定员工个人奖金数额的工具。奖金开始与个人的行为、能力和贡献度紧密挂钩，通过企业 KPI 和个人 KBI 绩效评估结果的有效分配，你所在的企业的激励管理理念彻底升华了。

相信本书提出的“一体两翼”可持续激励体系能够为你提供一套系统的方法论，帮助你构建企业的可持续激励体系。这将使企业彻底摆脱年复一年地讨论激励和考核员工方法，却仍未达到理想激励效果的困境。

未来，属于终身学习者

我们正在亲历前所未有的变革——互联网改变了信息传递的方式，指数级技术快速发展并颠覆商业世界，人工智能正在侵占越来越多的人类领地。

面对这些变化，我们需要问自己：未来需要什么样的人才？

答案是，成为终身学习者。终身学习意味着永不停歇地追求全面的知识结构、强大的逻辑思考能力和敏锐的感知力。这是一种能够在不断变化中随时重建、更新认知体系的能力。阅读，无疑是帮助我们提高这种能力的最佳途径。

在充满不确定性的时代，答案并不总是简单地出现在书本之中。“读万卷书”不仅要亲自阅读、广泛阅读，也需要我们深入探索好书的内部世界，让知识不再局限于书本之中。

湛庐阅读 App：与最聪明的人共同进化

我们现在推出全新的湛庐阅读 App，它将成为您在书本之外，践行终身学习的场所。

- 不用考虑“读什么”。这里汇集了湛庐所有纸质书、电子书、有声书和各种阅读服务。
- 可以学习“怎么读”。我们提供包括课程、精读班和讲书在内的全方位阅读解决方案。
- 谁来领读？您能最先了解到作者、译者、专家等大咖的前沿洞见，他们是高质量思想的源泉。
- 与谁共读？您将加入优秀的读者和终身学习者的行列，他们对阅读和学习具有持久的热情和源源不断的动力。

在湛庐阅读 App 首页，编辑为您精选了经典书目和优质音视频内容，每天早、中、晚更新，满足您不间断的阅读需求。

【特别专题】【主题书单】【人物特写】等原创专栏，提供专业、深度的解读和选书参考，回应社会议题，是您了解湛庐近千位重要作者思想的独家渠道。

在每本图书的详情页，您将通过深度导读栏目【专家视点】【深度访谈】和【书评】读懂、读透一本好书。

通过这个不设限的学习平台，您在任何时间、任何地点都能获得有价值的思想，并通过阅读实现终身学习。我们邀您共建一个与最聪明的人共同进化的社区，使其成为先进思想交汇的聚集地，这正是我们的使命和价值所在。

图书在版编目（CIP）数据

激励的心法 / 肖南著 . — 杭州 ：浙江科学技术出版社，2025. 4. — ISBN 978-7-5739-1708-9

Ⅰ. F279.23

中国国家版本馆 CIP 数据核字第 202566F0A5 号

书　　名　激励的心法
著　　者　肖　南

出版发行　浙江科学技术出版社
地址：杭州市环城北路 177 号　邮政编码：310006
办公室电话：0571－85176593
销售部电话：0571－85062597
E-mail:zkpress@zkpress.com
印　　刷　天津中印联印务有限公司

开　本	710mm×965mm　1/16	印　张	19.25
字　数	315 千字	插　页	3
版　次	2025 年 4 月第 1 版	印　次	2025 年 4 月第 1 次印刷
书　号	ISBN 978－7－5739－1708－9	定　价	99.90 元

责任编辑　陈　岚　　责任美编　金　晖
责任校对　张　宁　　责任印务　吕　琰

来自个人业绩的奖励

每个人都是
自负盈亏的单位

KPI — 高维KPI：考核组织

KBI — 普适KBI：考核个人

七步法

7 设计评估问卷

1 充分宣讲

2 选择评估人

3 选好360度绩效考核软件

4 报告

5 反馈面

6 坚信，而不是

薪酬效能比率
=
薪酬费用/净收入

检验企业是不是有足够能力，支付符合市场标准的薪酬水平

企业效能比率
=
非薪酬费用/净收入

检验企业是不是有足够能力，维系企业的可持续发展

管理效
=
薪酬费用/含薪酬

检验企业的管理
造血能力是否强

设计理念：
人本主张

行业头部
企业对标法

设计玄机
让获得者
获得体面

为每个价值观制定具体的行为指标KBI

将具体的行为分值化

360度绩效考核

绩效对话

绩效评级

构为基础，随着跨国
在集中架构的基础上
阵式架构

构对内部和外部客户的

强调企业的整体性的同时，方便跨部门协同作战，共享价值观、企业文化和商业信息

强调扁平化管理，减少层级，提高沟通和决策的效率，增强组织的灵活性和快速响应能力

业职级原则

规定部门的封顶职级，到达封顶职级的人员只要被公司认为优秀且员工本人也认同企业的价值观，就可以长时间停留在这个职级上

比例原则

也叫"三级漏斗"原则，即激励优秀、挤出普通的指标，类似小组赛里无论多少人参加竞争，只能让第一、第二名队员进入半决赛或决赛

原则

也叫"二级漏斗"原则，并不是每个部门都需要高级别的管理者，需对晋升人员从责任上做进一步限定，类似体育资格赛后的小组赛

也叫"一级漏斗"原则，对通过岗位年限原则的候选人做进一步的漏斗式优选，类似体育竞赛的资格赛

也叫"扳机"原则，员工到了职级规定的最低工作年限，晋升流程的板机才能扣动